普通高等教育“十二五”规划教材

工程经济学

主　编　徐　蓉
副主编　胡晓依　于纪森

北　京
冶金工业出版社
2024

内 容 提 要

本书主要阐述工程经济方面的理论与实践知识，以工程项目的经济评价为主体，全面介绍资金时间价值理论、工程经济分析的基本要素，详细解析了工程项目经济评价的基本原理和方法，分别论述了项目财务评价和国民经济评价的程序和方法，并阐述了工程项目风险与不确定性分析、工程项目可行性研究与融资方案，以及价值工程等内容。

全书共分10章，内容体系全面完整，既可以作为高等院校工程类专业“工程经济学”、“建筑经济学”等课程的教学用书，也可以作为培养工程卓越人才或作为工程技术人员学习应用经济类知识的参考用书。

图书在版编目(CIP)数据

工程经济学/徐蓉主编．—北京：冶金工业出版社，2015.5(2024.1重印)
普通高等教育“十二五”规划教材
ISBN 978-7-5024-6884-2

Ⅰ.①工…　Ⅱ.①徐…　Ⅲ.①工程经济学—高等学校—教材
Ⅳ.①F062.4

中国版本图书馆CIP数据核字（2015）第074462号

工程经济学

出版发行　冶金工业出版社　　**电　话**　(010)64027926
地　址　北京市东城区嵩祝院北巷39号　　**邮　编**　100009
网　址　www.mip1953.com　　**电子信箱**　service@mip1953.com

责任编辑　杨　敏　美术编辑　吕欣童　版式设计　孙跃红
责任校对　禹　蕊　责任印制　禹　蕊
北京富资园科技发展有限公司印刷
2015年5月第1版，2024年1月第3次印刷
787mm×1092mm　1/16；14.25印张；344千字；216页
定价30.00元

投稿电话　**(010)64027932**　**投稿信箱**　**tougao@cnmip.com.cn**
营销中心电话　**(010)64044283**
冶金工业出版社天猫旗舰店　**yjgycbs.tmall.com**
(本书如有印装质量问题，本社营销中心负责退换)

前　言

目前，我国是世界上建设工程项目投资最大、项目最多的国家，如何合理配置资源、有效节省投资、又好又快地发展以响应国家可持续发展的战略目标，是每个土木工程从业人员应当认真思考并努力实践的课题。一个建设工程项目从决策、设计、招标、施工、运营到终结，各个阶段不仅需要进行技术研究，更离不开经济分析，而且项目实施效果最直接的量化指标就是项目的经济性，所以现代工程技术人才不仅要有完整的结构设计知识体系，更要有全面的经济分析能力。

本书基于工程技术及经济双重要求进行编写，用生动的语言将枯燥无味的经济学知识讲解得通俗易懂，使工科类学生能明确并熟练掌握经济分析的方法，强化其经济分析的观念。本书吸取了大量国内外工程经济学同类书籍的精华，由多年从事工程经济教学研究和具有丰富实际工作经验的人员共同编写，注重系统性和应用性。本书从传统的资金时间价值的计算着手，分别讲述了工程经济分析的基本要素、工程项目经济评价方法、工程项目的财务评价、设备工程经济分析、工程项目的国民经济评价、工程项目风险与不确定性分析、工程项目可行性研究与融资方案，以及价值工程等内容，强调经济理论联系工程实际，为工程类专业学生提供了经济分析方面完整的知识体系，适于作为工科专业学习经济知识的必修和选修课教材。

全书共分 10 章，由徐蓉任主编，胡晓依、于纪淼任副主编。第 1 章由曹莉编写，第 2 章由徐蓉、王前超编写，第 3 章由胡晓依、王丽萍编写，第 4 章由胡晓依、张文泽编写，第 5 章由胡晓依、蒋红妍编写，第 6 章由胡晓依、吴芸编写，第 7 章由胡晓依、江达浩编写，第 8 章由曹莉编写，第 9 章由于纪淼、王蔚佳编写，第 10 章由于纪淼、王蔚佳编写，最后全书由徐蓉、胡晓依统一审阅定稿。

感谢黑龙江工程学院于纪森、山西大学曹莉、上海电力学院吴芸、西安建筑科技大学蒋红妍等老师为本书的编写提供了宝贵的资料！

当前，我国建设工程经济的理论与实践仍处于深化改革中，许多问题还有待深入研究，同时限于编者的学术水平和实践经验，书中的错漏与不足之处在所难免，敬请读者不吝指正。

徐　蓉

2014 年 12 月

目　　录

1 概　　论

导读：本章主要介绍工程经济学的基本概念和基础知识。通过本章学习，需要掌握的知识点如下：

（1）了解工程经济学的定义、产生和发展；

（2）了解工程经济学的研究对象；

（3）熟悉工程经济学的研究方法；

（4）掌握工程经济分析的原则；

（5）熟悉工程经济分析的程序。

1.1　工程经济学概述

1.1.1　工程经济学的定义

人类生存需要消耗各种资源，人的需求是无限的，相对于人的需求来说，任何资源都可能是稀缺的。既然资源是有限和稀缺的，那么如何对有限的资源进行有效的配置和利用，以最少的资源消耗来取得最大的经济效果，就成了人们进行各种社会经济活动的目的之一，也就推动了经济学这门学科的产生和发展。

而工程经济学就是将经济学的理论方法引入工程建设中，以工程项目的经济性为研究对象，研究如何有效利用资源，以提高工程项目的经济效益的综合性学科。

工程经济学是工程与经济的交叉学科，以工程技术为主体，以技术-经济系统为核心，应用市场经济理论、分析方法和技术手段，研究工程、技术、生产和经营领域的工程经济决策问题与经济规律，并提供分析原理和具体方法的工程性经济学科。

1.1.2　工程经济学的研究对象

工程经济学以工程项目的经济性为对象，运用资金时间价值理论，研究项目的技术方案、技术政策、技术规则、技术措施等经济效果，通过经济效益的计算以求得最好的技术方案，关注的重点是单个组织或企业的经济决策，目标是如何利用有限的资源，最好地完成工程任务，获得最大的经济效益和社会效益。比如，研究项目方案投入和产出之间的关系，研究各种技术在使用过程中如何以最小的投入获得预期产出或者说如何以等量的投入获得最大产出；如何用最低的寿命周期成本实现产品、作业以及服务的必要功能等。举个最简单的例子，政府拟建一条高速公路，工程经济学关注的重点不是怎样设计和如何建造，而是这条高速公路应不应该建造，出入口建在哪里合适，需要花费多少资金，能产生多大的经济效益和社会效益，等等。

学习有关工程的技术知识，研究各种技术方案的理论原理和实践应用后，再研究技术方案的经济性，掌握不同方案经济性比选的方法，就可以用所学知识来具体分析这些问题，找到工程技术方案和经济效果的最佳结合点。

1.1.3　工程经济学研究方法

那么，工程经济学运用了哪些方法来解决这些问题呢?

很多企业都面临这样的决策，经过几年的经营，企业有所盈利并有一定的资本积累，面对激烈的市场竞争，为了提升企业的市场竞争能力，打算扩大生产规模、开发新产品。那么在资金有限的情况下，应不应该马上扩大生产或者开发新产品？如果扩大生产规模，那么现有的机器是沿用还是更换？如果要开发新产品，那么对几项可能的开发方案如何选择，如何决策？

实际生产生活中，总会遇到这样的困扰，在资金有限的情况下，选择最佳的投资规模和投资方案就显得尤为重要，而工程经济学就是解决这类困扰的良药。工程经济学通过对工程技术问题进行经济分析，运用经济学的理论和方法，通过方案的比较和优选，从而找出一个技术上可行、经济上合理的方案。它的核心任务是工程项目技术方案的经济决策，主要运用的分析方法包括以下几种：

（1）理论联系实际的方法。工程经济是工程技术与经济分析的边缘科学，需要收集实际工程数据，进行市场调查分析，使用经济评价方法进行经济资本的计算，并设定相应的目标决策标准，才能为决策提供依据。

（2）定量分析与定性分析相结合的方法。工程项目的经济性既体现在可定量计算的收入、成本和费用方面，又体现在需要定性分析的社会环境影响方面。工程经济学为工程项目的决策提供了定量评价的指标，并为定性指标的必选提供了比较原则和方法。

（3）系统分析和平衡分析的方法。工程项目的技术经济分析是基于项目全过程全寿命同期的分析，既要考虑建设投资的前期费用，又要兼顾使用过程中的运营成本。经济效益分析是全面系统、综合平衡的分析。

（4）静态评价与动态评价相结合的方法。静态分析是不考虑资金时间价值的分析，动态分析则要考虑资金在不同时间点价值不一样的性质。技术方案的经济评价强调静态与动态相结合，在静态基础上进行动态分析，以动态分析结果作为主要决策依据的方法。

（5）统计预测与不确定分析方法。在项目决策阶段，进行经济分析的基础数据来源于基于历史资料的统计预测。这些数据在项目实施过程中会由于这样或者那样的因素变化发生变化，这些变化必然影响经济评价的结果，给决策者带来风险。因此，工程经济分析既要对统计分析资料进行应用，又要考虑不确定因素变化带来的风险。

这些具体的分析方法和知识，都是本书在后续章节中逐层分析和讲解的内容。

1.2　工程经济分析的基本原则

工程经济分析主要集中在风险投资、决策敏感性分析和市场不确定性因素分析等三个方面，其重要任务就是正确选择和确定经济效果最佳的技术方案。但是在面对某项生产建设任务时，会有各式各样的技术方案，这时就需要运用经济学的知识对各个方案进行比较，分析它们之间的经济效果。在评估各种技术方案经济效果时，应遵循如下原则：

（1）工程技术与经济相结合的原则。技术和经济的关系是辩证统一的，二者相互依赖又互相矛盾。人们需要实现某个目标、满足一定的需要都必须采用一定的技术，而任何的社会实践都需要消耗人力、物力和财力，所以说技术和经济是共存的，二者不能脱离。

（2）可持续发展的原则。中国是人口大国，人口基数大，资源相对短缺且分布不平衡，更为严重的是资源开采过度和利用不足，生态问题突出。我国很多地区一直采用的以环境换经济的发展模式必须摒弃，必须走可持续发展道路，在满足现实需要的同时保护资源和生态环境，不对后代人的生存和发展构成威胁。

建筑工程是一个高消耗高污染的行业，同时是国民经济的基础和支柱产业，国民经济要发展，人民生活水平要提高，都要发展建筑工程。因此在工程项目的决策中必须纳入可持续发展的思想理念，只有在项目初期考虑了绿色发展，才能最大限度地实现可持续发展的目标。

（3）可比性原则。工程经济分析是在某项工程建设任务提出的各种可行的技术方案中进行经济性比较，从而优选出最佳方案，所以应遵循可比性原则。只有在具备共同的、一定的比较前提和基础上才能继续分析可行技术方案之间的可比和不可比的因素，探讨不可比向可比转化的规律及处理方法，提高工程经济分析的科学性。

1.3　工程经济学学科性质与特点

工程经济学是一门与自然科学、社会科学密切相关的边缘学科。自然科学是经济分析的基础，只有掌握了科学技术、现代化管理、现代计算手段以及数学的优化方法才能真正做好工程项目的预测、决策和技术方案的分析；进行工程经济分析，目的是为了获得更高的经济效果，这就离不开先进的管理技术，如何发挥参与人员的积极性和创造性就显得至关重要，而这需要分析人员掌握一定的社会学、心理学知识。总的说来，工程经济学是一门应用性较强的学科，主要有以下几个特点：

（1）与生产建设、经济发展直接相关，实践性强。工程项目的内容来源于实践，对工程项目进行分析就必须与社会经济情况、物质技术条件、自然资源等实际条件紧密结合，只有充分掌握原始数据资料和相关信息才能得到合理的结论，并将结论再直接应用于实践并接受实践的检验。

（2）定性与定量分析并重。工程经济分析需要有一套系统全面的研究方法，这种分析方法必须是定性和定量相结合，才能够将那些无法定量化但是影响方案决策的因素考虑到分析过程中去。

（3）预测性强。工程经济学着眼于未来，是对技术政策、技术措施制定后或技术方案被采纳后，将要带来的经济效果进行计算、分析与比较。它不关心某个方案已经花费了多少代价，不考虑过去发生的、在今后的决策过程中已无法控制的、已用去的那部分费用的多少，也不考虑沉没成本，而只考虑从现在起可获得同样适用效果的各种机会或方案的经济效果，更多考虑的是方案的机会成本，预测将来产生的效益。

（4）全局统一，兼顾部分。工程经济学的研究必须具有系统性的观点。对项目全程要有全局观念，将各子系统有机结合在一起，综合分析，统筹兼顾；同时，项目处在社会这个大系统中，要在提高项目自身的经济效益的同时兼顾对社会各方面的影响。

事实上，工程项目通常由许多子项目组成，每个项目都有各自的寿命周期，因此，要求工程经济的分析方法是全面的、系统的分析方法。同时，任何工程项目都是一个开放的系统，都处于社会经济大系统中，与之有着信息与能力的交换和对社会、生态环境的影响，所以经济分析要坚持系统论的观点，在提高项目的经济效益的同时必须兼顾社会效益。

1.4 工程经济分析的一般程序

工程经济分析实际上是围绕确定的目标，通过对备选方案的分析、比选，最终确定技术上可行、经济上合理的方案的过程。其在具体分析中采用了数学模型分析和求解，以及概率论、经济学的相关知识，具体流程如图 1-1 所示。

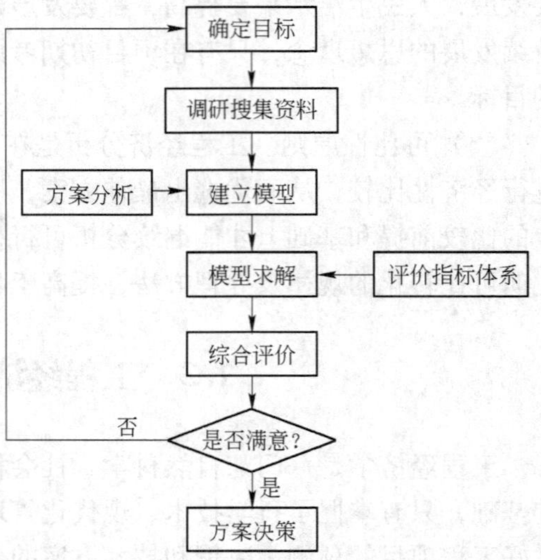

图 1-1 工程经济分析流程

其中，在确定目标时应有针对性，必须明确所研究问题的性质、范围、原因和任务；然后需要深入调查研究，广泛搜集相关信息资料，去伪存真，去粗取精。数学模型是经济分析的基础和手段，好的模型能很好地反映目标与影响因素之间的关系，解决方案的指标和参数的定量化和可比性的问题，所以模型的选择要慎重；同样，模型的求解也要充分考虑到不同模型的假设条件、应用范围及使用条件等，选用合适的评价指标体系；特别需要注意的是，数学模型无法反映政治、社会、环境保护等无法定量化的因素的影响，所以在初选方案后还应当进行综合评价比较，若不满足既定目标或偏离目标太多而无法接受，则应重复之前的步骤直到选出满意的方案为止。对最后的决策方案，还要考虑敏感性分析、鲁棒性评估等，以确保决策结果的可靠性。

1.5 工程经济学的产生和发展

人类在不断提高工程技术能力以更好地服务人类的同时，如何充分利用与合理配置资源，以使有限的资源最大限度地满足社会需求，也是人类孜孜以求的目标之一，有时候甚至比技术革新更重要，基于这种背景人们开始将经济学的知识引入到工程项目中，工程经济学由此产生。

在美国土木工程师亚瑟·M·惠灵顿 1887 年出版的著作《铁路布局的经济理论》中，最早出现了工程经济学这个概念。亚瑟发现在早期铁路建设中，工程师们通常只关注平面线形、坡度、曲率半径等技术参数的影响，而忽视经济性的影响，这使得很多铁路在建成投产后往往会入不敷出，不仅没有带来预想中的效益，反而加重了政府财政负担。为了解决这个问题，他首次在铁路建设分析中引用了资本费用的分析方法，并引入了利息的概念。而对工程经济核心理论有重要贡献的学者是欧·古德曼，他出版了涉及工程财务分析的专著《财务工程学》，将复利计算概念引入投资方案的效果评估中，该方法至今仍是工程经济学的核心计算公式。到了1930年，E. L. 格兰特教授出版了《工程经济学原理》教科书，从而奠定了经典工程经济学作为一门学科的基础。1982年，J. L. 里格斯出版了《工程经济学》，把《工程经济学》的学科水平向前推进了一大步。工程经济学产生发展的主要情况见表1-1。

表1-1　工程经济学的产生和发展

重要的历史人物	主 要 贡 献
惠灵顿 （美国的建筑工程师）	被公认为是最早探讨工程经济问题的人物。首次将成本分析方法应用于铁路的最佳长度和路线的曲率选择问题，并提出了工程利息的概念，开创了工程领域中的经济评价工作，于1887年出版《铁路布局的经济理论》
菲什	在20世纪20年代系统地阐述了与债券市场相联系的工程投资模型
戈尔德曼	20世纪20年代，出版了《财务工程》，第一次提出用复利法来确定方案的比较值，进行投资方案评价的思想，并且批评了当时研究工程技术问题不考虑成本、不讲究节约的错误倾向
格兰特 （教授）	1930年出版教科书《工程经济学原理》，奠定了经典工程经济学的基础。指出了古典工程经济学的局限性，并以复利计算为基础，对固定资产投资的经济评价原理作了阐述，同时指出人的经验判断在投资决策中具有重要作用，被誉为“工程经济学之父”
迪安 （工程经济学家）	在凯思斯经济理论的基础上，分析了市场供求状况对企业有限投资分配的影响。1951年出版《投资预算》，阐述了动态经济评价法以及合理分配资金的一些方法及其在工程经济中的应用
布西	1978年出版了《工业投资项目的经济分析》。全面系统地总结了工程项目的资金筹集、经济评价、优化决策以及项目的风险和不确定性分析等
里格斯	1982年出版了《工程经济学》。系统地阐述了货币的时间价值、时间的货币价值、货币理论、经济决策和风险以及不确定性等工程经济学的内容，把工程经济学的学科水平向前推进了一大步

我国的工程经济学研究大约起始于20世纪50年代初期，而后逐渐得到大规模发展。改革开放以后，经济的持续发展以及世界经济形势的变化，使工程经济学的思维迅速在我国工程实践中得以运用，不仅在理论层面对各种工程项目进行指导，也在实践层面发挥了突出的作用。放眼未来，随着我国经济的进一步发展，工程经济学必定会有更大的发挥空间。

目前，我国许多高校也已开设了工程经济学的相关课程，并通过模拟实验以及学生实践活动丰富教学内容。已出版的代表作有黄渝祥、邢爱芳编著的《工程经济学》，邵颖红编著的《工程经济学概论》，李南编著的《工程经济学》，等等。

随着数学计算方法的发展，近代工程经济学的发展侧重于用概率统计进行风险性、不确定性等新方法研究以及非经济因素的研究。在我国，尤其是近30年来，掀起了一股巨大的基建浪潮，全国各地如火如荼地进行着工程项目建设。随着项目的开展，人们慢慢意识到光有先进的技术远远不够，更需要运用一套系统、科学、完整的分析方法对项目经济性进行评价，以避免项目产生负效益；因此工程经济学开始在我国得到广泛的应用，且在实践过程中不断修改充实。现在，在工程建设项目的投资决策分析、项目评估和管理中，已经广泛应用工程经济学的原理和方法，但是从理论体系上看，有些理论体系和方法论基础仍不够完善，许多工程技术与经济相互作用的规律性问题有待进一步认识和研究。

总之，工程建设项目处在社会这个开放的大系统下，在项目决策过程中必须要考虑其对社会、生态环境等的影响，考虑项目的企业效益和社会效益，只有充分运用好了工程经济分析这把利器，才能在提高项目经济性的同时兼顾可持续发展，使经济又好又快、持续稳定地发展。

思考题与习题

1-1 工程经济学的研究对象是什么，有什么特点？

1-2 如何正确理解工程技术与经济的关系？

1-3 工程经济学的研究方法有哪些？

1-4 工程经济分析的基本程序是怎样的？

1-5 如何正确理解工程经济学与其他相关学科的关系？

1-6 请结合工作实际，列举工程项目或产品研发项目成功与失败（或没有到达预期目标）的例子各一个，并分析成功与失败的主要原因。

2 资金时间价值与资金等值的计算

导读：古语有云：一寸光阴一寸金，寸金难买寸光阴。时间是最宝贵也是最有限的资源之一，有效地利用这一资源可以产生价值。本章主要说明资金时间价值的概念和计算方法，通过本章学习需要掌握的知识点如下：

（1）了解资金时间价值的概念；

（2）熟悉利息的计算方法；

（3）掌握现金流量图的概念；

（4）掌握资金等值的计算方法，并会结合实际进行应用。

2.1 资金的时间价值

在工程经济计算中，方案的经济效益，所消耗的人力、物力和自然资源最后都是以价值形态，即资金的形式表现出来的。资金的运动反映了物化劳动和活劳动的运动过程，而这个过程也是资金随时间运动的过程。因此，在工程经济分析时不仅要着眼于方案资金量的大小（资金收入和支出的多少），而且也要考虑资金发生的时间，即资金的时间价值。

资金有时间价值。但必须明确的是，资金只有作为生产经营要素，在扩大再生产及流通过程中，才会随时间的变化而产生增值。比如说，你今天中午吃饭花了 200 元，这 200 元对你来说是消费掉的，不能算作生产要素，因为没有用于生产经营，也就没有时间价值；反之，你把这 200 元用于股票投资，或者存入银行，用于增值，这时它才有时间价值。同样的，如果将货币闲置不用，由于资金时间价值的影响，会带来无形损失，这是很不明智的。

影响资金的时间价值的因素很多，其中主要有以下几点：

（1）资金的使用时间；

（2）资金数量的大小；

（3）资金的投入和回收的特点；

（4）资金的周转速度。

其中，资金的使用时间、数量大小以及周转速度都和资金时间价值成正相关，这个很容易理解。而在资金总数目一定的情况下，经营者总是希望“自己的钱晚点给别人，尽早收回来”。这就是资金的投入和回收的特点：总资金一定时，前期投入越多，负效益越大；回收额一定，越早收回，资金的时间价值越大。

需要特别注意的是，影响资金的时间价值的因素不包括利率因素（利率会在接下去的内容中学习)，不要将它们混淆在一起。

总之，资金的时间价值是客观存在的，生产经营的一项基本原则就是充分利用资金的时间价值并最大限度地获得其时间价值。加速资金周转，早期回收资金，并不断从事利润较高的投资活动，避免资金的闲置等都能很好地利用资金的时间价值。

2.2　利息与利率

从经济学的角度看，利息是资金时间价值的一种重要表现形式，是资金所有者由于放弃资金使用而取得的报酬，它来自生产者使用该笔资金发挥营运职能所形成的利润的一部分。而且通常用利息额的多少作为衡量资金时间价值的绝对尺度，用利率作为衡量资金时间价值的相对尺度。

2.2.1　利息

在借贷过程中，债务人支付给债权人超过原借贷金额（原借贷金额常称作本金）的部分就是利息，即式（2-1）。

$$I = F - P \tag{2-1}$$

式中　I——利息；

F——目前债务人应付（或债权人应收）的总金额；

P——本金。

在工程经济研究中，利息常常被看作是资金的一种机会成本，是占用资金所付的代价或者是放弃使用资金所得到的补偿。

2.2.2　利率

利率就是在单位时间内（如年、半年、季、月、周、日等）所得到的利息与借贷款金额本金之比，通常用百分数表示，即式（2-2）。

$$i = \frac{I_t}{P} \times 100\% \tag{2-2}$$

式中　i——利率；

I_t——单位时间内所得的利息。

式中用于表示计算利息的时间单位称为计息周期，计息周期通常为年、半年、季、月、周或天。

【例 2-1】　某人现借款本金 1000 元，一年后付息 80 元，则年利率为：

$$\frac{80}{1000} \times 100\% = 8\%$$

利率是各国发展国民经济的杠杆之一，利率的高低由以下因素决定：

（1）利率的高低首先取决于社会平均利润率的高低，并随之变动。在通常情况下，社会平均利润率是利率的最高界限。因为如果利率高于利润率，投资者无利可图就不会去借款，否则很有可能就资不抵债。

（2）在平均利润率不变的情况下，利率高低取决于金融市场上借贷资本的供求情况。

借贷资本供过于求，利率便下降；反之，供不应求，利率便上升。

（3）借出资本要承担一定的风险，而风险的大小也影响利率的波动。高风险高回报。

（4）通货膨胀对利息的波动有直接影响，资金贬值往往会使利息无形中成为负值。在众多影响利率的因素中，只有通货膨胀才会使资金贬值，使利息无形中成为负值。

（5）借出资本的期限长短。贷款期限长，不可预见因素多，风险大，利率就高；反之，贷款期限短，不可预见因素少，风险小，利率就低。

2.2.3　利息和利率在工程经济活动中的作用

（1）利息和利率是以信用方式动员和筹集资金的动力。

这种筹集资金方式的特点就是自愿性，其动力在于利息和利率。商人逐利，总是追求利益最大化，所以，利息和利率是融资的一大动力。

（2）利息促进企业加强经济核算，节约使用资金。

（3）利息和利率是国家管理经济的重要杠杆。

（4）利息和利率是金融企业经营发展的重要条件。

2.2.4　利息的计算

利息有单利和复利之分。当计息周期在一个以上时，就需要考虑“单利”和“复利”的问题。

2.2.4.1　单利

所谓单利是指在计算利息时，仅用最初本金计算，而不计入先前计息周期中所累积增加的利息，即通常所说的“利不生息”的计算方法，见式（2-3）。

$$I_t = P \times i_{单} \tag{2-3}$$

式中　I_t——代表第 t 计息周期的利息额；

P——代表本金；

$i_{单}$——计息周期单利利率。

n 期末单利本利和 F 等于本金加上总利息，即式（2-4）。

$$F = P + I_n = P(1 + n \times i_{单}) \tag{2-4}$$

式中　I_n——n 个计息周期所付或者所收的单利总利息。

2.2.4.2　复利

所谓复利是指在计算某一计息周期的利息时，其先前周期上所累积的利息要计算利息，即“利生利”、“利滚利”的计息方式，见式（2-5）。

$$I_t = i \times F_{t-1} \tag{2-5}$$

式中　i——计息周期复利利率；

F_{t-1}——第（t-1）期末复利本利和。

而第 t 期末复利本利和的表达式见式（2-6）。

$$F_t = F_{t-1}(1 + i) \tag{2-6}$$

【例 2-2】　假如某人借款 1000 元，年利率 8%，4 年后偿还，分别按单利和复利计算，则各年利息和本利和见表 2-1 和表 2-2。

表 2-1 单利计算利息 （元）

计息期	年初借款	年末利息	年末本利和	年末偿还
1	1000	1000×8% = 80	1080	0
2	1080	80	1160	0
3	1160	80	1240	0
4	1240	80	1320	1320

表 2-2 复利计算利息 （元）

计息期	年初借款	年末利息	年末本利和	年末偿还
1	1000	1000×8% = 80	1080	0
2	1080	1080×8% = 86. 4	1166. 4	0
3	1166. 4	1166. 4×8% = 93. 312	1259. 712	0
4	1259. 712	1259. 712×8% = 100. 777	1360. 489	1360. 489

从表 2-1 和表 2-2 可以看出，同一笔借款，在利率和计息期均相同的情况下，用复利计算出的利息金额比用单利计算出的利息金额多。而且本金越大、利率越高、计息期越长，两者差距就越大。复利计算比较符合资金在社会再生产过程中运动的实际情况。因此，在实际中得到了广泛的应用，在工程经济分析中，一般采用复利计算资金时间价值。

复利计算有间断复利和连续复利之分，按期（年、半年、季、月、周、日）计算复利的方法称为间断复利（即普通复利）；按瞬时计算复利的方法称为连续复利。在实际使用中都采用间断复利，这一方面是出于习惯，另一方面是因为会计通常在年底结算一年的进出款，按年支付税收、保险金和抵押费用，因而采用间断复利考虑问题更为适宜。常用的间断复利计算方法有一次支付情形和等额支付系列两种，具体计算见 2. 4 节。

2. 3 现金流量图

2. 3. 1 现金流量的概念

在进行工程经济分析时，可以把所考察的对象视为一个系统。投入的资金、花费的成本和获取的利益，均可看成是以资金形式体现的该系统的资金流出或资金流入。这种在考察对象整个期间各时点 t 上实际发生的资金流出或者资金流入称为现金流量，其中流出系统的资金称为现金流出，用符号 $(CO)_t$ 表示；流入系统的资金称为现金流入，用符号 $(CI)_t$ 表示；现金流入与现金流出之差称为净现金流量，用符号 $(CI-CO)_t$ 表示。资金的流入或是流出是针对特定的人而言的，角度不同，结果就不一样，所以在现金流计算中要注意区分对象。

2. 3. 2 现金流量图的绘制

对于一个经济系统，其现金流量的流向（支出或收入）、数额和发生的时间都不尽相同，为了正确地进行工程经济分析计算，有必要借助现金流量图进行分析。现金流量图反映了经济系统资金运动的状态。把经济系统的现金流量绘入一时间坐标图中，表示出各现金流入、流出与相应时间的对应关系。

现金流量图的画法：首先，画一根轴线，这根轴线代表时间的连续过程，在轴线上依次标上时间点，“0”代表时间序列的起点；然后借助于力的三要素（大小、方向、作用点），用箭线表示出现金流量。其中箭线长短表示现金流量的大小，线段长度不需要严格按比例，能区分大小即可；箭头方向的定义站在不同角度是不一样的，对特定投资人而言，向上表示现金流入，向下表示现金流出；箭头在时间轴上的点则表示现金流发生的时间节点，该时间节点表示该期期末，同时等于下期期初。

应当特别注意的是，时间轴上 n 点表示的是第 n 期期末，同时也是（$n+1$）期期初。比如“1”点表示的就是第 1 期期末、第 2 期期初；“3”点表示的是第 3 期期末、第 4 期期初。但是“0”点是计算期开始，即第 1 期期初。图 2-1 即表示了某个投资项目的现金流量，从中可以说明现金流量图的作图方法和规则：

箭头长短可以表示现金流量的大小，图中 A_2 大于 A_1 的流量，A_4 大于 A_3 的流量；箭头方向可以表示现金流量的方向，图中 A_1 和 A_2 为现金流出，A_3，A_4，…，A_n 表示现金流入；时间节点可以表示现金流量发生的时点，图中 A_1 发生在第 1 期期末，即第 2 期期初，A_n 发生在第 n 期期末，即计算期结束。

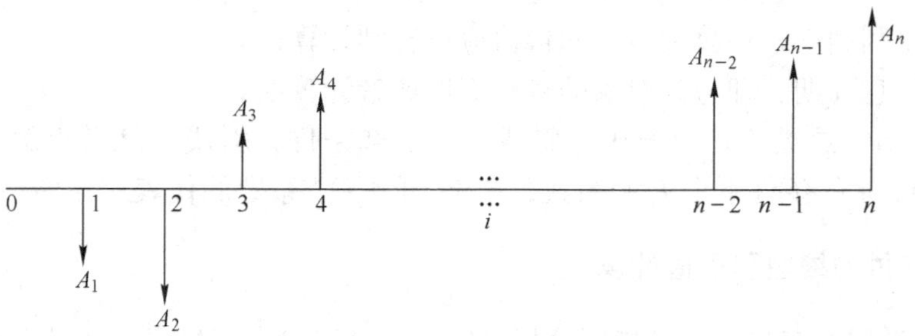

图 2-1 现金流量图的作图方法

总之，要正确绘制现金流量图，必须把握好现金流量的三要素，即现金流量的大小（现金数额）、方向（现金流入或流出）和作用点（现金发生的时间点）。

2.4 资金的等值计算

资金有时间价值，不同时期、不同数额但其“价值等效”的资金称为等值，又叫等效值。在工程经济分析中，等值是一个十分重要的概念，它提供了一个计算某一经济活动有效性或者进行方案比较、优选的可能性。因为在考虑资金时间价值的情况下，其不同时点发生的收入或支出是不能相加减的。而利用等值的概念，则可以把不同时点发生的资金换算成同一时点的等值资金，然后再进行比较。所以，在工程经济分析中，方案比较都是采用等值的概念来进行分析、评定和选定。影响资金等值的因素有三个：金额的多少、资金发生的时间长短、利率（或折现率）的大小。其中利率是一个关键因素，一般等值计算中是以同一利率为依据的。

常用的等值复利计算公式包括一次支付的终值和现值计算公式，等额支付系列的终值、现值、资金回收和偿债基金计算公式。资金等值计算公式和复利计算公式的形式是相同的，等值计算公式相互关系如图 2-2 所示。

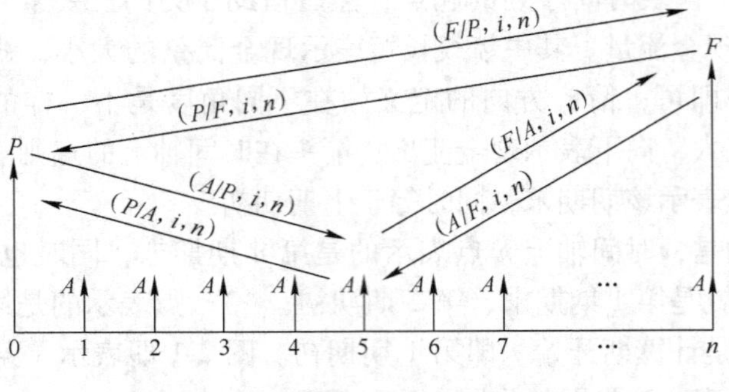

图 2-2　等值计算公式相互关系示意

图中：P——现值，也即本金，是将现金流量折算到项目开始年，即“0”点的值；

F——终值，也即本利和，是将现金流量折算到项目结束年，即“n”点的值；

A——年金，即 1 ~ n 期每期期末的等额值，是将现金流量折算到第 1 到第 n 期每期期末（不包括 0 期）的等额现金流；

i——复利利率，计算资金时间价值应按复利计算；

n——计息周期，即考察对象的寿命周期或者计算期。

$(F/P, i, n)$ 这类表达符号中，斜线下是已知条件，斜线上是需求解的值。这里表示在已知 P，i，n 的条件下求 F 的系数，这是 $(1+i)^n$ 系数的代表式 。

2.4.1　一次支付的终值和现值计算

一次支付又称整存整付，是指所分析系统的现金流量，无论是流入或是流出，分别在各时点上只发生一次，如图 2-3 所示。

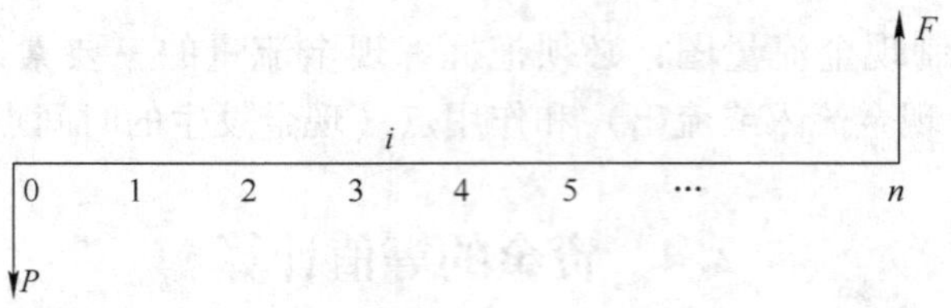

图 2-3　一次支付现金流量图

2.4.1.1　终值计算（已知 P 求 F）

一次支付 n 年末终值（即本利和）F 的计算公式见式（2-7）。

$$F = P(1+i)^n \tag{2-7}$$

式中 $(1+i)^n$ 称为一次支付终值系数，用 $(F/P, i, n)$ 表示，又可写成式（2-8）。

$$F = P(F/P, i, n) \tag{2-8}$$

【例 2-3】　某人借款 10000 元，年复利率为 10%，试问 5 年末连本带利一次应偿还多少？

【解】　按式（2-7）、式（2-8）计算得：

$$F = P \times (F/P,\ i = 10\%,\ n = 5) = P(1+i)^n$$
$$= 10000 \times (1+10\%)^5 = 10000 \times 1.61051 = 16105.1(\text{元})$$

2.4.1.2 现值计算（已知 F 求 P）见式（2-9）。

$$P = \frac{F}{(1+i)^n} = F(1+i)^{-n} \tag{2-9}$$

式中 $(1+i)^{-n}$ 称为一次支付现值系数，用符号（P/F，i，n）表示。计算式又可写成

$$P = F(P/F,\ i,\ n) \tag{2-10}$$

一次支付现值系数这个名词描述了它的功能，即未来一笔资金乘上该系数就可以求出其现值。计算现值 P 的过程称为“折现”或者“贴现”，其所使用的利率常称为折现率或贴现率。故 $(1+i)^{-n}$ 或（P/F，i，n）也可称为折现系数或贴现系数。

【例 2-4】 某人希望 5 年末有 10000 元现金，年复利率为 10%，试问现在需一次性存款多少?

【解】 由式（2-9）、式（2-10）计算得：

$$P = F \times (P/F,\ i = 10\%,\ n = 5) = \frac{F}{(1+i)^n} = 10000 \times (1+10\%)^{-5}$$
$$= 10000 \times 0.6209 = 6209(\text{元})$$

2.4.2 多次支付的终值和现值计算

在工程经济中，多次支付是最常见的支付形式。多次支付是指现金流量在多个时间点发生，如果用 A_t 表示第 t 时间末发生的现金流量大小，可正可负，用逐个折现的办法，可将多次支付现金流量换成现值，即式（2-11）或式（2-12）。

$$P = A_1(1+i)^{-1} + A_2(1+i)^{-2} + \cdots + A_n(1+i)^{-n} = \sum_{t=1}^{n} A_t(1+i)^{-1} \tag{2-11}$$

$$P = \sum_{t=1}^{n} A_t(P/F,\ i,\ t) \tag{2-12}$$

同理可将多次支付现金流量换成终值，即式（2-13）或式（2-14）。

$$F = \sum_{t=1}^{n} A_t(1+i)^{n-t} \tag{2-13}$$

$$F = \sum_{t=1}^{n} A_t(F/P,\ i,\ n-t) \tag{2-14}$$

2.4.3 等额支付系列的终值、现值、资金回收和偿债基金计算

等额支付是指分析系统的现金流量，无论是流入或是流出，都均匀分布在第 1 到第 n 每期期末，且每一期发生的值是相同的，如图 2-4 所示。

（1）等额支付系列的终值计算（已知 A，求 F）见式（2-15）。

$$F = \sum_{t=1}^{n} A(1+i)^{n-t} = A[(1+i)^{n-1} + (1+i)^{n-2} + \cdots + (1+i) + 1]$$
$$= A\frac{(1+i)^n - 1}{i} \tag{2-15}$$

式中 $\frac{(1+i)^n-1}{i}$ 被称为等额支付系列终值系数或年金终值系数，用符号（F/A，i，n）表示，即式（2-16）。

$$F = A(F/A,\ i,\ n) \tag{2-16}$$

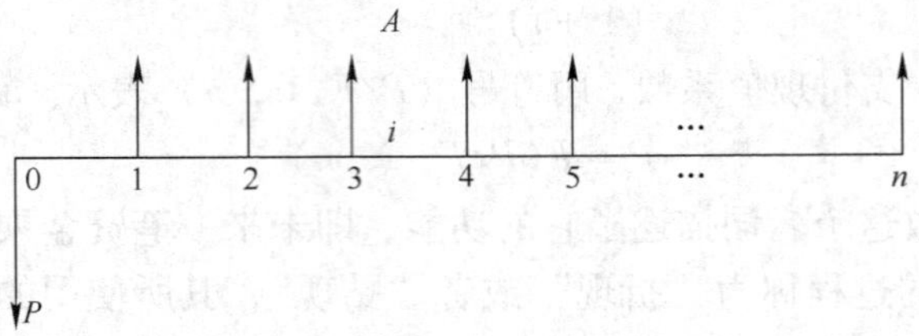

图 2-4　等额支付系列现金流量图

【例 2-5】 若 10 年内，每年末存 1000 元，年利率 8%，问 10 年末本利和为多少？

【解】 由式（2-15）、式（2-16）计算得：

$$\begin{aligned} F &= A \times (F/A,\ i=8\%,\ n=10) \\ &= A \times \frac{(1+i)^n-1}{i} \\ &= 1000 \times \frac{(1+8\%)^{10}-1}{8\%} \\ &= 1000 \times 14.487 = 14487(\text{元}) \end{aligned}$$

（2）等额支付系列的现值计算（已知 A 求 P）见式（2-17）。

$$\begin{aligned} P &= F(1+i)^{-n} \\ &= A\frac{(1+i)^n-1}{i(1+i)^n} \end{aligned} \tag{2-17}$$

式中 $\frac{(1+i)^n-1}{i(1+i)^n}$ 称为等额支付系列现值系数或年金现值系数，用符号（P/A，i，n）表示，即式（2-18）。

$$P = A(P/A,\ i,\ n) \tag{2-18}$$

【例 2-6】 如果期望 5 年内每年末收回 1000 元，问在利率为 10%时，开始需一次性投资多少？

【解】 由式（2-17）、式（2-18）计算得：

$$\begin{aligned} P &= A \times (P/A,\ i=10\%,\ n=5) \\ &= A\frac{(1+i)^n-1}{i(1+i)^n} \\ &= 1000 \times \frac{(1+10\%)^5-1}{10\%(1+10\%)^5} \\ &= 1000 \times 3.7908 = 3790.8(\text{元}) \end{aligned}$$

（3）等额支付系列的资金回收计算（已知 P，求 A）见式（2-19）。

$$A = P\frac{i(1+i)^n}{(1+i)^n-1} \tag{2-19}$$

式中 $\frac{i(1+i)^n}{(1+i)^n-1}$ 称为等额支付系列资金回收系数，用符号（A/P，i，n）表示，即式（2-20）。

$$A=P(A/P,\ i,\ n) \tag{2-20}$$

【例 2-7】 若投资 10000 元，每年资金回收率为 8%，在 10 年内收回全部本利，则每年末应收回多少?

【解】 由式（2-19）、式（2-20）计算得：

$$\begin{aligned} A &= P\times(A/P\ ,i=8\%,\ n=10) \\ &= P\frac{i(1+i)^n}{(1+i)^n-1} \\ &= 10000\times\frac{8\%(1+8\%)^{10}}{(1+8\%)^{10}-1} \\ &= 10000\times0.14903=1490.3(\text{元}) \end{aligned}$$

（4）等额支付系列的偿债基金计算（已知 F，求 A）见式（2-21）。

$$A=F\frac{i}{(1+i)^n-1} \tag{2-21}$$

式中 $\frac{i}{(1+i)^n-1}$ 称为等额支付系列偿债基金系数，用符号（A/F，i，n）表示，即式（2-22）。

$$A=F(A/F,\ i,\ n) \tag{2-22}$$

【例 2-8】 欲在 5 年终了时获得 10000 元，若每年存款相等，年利率为 10%，则每年末需存款多少?

【解】 由式（2-21）、式（2-22）计算得：

$$\begin{aligned} A &= F\times(A/F\ ,i=10\%,\ n=5) \\ &= F\frac{i}{(1+i)^n-1} \\ &= 10000\times\frac{10\%}{(1+10\%)^5-1} \\ &= 10000\times0.1638=1638(\text{元}) \end{aligned}$$

2.4.4　等额还本利息照付系列现金流量的计算

在投资活动中，对借款的偿还可采用等额还本利息照付方式。其现金流量如图 2-5 所示。

在这种情况下，每年的还款额 A_t 是不一样的，其金额计算见式（2-23）。

$$A_t=\frac{P}{n}+P\times i\times\left(1-\frac{t-1}{n}\right) \tag{2-23}$$

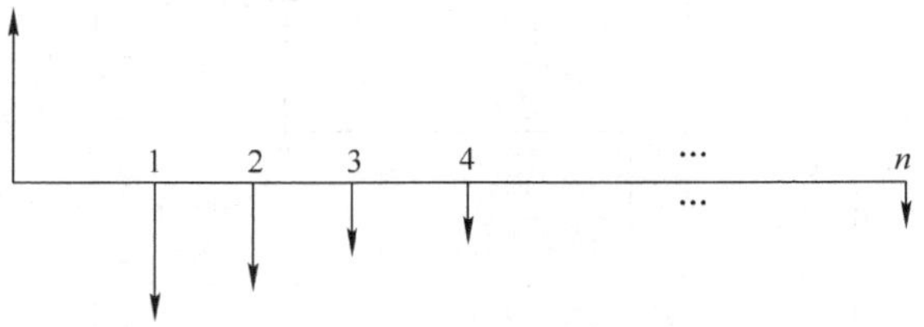

图 2-5　等额还本利息照付系列现金流量图

式中 A_t——第 t 年的还本付息额；

P——还款起始年年初的借款总额；

n——预定的还款期；

i——年复利利率；

$\frac{P}{n}$—— 每年偿还的本金；

$P \times i \times \left(1 - \frac{t-1}{n}\right)$ ——第 t 年支付的利息。

【例 2-9】 某借款人向银行借款 500000 元，借款期限 10 年，年利率为 6%，采用等额还本利息照付方式，问第 5 年末应还本付息金额是多少?

【解】 由式（2-23）计算得：

$$
\begin{aligned}
A_t &= \frac{P}{n} + P \times i \times \left(1 - \frac{t-1}{n}\right) \\
&= \frac{500000}{10} + 500000 \times 6\% \times \left(1 - \frac{5-1}{10}\right) \\
&= 50000 + 18000 = 68000(\text{元})
\end{aligned}
$$

2.4.5 等值计算公式汇总及使用中的注意事项

2.4.5.1 等值计算公式汇总

将前面说明的等值计算公式汇总列表，见表 2-3。

表 2-3 等值计算公式汇总

<table>
<tr><th>序号</th><th>支付形式</th><th>现金流量图</th><th>公式</th><th>系数符号</th><th>名称</th><th>关系</th></tr>
<tr><td>1</td><td>一次支付</td><td>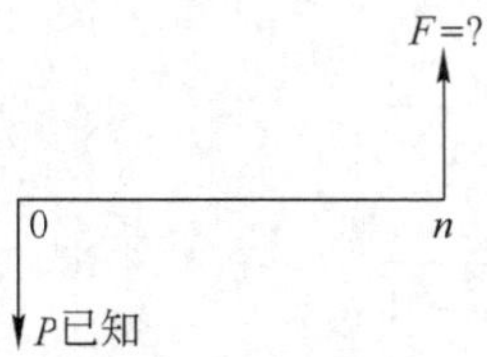
</td><td>$F = P \times (1+i)^n$</td><td>$(1+i)^n$
$(F/P, i, n)$</td><td>一次支付的终值系数</td><td rowspan="2">互为倒数</td></tr>
<tr><td>2</td><td>一次支付</td><td>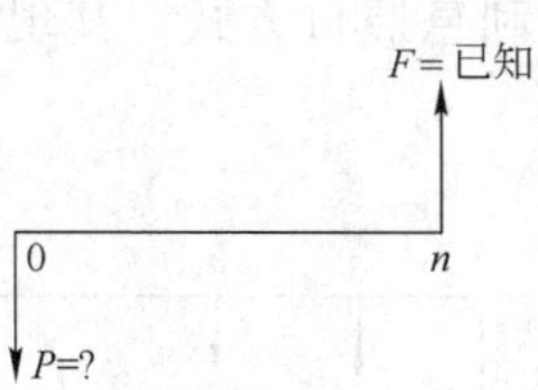
</td><td>$P = F \times (1+i)^{-n}$</td><td>$(1+i)^{-n}$
$(P/F, i, n)$</td><td>一次支付的现值系数</td></tr>
</table>

续表 2-3

序号	支付形式	现金流量图	公 式	系数符号	名称	关系
3	等额支付	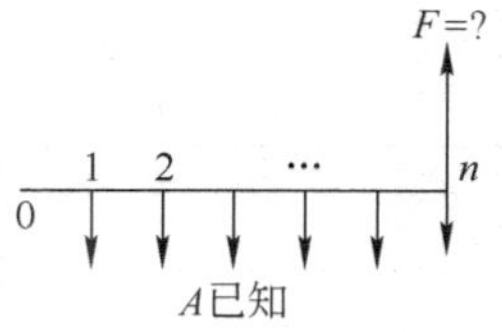	$F=A\left[\frac{(1+i)^n-1}{i}\right]$	$\frac{(1+i)^n-1}{i}$ $(F/A,\ i,\ n)$	等额支付的终值系数	互为倒数
4	等额支付	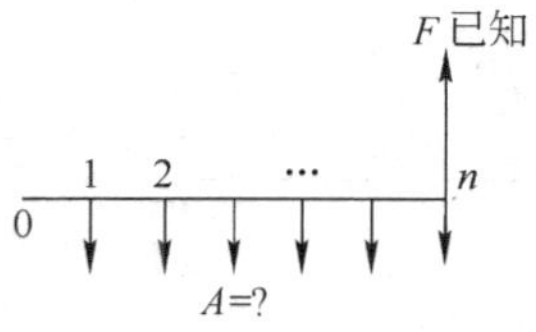	$A=F\left[\frac{i}{(1+i)^n-1}\right]$	$\frac{i}{(1+i)^n-1}$ $(A/F,\ i,\ n)$	等额支付偿债基金系数	
5	等额支付	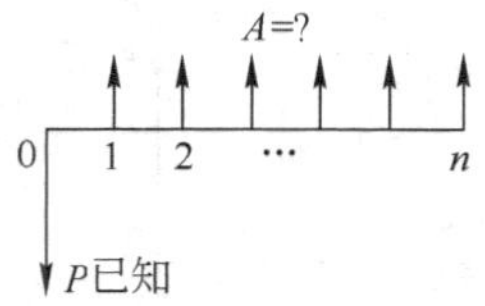	$A=P\left[\frac{i(1+i)^n}{(1+i)^n-1}\right]$	$\frac{i(1+i)^n}{(1+i)^n-1}$ $(A/P,\ i,\ n)$	等额支付资金回收系数	互为倒数
6	等额支付	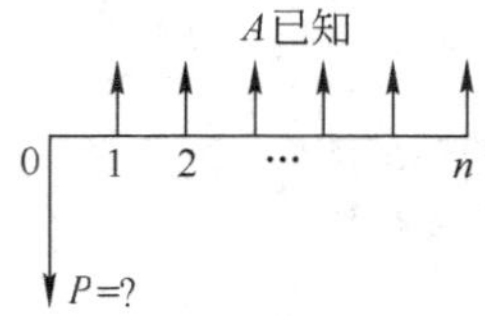	$P=A\left[\frac{(1+i)^n-1}{i(1+i)^n}\right]$	$\frac{(1+i)^n-1}{i(1+i)^n}$ $(P/A,\ i,\ n)$	等额支付的现值系数	

2.4.5.2 等值计算公式使用要求

使用等值计算公式时应注意以下几点：

（1）计息期数为时点或者时标，本期末即等于下期初。“0”点表示第 1 期初，也叫零期；第 1 期末即等于第 2 期初；余类推。

（2）P 是在第一计息周期开始时，即 0 期发生。

（3）F 发生在考察期期末，即 n 期末。

（4）各期的等额支付 A 发生在各期期末，即 1−n 期期末，“0”点上是没有的。

（5）当问题包括 P 与 A 时，系列的第一个 A 与 P 隔一期。即 P 发生在系列 A 的前一期。

（6）当问题包括 A 与 F 时，系列的最后一个 A 与 F 必然同时发生。不能把 A 定在每期期初，因为公式的建立与它是不相符的。

2.4.5.3 等值计算公式的应用

对实际投资项目发生的现金流，等值计算一般采用“三步计算”的方法。

（1）第一步：将实际投资项目资金流动的已知条件转化为现金流量图，并与公式使用标准图 P-F 图、P-A 图、A-F 图比较，如图 2-6 所示。绘制的实际投资项目现金流量图与公式使用标准图相符则转入第二步；如不相符，需要将实际投资项目的现金流量图转换与公式标准图相符，再进入第二步。转换方法不唯一，可根据实际现金流量图灵活应用。

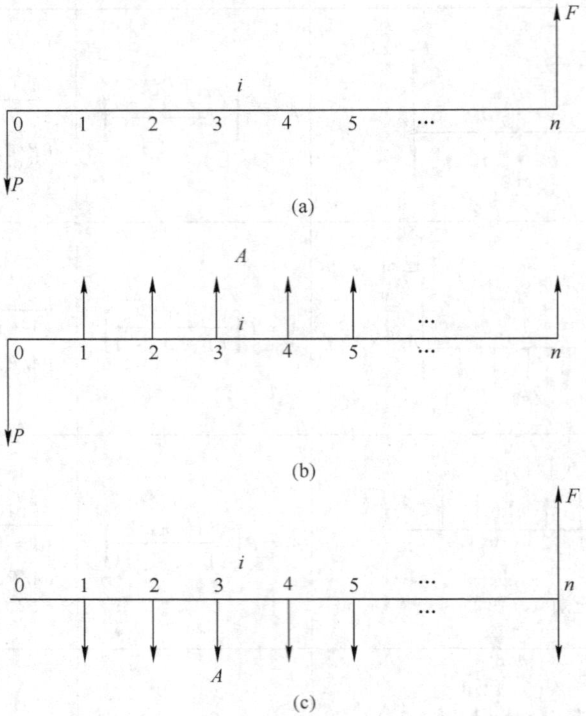

图 2-6　等值计算公式使用的标准图

（a）*P-F* 图；（b）*P-A* 图；（c）*A-F* 图

图中：i——计息期利率；

n——计息期期数；

P——现值，发生在 0 期；

F——终值，发生在 n 点；

A——年金，发生在各计息期期末。

（2）第二步：按照现金流量图的条件分析等值变换的要求，写出相应的系数符号、已知条件和求解要求。

（3）第三步：将系数符号对应的计算公式代入进行计算，见表 2-3。

【例 2-10】　某人自 35 岁开始储备养老金，从现在起每年末存入银行 10000 元，连续 20 年，按年复利利率 6%计算，到第 20 年年末，他退休时可提取现金多少万元？如果将每年末存款 10000 元改为每年初存款 10000 元，则到 20 年年末他退休时可提取现金多少万元？

【解】（1）若每年年末存款 10000 元，计算步骤如下：

1）将已知条件以现金流量图 2-7 表示。

2）根据现金流量图可知，该题为已知 A 求 F 的问题。

3）根据等额支付终值系数的计算公式进行计算，得：

$$F = A \times (F/A,\ i = 6\%,\ n = 20)$$

$$= 10000 \times \frac{(1+6\%)^{20}-1}{6\%}$$

$$= 10000 \times 36.786 = 36.786(\text{万元})$$

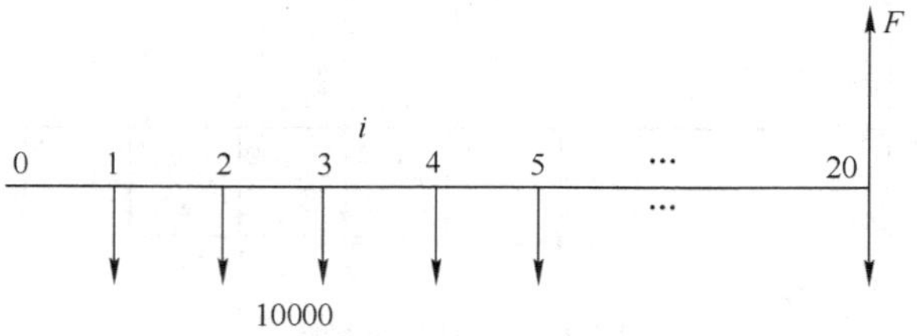

图 2-7 现金流量图

(2) 若每年年初存款 10000 元，计算步骤如下：

1) 按已知条件绘制现金流量图 2-8。

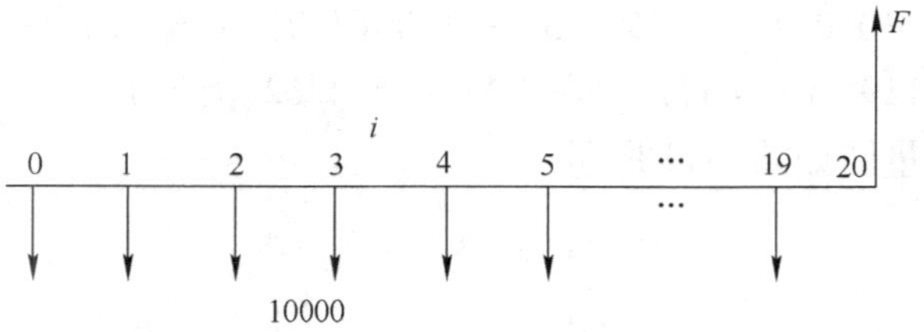

图 2-8 现金流量图

根据现金流量图可知，该图与标准图 A-F 图不一致，所以应先进行转换。将每年初的存款转换为每年末的存款，计算式为：

$$A = 10000(F/P, 6\%, 1) = 10000 \times 1.06 = 10600 \text{ 元}$$

转换后的现金流量如图 2-9 所示。

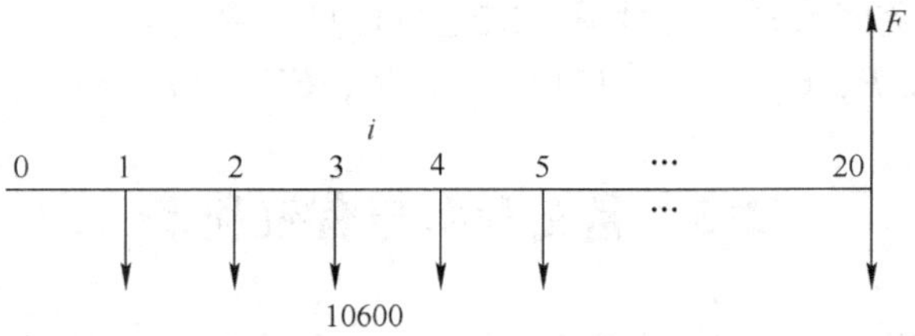

图 2-9 现金流量图

2) 根据现金流量图可知，该题为已知 A 求 F 的问题。

3) 根据等额支付终值系数的计算公式进行计算，得：

$$F = A \times (F/A, i=6\%, n=20)$$

$$= 10600 \times \frac{(1+6\%)^{20}-1}{6\%}$$

$$= 10600 \times 36.786 = 38.993(\text{万元})$$

【例 2-11】 某项目建设期 2 年，运营期 6 年。建设期内每年年初贷款 1000 万元。若在运营期第 1 年年末偿还 800 万元，在运营期第 2~6 年每年年末等额偿还剩余贷款。在贷款年利率为6%的情况下，运营期第2~6年每年年末应还本付息多少金额?

【解】 (1) 按已知条件绘制的现金流量图如图2-10所示。

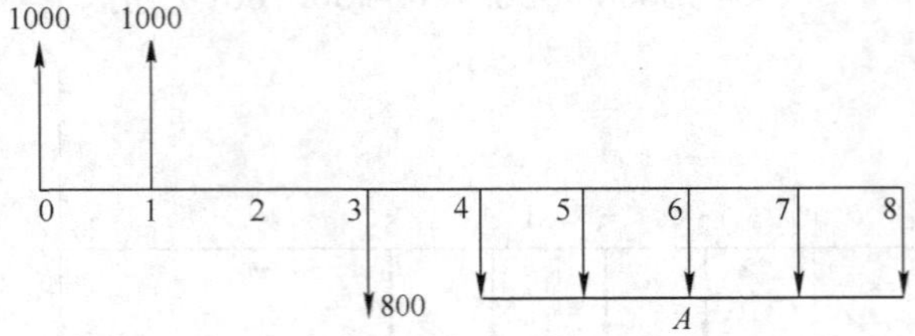

图2-10 现金流量图

根据现金流量图可知本题要求求解第4年到第8年每年年末应等额偿还本息的数额A。

该图与标准图P-A图不一致，所以应先进行转换。考虑到P与A共存时，P应比A早1期，所以将建设期贷款(0点和1点)折算到第3年末(3点)，计算式如下：

$$
\begin{aligned}
F &= [1000(F/P, 6\%, 3) + 1000(F/P, 6\%, 2)] - 800 \\
&= 1191.02 + 1123.6 - 800 = 1514.62(\text{万元})
\end{aligned}
$$

转换后的现金流量图如图2-11所示。

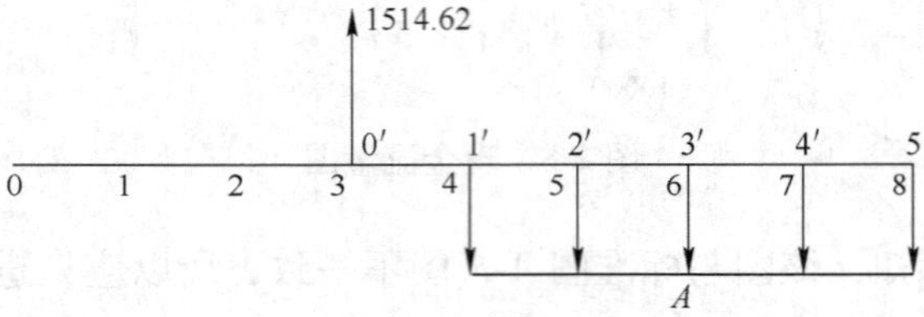

图2-11 现金流量图

(2) 这样，该题分析要求就成为已知P求A的问题。

(3) 根据等额资金回收系数的计算公式进行计算，得:

$$A = P(A/P, 6\%, 5) = 1514.62(A/P, 6\%, 5) = 359.6(\text{万元})$$

2.5 名义利率与有效利率

在复利计算中，利率周期通常以年为单位，它可以与计息周期相同，也可以不同，当利率周期与计息周期不一致时，就出现了名义利率和有效(实际)利率的概念。在此，利率周期是名义利率对应的时间周期，计息周期则是指有效(实际)利率计算的时间周期。

2.5.1 名义利率的计算

所谓名义利率r是指计息周期利率i乘以一年内的周期数所得的年利率，即式(2-24)。

$$r = i \times m \tag{2-24}$$

式中 r——年名义利率;

i——计息周期利率;

m——一年内的计息周期数。

若按月计算利息，月计息周期利率为1%，则年名义利率为12%。

2.5.2　有效利率的计算

有效利率是指资金在计算利息时所发生的实际利率，包括计息周期有效利率和年有效利率两种情况。

（1）计息周期有效利率 i，$i=\frac{r}{m}$；

（2）年有效利率，即年实际利率：用计息周期利率来计算年有效利率，并将年内各计息期的有效利率按复利计算，由此所得的年利率即为年有效利率（又称年实际利率）。

已知某年初有资金 P，名义利率为 r，一年内计息 m 次，则计息周期利率为 $i=\frac{r}{m}$。根据一次支付终值公式可得该年的本利和 F，即式（2-25）。

$$F=P\left(1+\frac{r}{m}\right)^{m} \tag{2-25}$$

根据利息的定义可知该年的利息额为式（2-26）。

$$I=F-P=P\left(1+\frac{r}{m}\right)^{m}-P=P\left[\left(1+\frac{r}{m}\right)^{m}-1\right] \tag{2-26}$$

再根据利率的定义可得该年的年有效利率，即实际利率 i_{eff} 为式（2-27）。

$$i_{\mathrm{eff}}=\frac{I}{P}=\left(1+\frac{r}{m}\right)^{m}-1 \tag{2-27}$$

由此可见，有效利率和名义利率的关系实质上与复利和单利的关系一样。

【例 2-12】　已知年名义利率 $r=10\%$，则年、半年、季、月、日的年有效利率见表2-4。

表 2-4　名义利率和有效利率的比较

年名义利率 r	计息期	年计息次数 m	计息期利率 i （$i=r/m$）	年有效利率 i_{eff} $\left(i_{\mathrm{eff}}=\left(1+\frac{r}{m}\right)^{m}-1\right)$
10%	年	1	10%	10%
	半年	2	5%	10.25%
	季	4	2.50%	10.38%
	月	12	0.83%	10.47%
	日	365	0.03%	10.51%

由表2-4可以看出，每年计息周期 m 越多，i_{eff} 与 r 相差越大，所以在工程经济分析中，如果各方案的计息周期不同，就不能简单地用名义利率来评价，而必须换成有效利率进行评价。

2.5.3　当支付周期与计息周期不同时的等值计算

当计息周期小于支付周期时，等值计算的方法有以下两种：

（1）按支付周期实际利率计算。

（2）按计息周期利率计算，即式（2-28）~式（2-31）。

$$F = P\left(F/P,\ \frac{r}{m},\ mn\right) \tag{2-28}$$

$$P = F\left(P/F,\ \frac{r}{m},\ mn\right) \tag{2-29}$$

$$F = A\left(F/A,\ \frac{r}{m},\ mn\right) \tag{2-30}$$

$$P = A\left(P/A,\ \frac{r}{m},\ mn\right) \tag{2-31}$$

【例 2-13】　现在存款 1000 元，年利率 10%，半年复利一次。问 5 年末存款金额为多少？

【解】　（1）按年有效利率计算：

$$i_{\text{eff}} = \frac{I}{P} = \left(1 + \frac{r}{m}\right)^{m} - 1 = \left(1 + \frac{10\%}{2}\right)^{2} - 1 = 10.25\%$$

则 $F = 1000 \times (1 + 10.25\%)^5 = 1000 \times 1.62889 = 1628.89$(元)

（2）按计息周期利率计算：

$$F = 1000\left(F/P,\ \frac{10\%}{2},\ 2 \times 5\right)$$
$$= 1000 \times (1 + 5\%)^{10} = 1000 \times 1.62889 = 1628.89(\text{元})$$

上述两种方法的计算结果的差异很小，这是由一次支付终值系列计算时略去尾数误差造成的，此误差是允许的。一般说来，一次支付终值系列计算时，按年实际利率计算和按计息周期利率计算二者没有区别。但应注意，对等额系列流量，只有计息周期与收付周期一致时才能按计息期利率计算；否则，只能用收付周期实际利率来计算。

【例 2-14】　某企业在第 1 年年初向银行贷款 300 万元用于购置设备，贷款年有效利率为 8%，每半年计息一次，今后 5 年内每年 6 月底和 12 月月底等额还本付息，则该企业每年每次应偿还多少本息？

【解】　（1）根据已知条件绘制现金流量图如图 2-12 所示，图中的时间点以半年为单位。

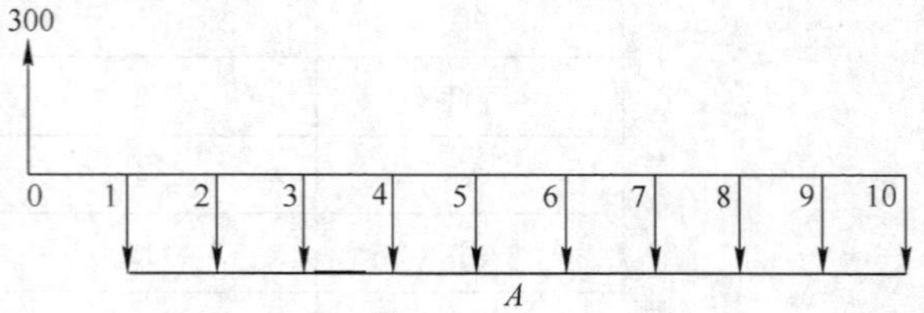

图 2-12　现金流量图

（2）根据现金流量图可知本题要求求解今后 10 期应等额偿还本息的数额，是已知 P 求 A 的问题。此题给出了年有效利率 8%，但题中要求半年计息一次，所以应根据式（2-27）计算半年的有效利率：

$$i_{\text{eff}} = \frac{I}{P} = \left(1 + \frac{r}{m}\right)^{m} - 1 = (1 + i_{\text{半年}})^{2} - 1 = 8\%$$

对该式求解得：

$$i_{\text{半年}} = 3.92\%$$

（3）代入等额资金回收系数的计算公式，得：

$$A = P(A/P,\ i = 3.92\%,\ n = 10)$$
$$=300(A/P,\ 3.92\%,\ 10) = 36.85(万元)$$

【例 2-15】 某公司在工程建设期第 1、2 年年初各向银行贷款 300 万元及 500 万元，年利率 8%，半年计息一次，则从第 3 年末开始每半年需要还多少金额才能在第 6 年末全部还完？

【解】 （1）根据已知条件绘制现金流量图如图 2-13 所示，图中的时间点以半年为单位。

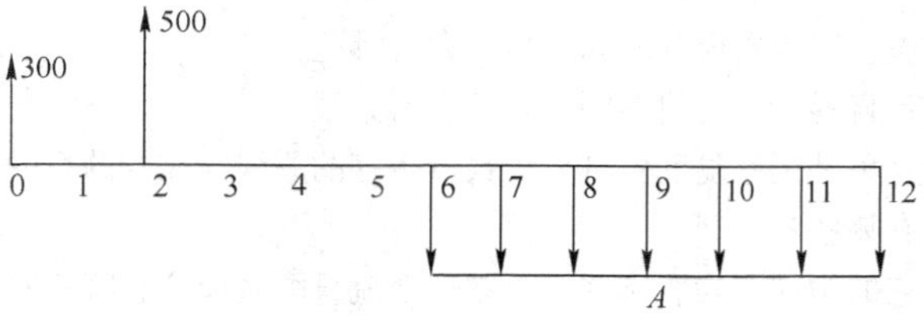

图 2-13　现金流量图

首先对已知条件的现金流量图进行转换，将“0”点和“2”点上的现金流入折算到“5”点上。计算时，已知年利率 8%，是名义利率，不能直接使用，需计算半年的有效利率 $i_{半年} = 4\%$。则折算到第“5”点的现金流入为：

$$“P” = 300（F/P,\ 4\%,\ 5）+500（F/P,\ 4\%,\ 3）$$
$$= 927.43（万元）$$

（2）根据转换后的 P-A 关系进行求解：

$$A = P(A/P,\ 4\%,\ 7)$$
$$=927.43 \times \frac{(1+4\%)^7 \times 4\%}{(1+4\%)^7 - 1} = 154.52（万元）$$

说明：本题的关键是绘制现金流量图，同时应当注意要将借款折算到第“5”点，即 2.5 年，而非 2 年末或 3 年末；并注意按半年的有效利率 4%计算；另外，第 3 年末到第 6 年末，按半年为单位，是 7 期，而不是 6 期。

【例 2-16】 每半年内存款 1000 元，年利率 8%，每季复利一次。问 5 年末存款金额为多少？

【解】 根据已知条件绘制现金流量如图 2-14 所示。

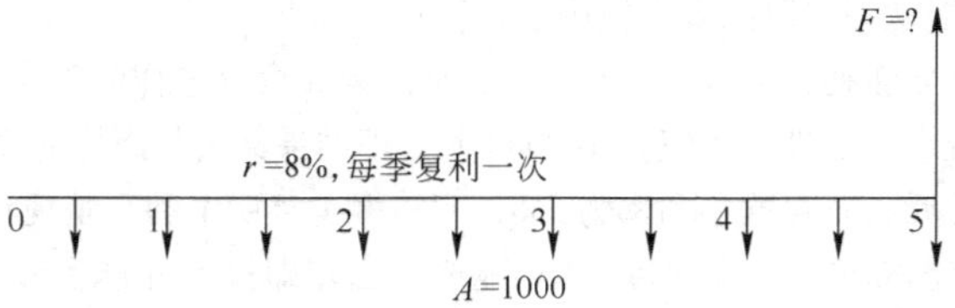

图 2-14　现金流量图

由于本例计息周期小于收付周期，不能直接采用计息期利率计算，故只能用收付期，即半年的实际利率计算。

计息期利率：$i=r/m=8\%/4=2\%$

半年期实际利率：$i_{\text{eff半}}=(1+2\%)^2-1=4.04\%$

则 5 年末存款金额：$F=1000(F/A, 4.04\%, 2\times5)$

$=1000\times12.029=12029$（元）

思考题与习题

2-1 什么是资金的时间价值，影响资金的时间价值因素有哪些？

2-2 什么是单利和复利，各自的计算有何不同，它们有何关系？

2-3 我国银行的活期存款是单利还是复利？试分析银行生存的原因与经营的目的。

2-4 影响利率高低的因素有哪些？

2-5 什么是现金流量图，它的构成要素有哪些？绘制现金流量图时应注意哪些问题？

2-6 什么是资金的等值，影响等值的因素有哪些？

2-7 等值计算有什么作用，常用的等值计算有哪些类型？

2-8 什么是名义利率和有效利率，它们有什么关系？

2-9 某人现在向银行借款 5000 元，约定 3 年后归还。若银行借款年利率为 5.5%，试分别按单利和复利计算 3 年后此人应归还银行多少钱？对于还款人来说，哪种计算利息的方式合算？

2-10 蔡某按单利年利率 6% 借款 20000 元给胡某，3 年后蔡某收回了借款，又将全部本利和贷款给李某，约定贷款年利率为 5%，期限为 2 年，但按复利计算，到期一次还本付息。问：蔡某最后收回贷款的本利和为多少？

2-11 某城市投资兴建一座桥梁，建设期为 3 年，预计总投资 15000 万元，所有投资从银行贷款，分 3 年等额投入建设（投资均在每年年初投入）。桥建好后即可投入使用。预计每天过往车辆 2000 辆，每辆车收取过桥费 10 元，一年按 360 天计算。设该桥的寿命期为 50 年，桥梁每年的维修保养费为 10 万元。试绘制其现金流量图。

2-12 某电力公司拟在 5 年后建设一个电站，估计投资 1000 万元。该公司打算现在存入一笔资金供电站建设使用。若银行现在的存款年利率为 3%，问该公司现在应存入银行多少钱？如果该公司打算从现在开始每年年末存入银行一笔钱，年存款利率仍为 3%，那么该公司每年年末应存入银行多少钱？若该公司从现在开始每年年初存入银行一笔钱，年存款利率仍为 3%，那么该公司每年年初又应存入银行多少钱？

2-13 王同学打算 10 年后买一套商品房，从现在开始就每年年末存入银行 20000 元，银行目前存款年利率为 5%，但按单利计算利息。问：

（1）王同学 10 年后能从银行取出多少钱用于购房？

（2）如果王同学是每年年初存入银行 20000 元，那结果又会是怎样的呢？

（3）如果王同学是现在一次性存入银行 180000 元，那结果又会是怎样的呢？

2-14 某公司现在存款 P 万元，若存款年利率为 5%，问：多少年后本利和是现在存款的 2 倍？

2-15 某企业贷款 200 万元投资建设一个项目，3 年建成，当年即投产并产生效益，同时开始用每年的收益来等额偿还贷款，分 10 年还完，贷款年利率为 7%。问：该企业每年要偿还银行贷款多少万元？

2-16 某人第 1 个月存入银行 1000 元，从第 2 个月开始每月递增 100 元，连续存 5 年。存款年利率为 3%，按复利计算，问：此人全部存款的现值、终值及平均每年的存款年金额是多少？

2-17 计算下列等额支付的将来值：

（1）年利率为 10%，每年年末借款 4000 元，连续借款 10 年；

（2）年利率为 10%，按季度计算利息，每年年末借款 4000 元，连续借款 10 年；

（3）年利率为 9%，按月计算利息，每年年初借款 4000 元，连续借款 10 年。

2-18 计算下列等额支付年值的净将来值：

（1）年利率为 10%，每年年末借款一次，每次金额 2000 元，连续借款 10 年；

（2）年利率为 10%，按季度计算利息，每年年末借款一次，每次金额 2000 元，连续借款 10 年；

（3）年利率为 9%，按月计算利息，每年年初借款一次，每次金额 2000 元，连续借款 10 年；

（4）年利率为 9%，每季度计息一次，每季度付款一次，每次金额 2000 元，连续借款 10 年。

2-19 某人每年年初从银行贷款 40000 元，连续贷款 4 年，5 年后一次性归还本和利。银行约定计算利息的方式有以下 3 种：

（1）年贷款利率为 6%，每年计息一次；

（2）年贷款利率为 5.8%，每半年计息一次；

（3）年贷款利率为 5.5%，每季度计息一次。

试计算 3 种还款方式在 5 年后的一次性还本付息额。并说明此人应选择哪种计息方式？

2-20 年利率为 10%，半年计息一次，现金流量图如图 2-15 所示（以季度为时间单位）。求该现金流量第 3 年年末的终值。

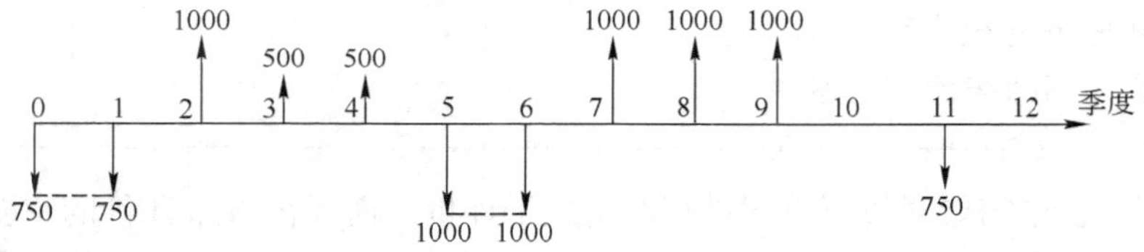

图 2-15　现金流量图

2-21 某企业兴建一工厂，第 1 年投资 200 万元，第 2 年投资 300 万元，第 3 年投资 200 万元，投资均发生在年初。其中第 1 年和第 2 年的投资使用银行贷款，银行贷款年利率为 6%。该项目从第 4 年年末开始获益并偿还贷款。估计项目的寿命期有 20 年，每年的净收益为 100 万元，该企业打算用 10 年的时间均衡偿还完投资贷款本息额。试绘制现金流量图，并计算该企业 10 年内每年末应偿还银行贷款多少万元？

3 工程经济分析的基本要素

导读：工程经济分析是基于对建设项目投资和收益等现金流定量计算的基础上，计算经济评价指标得出工程经济评价结论的分析方法。工程建设项目的现金流量来源于对工程经济分析要素的计算，工程经济分析的基本要素包括投资、成本、收入、利润和税金等。通过本章学习需要掌握的知识点如下：

（1）了解工程经济分析的基本要素和组成；

（2）掌握总投资的概念和组成；

（3）掌握总成本和经营成本的概念和组成；

（4）熟悉营业收入的概念和组成；

（5）了解税金的概念和组成；

（6）熟悉利润的来源和分配关系。

工程经济分析中需要对投资方案进行经济效果评价，而经济效果评价的主要指标是通过技术方案现金流量表计算导出的，在编制技术方案现金流量表时，必须在明确考察角度和系统范围的前提下正确区分现金流入和现金流出。对一般性技术方案经济效果评价来说，投资、成本、收入、利润和税金等经济量本身既是经济指标，又是导出其他经济效果评价指标的依据。所以，它们是构成技术方案现金流量的基础数据，也是工程经济分析的基本要素。

3.1 工程项目投资及构成

工程项目投资是指投资主体为了特定的目的，为达到预期收益，从工程筹建开始到项目全部竣工投产为止所发生的全部资金投入。

生产性建设工程项目总投资包括建设投资和铺底流动资金两部分；非生产性建设工程项目总投资只包括建设投资。其中，建设投资对应于固定资产投资（即工程造价）；铺底流动资金对应于流动资产投资。

按照是否考虑资金的时间价值，建设投资又可分为静态投资和动态投资两部分。静态投资由建筑安装工程费、设备及工器具购置费、工程建设其他费、基本预备费构成；动态投资由涨价预备费、建设期利息构成。

我国现行建设工程总投资构成见表 3-1。

3.1.1 建设投资

建设投资由设备及工器具购置费、建筑安装工程费、工程建设其他费用、预备费（包括基本预备费和涨价预备费）、建设期利息等组成。

表 3-1 建设工程项目总投资组成

建设工程项目总投资	建设投资	第一部分 工程费用	建筑安装工程费
			设备及工器具购置费
		第二部分 工程建设其他费用	土地使用费
			建设管理费
			可行性研究费
			研究试验费
			勘察设计费
			环境影响评价费
			劳动安全卫生评价费
			场地准备及临时设施费
			引进技术和进口设备其他费
			工程保险费
			特殊设备安全监督检验费
			市政公用设施建设及绿化补偿费
			联合试运转费
			生产准备费
			办公和生活家具购置费
		第三部分 预备费	基本预备费
			涨价预备费
		建设期利息	
		固定资产投资方向调节税（暂停征收）	
	流动资产投资	铺底流动资金	

3.1.1.1 设备及工器具购置费

A 设备购置费

设备购置费是指建设项目购置或者自制的达到固定资产标准的各种国产或者进口设备、工具、器具的购置费用。此项费用应根据计划购置的设备清单（包括设备的规格、型号、数量），按式（3-1）计算：

$$设备购置费=设备原价+设备运杂费 \tag{3-1}$$

其中，设备运杂费主要由运费和装卸费、包装费、设备供销部门手续费、采购与保管费组成，并按式（3-2）计算：

$$设备运杂费=设备原价\times运杂费费率 \tag{3-2}$$

一般来说，沿海和交通便利的地区，设备运杂费率相对低一点，内地和交通不便利的地区就要相对高一些，边远省份则要更高一些。

B 工器具购置费

工器具购置费是指新建或扩建项目初步设计规定的，保证初期正常生产必须购置的没有达到固定资产标准的设备、仪器、工卡模具、器具、生产家具和备品备件等的购置费用。一般以设备购置费为计算基数，乘以相应的费率计算。

在生产性建设项目中，设备及工器具投资主要表现为其他部门创造的价值向建设工程项目的转移，但这部分投资是建设工程投资中的积极部分，它占项目投资比重的增加，意味着生产技术的进步和资本有机构成的提高。

3.1.1.2 建筑安装工程费

建筑安装工程费由建筑工程费和安装工程费两部分组成。建筑工程费是指建设工程涉及范围内的建筑物和构筑物的场地平整、道路与管道的铺设、大型土石方工程费用等；安装工程费是指主要生产、辅助生产、公用工程等单项工程中需要安装的机械设备、电气设备、专用设备、仪器仪表等设备的安装及配件工程费，以及工艺、供热、供水等各种管道、配件、闸门和供电外线安装工程费用等。

建筑安装工程费按照费用构成要素法和工程造价形成法可以分别划分为不同的组成部分。其中按照费用构成要素法中的人工费、材料费、施工机具使用费、企业管理费和利润对应于按工程造价形成法中的分部分项工程费、措施项目费和其他项目费。

A 按费用构成要素法

建筑安装工程费按照费用构成要素划分为人工费、材料（包含工程设备）费、施工机具使用费、企业管理费、利润、规费和税金。其中人工费、材料费、施工机具使用费、企业管理费和利润包含在分部分项工程费、措施项目费、其他项目费中。

（1）人工费：是指按工资总额构成规定，支付给从事建筑安装工程施工的生产工人和附属生产单位工人的各项费用。

（2）材料费：是指施工过程中耗费的原材料、辅助材料、构配件、零件、半成品或成品、工程设备的费用。

（3）施工机具使用费：是指施工作业所发生的施工机械、仪器仪表使用费或其租赁费。

（4）企业管理费：是指建筑安装企业组织施工生产和经营管理所需的费用。

（5）利润：是指施工企业完成所承包工程获得的盈利。

（6）规费：是指按国家法律、法规规定，由省级政府和省级有关权力部门规定必须缴纳或计取的费用。

（7）税金：是指国家税法规定的应计入建筑安装工程造价内的营业税、城市维护建设税、教育费附加以及地方教育附加。

B 按工程造价形成法

建筑安装工程费按照工程造价形成过程划分为分部分项工程费、措施项目费、其他项目费、规费、税金。分部分项工程费、措施项目费、其他项目费包含人工费、材料费、施工机具使用费、企业管理费和利润。

（1）分部分项工程费：是指各专业工程的分部分项工程应予列支的各项费用。专业工程是指按现行国家计量规范划分的房屋建筑与装饰工程、仿古建筑工程、通用安装工程等各类工程。分部分项工程是指按现行国家计量规范对各专业工程划分的项目，如房屋建筑与装饰工程划分的土石方工程、地基处理与桩基工程、砌筑工程等。

（2）措施项目费：是指为完成建设工程施工，发生于该工程施工前和施工过程中的技术、生活、安全、环境保护等方面的费用。

（3）其他项目费：包括暂列金额、计日工和总承包费用。

暂列金额是指建设单位在工程量清单中暂定并包括在工程合同价款中的一笔款项，用于施工合同签订时尚未确定或者不可预见的所需材料、工程设备、服务的采购，施工中可能发生的工程变更、合同约定调整因素出现时的工程价款调整以及发生的索赔、现场签证确认等的费用。

计日工是指在施工过程中，施工企业完成建设单位提出的施工图纸以外的零星项目或工作所需的费用。

总承包服务费是指总承包人为配合、协调建设单位进行的专业工程发包，对建设单位自行采购的材料、工程设备等进行保管以及施工现场管理、竣工资料汇总整理等服务所需的费用。

（4）规费、税金：同上所述。

3.1.1.3 工程建设其他费

工程建设其他费，是指未纳入以上两项的，根据设计文件要求和国家有关规定应由项目投资方支付的为保证工程建设顺利完成和交付使用后能够正常发挥效用而发生的一些费用。此项费用大体可分为三类：第一类指土地使用费；第二类指与工程建设有关的其他费用；第三类指与未来企业生产经营有关的其他费用。

A 土地使用费

土地使用费是指通过划拨方式取得土地使用权而支付的土地征用及迁移补偿费，或者通过土地使用权出让方式取得土地使用权而支付的土地使用权出让金。

B 与项目建设有关的其他费用

a 建设单位管理费

建设单位管理费是指建设工程从立项、筹建、建设、联合试运转、竣工验收、交付使用及后评估等全过程管理所需的费用，包括建设单位开办费和建设单位经费，其计算公式见式（3-3）。

建设单位管理费=（建筑安装工程费+设备及工器具购置费）×建设单位管理费费率 （3-3）

b 可行性研究费

可行性研究费是指工程项目投资决策阶段，依据调研报告对有关建设方案、技术方案或生产经营方案进行的技术经济论证，以及编制、评审可行性研究报告所需的费用。此项费用应依据前期可研（咨询）委托合同计列，或参照《国家计委关于印发<建设项目前期工作咨询收费暂行规定>的通知》规定计算。

c 研究试验费

研究试验费是指为建设工程提供或验证设计参数、数据资料等进行必要的研究试验以及设计规定在施工中进行的试验、验证所需费用，包括自行或委托其他部门研究试验所需人工费、材料费、试验设备及仪器使用费，支付的科研成果、专利技术的一次性技术转让费。此项费用按照设计单位根据本工程项目的需要提出的研究试验内容和要求计算。

d 勘察设计费

勘察设计费是指对建设场地进行勘察，为建设工程提供地质勘察报告以及设计文件等所需费用。此项费用应按照国家计委颁发的工程勘察设计收费标准计算。

e 环境影响评价费

环境影响评价费是指在工程项目投资决策过程中，为全面、详细评价本建设项目对环境可能产生的污染或造成的重大影响所需的费用，包括编制和评审环境影响报告书（含大纲)、环境影响报告表等。此项费用依据环境影响评价委托合同计列，或参照国家计委、国家环境保护部颁发的《关于规范环境影响咨询收费有关问题的通知》规定计算。

f　劳动安全卫生评价费

劳动安全卫生评价费是指为预测和分析建设项目存在的职业危险、危害因素的种类和危险危害程度，并提出先进、科学、合理可行的劳动安全卫生技术和管理对策所需的费用。此项费用依据劳动安全卫生预评价委托合同计列，或按照建设项目所在省、自治区、直辖市劳动行政部门规定的标准计算。

g　场地准备及临时设施费

场地准备费是指为达到工程开工条件所发生的场地平整和对场地遗留的有碍于施工的设施进行拆除清理的费用。临时设施费是指建设期间建设单位所需临时设施的搭设、维修、摊销费用或租赁费用。

新建项目的场地准备和临时设施费应根据实际工程量估算，或按工程费用的比例计算；改扩建项目一般只计拆除清理费，计算公式见式（3-4）。

场地准备和临时设施费=（建筑安装工程费+设备及工器具购置费）×费率+拆除清理费　(3-4)

h　工程监理费和质量监督费

工程监理费是指委托工程监理单位对工程实施监理工作所需费用。质量监督费是指工程质量监督检验部门为检验工程质量而收取的费用。建设工程监理与相关服务收费根据建设项目性质不同，分别实行政府指导价或市场调节价。一般按所监理工程概算或预算的百分比计算。

i　工程保险费

工程保险费是指建设工程在建设期间根据需要，实施工程保险所需费用，包括以各种建筑工程及其在施工过程中的物料、机器设备为保险标的的建筑工程一切险，以安装工程中的各种机器、设备为保险标的的安装工程一切险，以及机器损坏保险等。此项费用根据不同的工程类别，分别以建筑安装工程费乘以对应建筑、安装工程保险费费率计算。

j　引进技术和进口设备其他费

引进技术和进口设备其他费包括出国人员费用、国外工程技术人员来华费用、技术引进费、分期或延期付款利息、担保费以及进口设备检验鉴定费等。

k　特殊设备安全监督检验费

特殊设备安全监督检验费是指安全监察部门对在施工现场组装的锅炉及压力容器、压力管道、消防设备、燃气设备、电梯等特殊设备和设施实施安全检验收取的费用。此项费用按照建设项目所在省、自治区、直辖市安全监察部门的规定标准计算；无具体规定的，在编制投资估算和概算时可按受检设备现场安装费的比例估算。

l　市政公用设施及绿化补偿费

市政公用设施及绿化补偿费是指使用市政公用设施的工程项目，按照项目所在地省级人民政府有关规定建设或缴纳的市政公用设施建设配套费用，以及绿化工程补偿费用。此项费用按照所在地人民政府规定标准计列；不发生或按规定免征项目不计取。

C　与未来企业生产经营有关的其他费用

a　联合试运转费

联合试运转费是指新建企业或新增加生产工艺过程的扩建企业在竣工验收前，按照设计规定的工程质量标准，进行整个车间的负荷联合试运转过程中发生的支出费用大于试运转收入的差额部分（即亏损部分）。试运转支出包括试运转所需原材料、燃料及动力消耗、低值易耗品、其他物料消耗、工具用具使用费、机械使用费、保险金、施工单位参加试运转人员工资以及专家指导费等；试运转收入包括试运转期间的产品销售收入和其他收入。

联合试运转费不包括应由设备安装工程费用开支的调试及试车费用，以及在试运转中暴露出来的因施工原因或设备缺陷等发生的处理费用。不发生试运转或试运转收入大于（或等于）费用支出的工程，不列此项费用。

b 生产准备费

生产准备费是指新建企业或新增生产能力的企业，为保证竣工交付使用进行必要的生产准备所发生的费用，包括生产职工培训费和生产单位提前进场人员的工资、补贴等费用。新建项目按设计定员为基数计算，改扩建项目按新增设计定员为基数计算，见式（3-5）。

$$生产准备费=设计定员\times 生产准备费指标（元/人） \tag{3-5}$$

c 办公和生活家具购置费

办公和生活家具购置费是指为保证新建、改建、扩建项目初期正常生产、使用和管理所必须购置的办公和生活家具、用具的费用。此项费用按设计定员人数乘以综合指标计算。

3.1.1.4 预备费

预备费包括基本预备费和涨价预备费。

A 基本预备费

基本预备费是指在项目实施中可能发生难以预料的支出，需要预先预留的费用，又称不可预见费。主要指设计变更及施工过程中可能增加工程量的费用。基本预备费一般包括下列内容。

（1）在批准的设计范围内，技术设计、施工图设计及施工过程中所增加的费用；经批准的设计变更、工程变更、材料替代、局部地基处理等增加的费用。

（2）一般自然灾害造成的损失和预防自然灾害所采取措施的费用，实行工程保险的工程项目，该费用应适当降低。

（3）竣工验收时为鉴定工程质量对隐蔽工程进行必要的挖掘和修复的费用。

基本预备费的计算见式（3-6）。

$$基本预备费=（设备及工器具购置费+建筑安装工程费+工程建设其他费用）\times 基本预备费率 \tag{3-6}$$

B 涨价预备费

涨价预备费是指对建设工期较长的项目，由于在建设期内可能发生材料、设备、人工等价格上涨引起投资增加，需要预先预留的费用。亦称价差预备费或价格变动不可预见费。

涨价预备费一般根据国家规定的投资综合价格指数，以估算年份价格水平的投资额为基数，采用复利方法计算，其计算见式（3-7）。

$$PF = \sum_{t=1}^{n} I_t[(1+f)^m(1+f)^{0.5}(1+f)^{t-1} - 1] \tag{3-7}$$

式中 PF——涨价预备费；

n——建设期；

I_t——建设期中第 t 年的投资计划额，包括设备及工器具购置费、建筑安装工程费、工程建设其他费用及基本预备费，即第 t 年的静态投资；

f——建设期年均价格上涨指数；

m——从编制估算到开工建设的年限，即建设前期年限。

【例 3-1】 某建设项目建设期为 3 年，各年投资计划额如下：第 1 年投资 7200 万元，第 2 年投资 10800 万元，第 3 年投资 3600 万元，年均投资价格上涨指数为 6%，求该项目总投资中的涨价预备费。

【解】 假定忽略项目建设前年限。

第 1 年涨价预备费为： $PF_1 = I_1[(1+f)^{0.5} - 1] = 212.85$(万元)

第 2 年涨价预备费为： $PF_2 = I_2[(1+f)^{1.5} - 1] = 986.44$(万元)

第 3 年涨价预备费为： $PF_3 = I_3[(1+f)^{2.5} - 1] = 564.54$(万元)

所以，该项目的涨价预备费为： $PF = 212.85 + 986.44 + 564.54 = 1763.83$(万元)

3.1.1.5 建设期利息

建设期利息是指在建设期内因使用债务资金而支付的利息，包括银行借款和其他债务资金的利息，以及其他融资费用。其他融资费用是指某些债务资金中发生的手续费、承诺费、管理费、信贷保险费等融资费用，一般情况下应将其单独计算并计入建设期利息。

在项目的经济分析中，假定各种债务资金均在年中支用，即当年借款支用额按半年计息，上年借款按全年计息，并按复利方式计算建设期利息，计算公式见式（3-8）。

$$\sum q_j = \sum \left(P_{j-1} + \frac{1}{2}A_j\right) \cdot i \tag{3-8}$$

式中 q_j—— 建设期第 j 年应计利息；

P_{j-1}—— 建设期第$(j-1)$年末贷款累计金额与利息累计金额之和；

A_j—— 建设期第 j 年贷款金额；

i—— 复利利率。

【例 3-2】 某新建项目建设期为 3 年，第一年贷款 300 万元，第二年贷款 600 万元，第三年贷款 400 万元，复利利率为 12%，建设期内只计息不支付，贷款年中支用。计算建设期贷款利息。

【解】 在建设期各年计息计算如下：

$$q_1 = \frac{1}{2}A_1 i = \frac{1}{2} \times 300 \times 12\% = 18(\text{万元})$$

$$q_2 = \left(P_1 + \frac{1}{2}A_2\right) i = \left(300 + 18 + \frac{1}{2} \times 600\right) \times 12\% = 74.16(\text{万元})$$

$$q_3 = \left(P_2 + \frac{1}{2}A_3\right) i = \left(318 + 600 + 74.16 + \frac{1}{2} \times 600\right) \times 12\% = 143.06(\text{万元})$$

所以，建设期贷款利息总和$= q_1 + q_2 + q_3 = 18 + 74.16 + 143.06 = 235.22$(万元)

3.1.2 流动资产投资

流动资产投资即流动资金，是指生产性项目投产后，用于购买原材料、燃料、支付工资福利和其他经费等所需要的周转资金，并在运营期内长期占用。对于生产性建设工程，流动资金是指铺底流动资金，它是保证项目投产后能正常进行生产经营所需要的最基本的周转资金数额，一般按项目建成后所需全部流动资金的30%计算。

流动资金是流动资产与流动负债的差额。前者一般包括存货、库存现金、应收账款和预付账款；后者一般只考虑应付账款和预收账款。在项目寿命期结束时，投入的流动资金应予以收回。具体估算方法见第5章相关内容。

3.2 工程项目运营期成本费用

成本费用是项目生产运营中所支出的各种费用的统称。成本是指企业为生产产品、提供劳务而发生的各种耗费；费用是指企业为销售商品、提供劳务等日常活动所发生的经济利益的流出。

成本费用按计算范围可分为单位产品成本和总成本费用；按成本与产量的关系可分为固定成本和可变成本；按会计核算的要求可分为生产成本和制造成本；按财务经济分析的特定要求又提出了经营成本这一说法。

3.2.1 总成本费用

总成本费用是指企业在运营期内为生产产品或提供服务所发生的全部费用。在项目评价阶段，总成本费用的划分可以采用生产成本加期间费用估算法或生产要素估算法两种方法。

3.2.1.1 生产成本加期间费用估算法

按这种方法，工程项目运营期成本费用包括生产成本和期间费用，如图3-1所示。

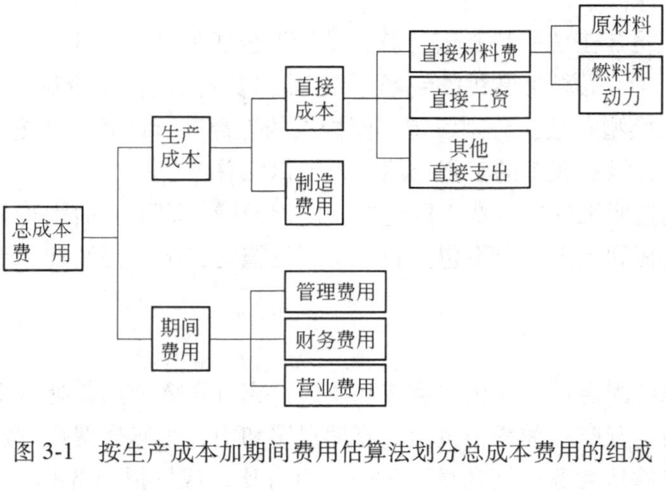

图3-1 按生产成本加期间费用估算法划分总成本费用的组成

A 生产成本

生产成本是指构成产品实体、计入产品成本的那部分费用，亦称制造成本，即指企业在生产经营过程中实际消耗的直接材料费、直接工资、其他直接支出和制造费用。

B 期间费用

期间费用是指在一定会计期间发生的与生产经营没有直接关系或关系不密切的管理费

用、财务费用和销售费用。期间费用不计入产品的生产成本，直接计入当期损益。

3.2.1.2 生产要素估算法

由于工程经济分析常发生在工程使用之前，较难详细按生产成本加期间费用法估算总成本费用，因此，一般采用生产要素法估算总成本费用。

生产要素估算法是先估算各种生产要素的费用，再汇总得到项目总成本费用，而不管其具体应归集到哪个产品上。即将生产和销售过程中消耗的全部外购原材料、燃料和动力费用加上全部工资及福利费、当年应计提的全部折旧费、摊销费、修理费、利息支出和其他费用，汇总形成项目的总成本费用，其计算见式（3-9）。

$$\text{总成本费用}=\text{外购原材料、燃料和动力费}+\text{工资及福利费}+\text{修理费}+\text{折旧费}+\text{摊销费}+\text{利息支出}+\text{其他费用} \tag{3-9}$$

采用这种估算方法，不必考虑项目内部各生产环节的成本结转，同时也较容易计算项目的可变成本、固定成本。

A 外购原材料、燃料和动力费

外购原材料、燃料和动力费的计算见式（3-10）。

$$\text{年外购原材料、燃料和动力费}=\text{年产量}\times\text{单位产品外购原材料、燃料和动力成本} \tag{3-10}$$

式中，年产量可根据设计生产能力和投产期各年的生产负荷加以确定；单位产品外购原材料、燃料和动力成本可依据原材料消耗定额和单价确定，一般按到厂价格并考虑运输及仓储损耗。

B 工资及福利费

工资及福利费的内容包括职工工资、奖金、津贴、补贴和职工福利费，以及医疗、养老、失业、工伤、生育等社会保险费和住房公积金中由职工个人缴纳的部分。职工工资的计算方法有以下两种：

（1）按全部人员年工资平均数值计算，其计算公式见式（3-11）。

$$\text{年工资及福利费}=\text{企业职工定员数}\times\text{人均年工资额} \tag{3-11}$$

（2）按照人员类型和层次分别设定不同档次的工资进行计算，即按工资级别对职工进行划分，分别估算各级别职工的工资，然后再加以汇总。

福利费主要包括职工的保险费、医药费、医疗经费、职工生活困难补助以及按国家规定开支的其他职工福利支出，但不包括职工福利设施的支出。福利费一般按照工资总额的14%计算。

C 修理费

修理费是为保证固定资产的正常运转和使用，充分发挥使用效能，对其进行必要修理所发生的费用。固定资产修理费用包括大修理费用和中、小修理费用。此项费用一般可按固定资产原值（扣除所含建设期利息）的一定百分比，或按折旧费的一定百分比计算。

D 折旧费

固定资产在使用期限内要不断发生损耗，它的价值逐渐转移到所生产的产品上去，以折旧费的形式构成产品成本费用的一部分，然后通过产品的销售，从企业营业收入中逐步收回。固定资产因损耗而转移到产品上的那部分价值，称为固定资产的折旧，它是构成产品成本的一个重要组成部分。

按照国家规定的折旧制度，计提折旧的固定资产包括：企业的房屋、建筑物；在用的机器设备、仪器仪表、运输车辆、工具器具；季节性停用和在修理停用的设备；以经营租赁方式租出的固定资产以及以融资租赁方式租入的固定资产。我国现行固定资产折旧的方法，一般采用平均年限法和工作量法；对技术更新较快的设备可采用双倍余额递减法和年数总和法等加速折旧的方法。

a 平均年限法

采用平均年限法计算固定资产折旧额，是根据固定资产的原始价值、清理费用和残余价值，按照其折旧年限平均计算的。

原始价值是企业在购置或建造某项固定资产时所支付的全部货币支出。清理费用是一种必要的追加费用，也应当作为使用期间的生产费用由所生产的产品负担。残余价值是固定资产通过报废清理所得到的材料或零件的价值，不应当作为使用期间的生产费用。将固定资产应当提取的折旧总额除以折旧年限或月份，即可求得年度或月份折旧额，其计算见式（3-12）。

$$\text{固定资产年折旧额}=\frac{\text{原始价值}+\text{清理费用}-\text{残余价值}}{\text{折旧年限}}$$

$$=\frac{\text{原始价值（1-预计净残值率）}}{\text{折旧年限}} \tag{3-12}$$

固定资产残值比例一般为 5%；外资企业固定资产残值率一般为 10%。

确定固定资产的折旧年限，既要考虑固定资产的有形损耗，又要考虑固定资产的无形损耗，使经济折旧年限较物理折旧年限有所缩短，以保证固定资产在需要提前更新时有足够的资金来源。

平均年限法计算简便、易于理解。凡是在使用年限内无论使用与否都要发生损耗的固定资产，以及常年均衡使用或基本上均衡使用的固定资产，都可以采用平均年限法，如房屋、建筑物及不受季节影响的动力、传导、加工和维修设备等。

在实际工作中，通常利用折旧率来计算固定资产折旧额。折旧率是指折旧额占固定资产原始价值的比率，它反映固定资产的损耗程度，其计算公式见式（3-13）~式（3-15）。

$$\text{固定资产年折旧率}=\frac{\text{原始价值}+\text{清理费用}-\text{残余价值}}{\text{原始价值}\times\text{折旧年限}}\times 100\%$$

$$=\frac{(1-\text{预计净残值率})}{\text{折旧年限}}\times 100\% \tag{3-13}$$

$$\text{月折旧率}=\text{年折旧率}/12 \tag{3-14}$$

$$\text{月折旧额}=\text{固定资产原始价值}\times\text{月折旧率} \tag{3-15}$$

【例 3-3】 某固定资产原始价值为 425000 元。预计清理费用为 6300 元，残余价值为 14000 元，合理使用年限为 15 年，求该固定资产年折旧率、年折旧额和月折旧额。

【解】

$$\text{年折旧率}=\frac{425000+6300-14000}{425000\times 15}\times 100\%=6.55\%$$

年折旧额 $=425000\times 6.55\%=27837.5$（元）

月折旧额 $=425000\times 6.55\%\div 12=2319.79$（元）

b 工作量法

工作量法是将应当提取的固定资产折旧总额除以预计使用期限内可以完成的总行驶里程（或工作小时），求得每行驶里程（或工作小时）折旧额的方法。采用这种方法时，每行驶里程（或工作小时）的折旧额是相同的，其计算见式（3-16）。

$$\text{每行驶里程(或工作小时)折旧额} = \frac{\text{原始价值} + \text{清理费用} - \text{残余价值}}{\text{预计总行驶里程(或工作小时)}} \times 100\% \tag{3-16}$$

【例 3-4】 某台重型机器原始价值为 726000 元，清理费用为 9200 元，残余价值为 13000 元，预计可以使用 15000h。第一年使用了 910h，第二年使用了 1030h，求该重型机器第一年和第二年的折旧额。

【解】 每工作小时折旧额＝（726000+9200−13000）÷15000＝48.15（元）

第一年应计提折旧额＝910×48.15＝43816.5（元）

第二年应计提折旧额＝1030×48.15＝49594.5（元）

c 双倍余额递减法

这是一种加速折旧的方法，它是根据固定资产原值减去已提折旧后的余额，按照对平均年限法的折旧率加倍后计算的双倍折旧率来计提折旧的一种方法，其计算见式(3-17)和式（3-18)。

$$\text{双倍余额递减法的折旧率} = \text{平均年限法的折旧率} \times 2 \tag{3-17}$$

$$\text{年折旧额} = \text{固定资产账面净值} \times \text{双倍余额递减法的折旧率} \tag{3-18}$$

就固定资产净值而言，由于每年的折旧率固定不变，而作为折旧依据的固定资产账面净值却逐年递减，因此，采用这种方法计提的折旧额在起初的几年较大，后来的几年则较小，这也是加速折旧的最显著的特征。另外，在实际应用中，常常在固定资产折旧年限到期前两年，将固定资产账面净值扣除预计净残值后的净额平均摊销。

【例 3-5】 某项设备账面原值为 190000 元，残值预计为 4000 元，使用年限为 5 年，求用双倍余额递减法计算的该设备的年折旧率和每年的折旧额。

【解】 双倍余额递减法的年折旧率＝2×1÷5×100%＝40%

每年计提的折旧额见表 3-2。

表 3-2 按双倍余额递减法计算的固定资产折旧额

年 份	期初账面余额/元	折旧率/%	折旧额/元	累计折旧额/元	期末账面余额/元
1	190000	40	76000	76000	114000
2	114000	40	45600	121600	68400
3	68400	40	27360	148960	41040
4	41040	—	18520	167480	22520
5	22520	—	18520	186000	4000

d 年数总和法

这种方法是以应计提的固定资产折旧总额乘以逐年递减的折旧率来确定年度折旧额的折旧计算方法。逐年递减的折旧率的分母为固定资产使用年限的各年年数之和，即年数总和，如使用年限为 5 年，则年数总和为 1+2+3+4+5=15；逐年递减的折旧率的分子为固定资产尚可使用的年数，如第一年为 5，第二年为 4，以后各年依次逐年为 3、2、1。它是一种加速折旧的方法，折旧基数不变，折旧率逐年递减，因而又叫变率递减法，其计算公式见式（3-19）~式（3-21）。

$$固定资产年折旧率 = \frac{折旧年限 - 已使用年限}{折旧年限 \times (折旧年限 + 1) \div 2} \times 100\% \quad (3\text{-}19)$$

$$固定资产月折旧率 = 年折旧率 \div 12 \quad (3\text{-}20)$$

$$\begin{aligned}固定资产月折旧额 &= 应计提的固定资产折旧总额 \times 月折旧率 \\ &= (固定资产原始价值 + 清理费用 - 预计净残值) \times 月折旧率\end{aligned} \quad (3\text{-}21)$$

【例 3-6】 某台机床原始价值为 185000 元，残余价值为原值的 10%，预计使用年限为 5 年。则每年递减的折旧率和折旧额的计算结果见表 3-3。

表 3-3 按年数总和法计算固定资产折旧额

年　份	折旧总额/元	递减年份	年折旧费/元	累计折旧额/元	账面余额/元
0					185000
1	166500	5/15	55500	55500	129500
2	166500	4/15	44400	99900	85100
3	166500	3/15	33300	133200	51800
4	166500	2/15	22200	155400	29600
5	166500	1/15	11100	166500	18500

E　摊销费

无形资产和其他资产的原始价值要在规定的年限内，转移到产品的成本之中，这部分被转移的价值称为摊销。企业通过计提摊销费，回收无形资产和其他资产的资本支出。摊销的方法一般采用平均年限法，不计残值。

企业摊销无形资产应当自无形资产可供使用年限起，至不再作为无形资产确认时止。使用寿命不确定的无形资产不应摊销，但每年应提减值准备。

其他资产中的开办费等应在企业开始生产经营之日起，按不短于 5 年的期限进行分期摊销。租入固定资产改良及大修理支出应当在租赁期内分期摊销。

F　利息支出

利息支出指运营期间发生的利息净支出，包括在运营期内发生的建设投资借款利息、流动资金借款利息和其他短期借款利息。

建设投资借款利息可以选择等额还本付息方式、等额还本利息照付方式和最大能力还本方式进行估算。

流动资金借款从本质上说应归类为长期借款，但目前企业往往有可能与银行达成共识，按年终偿还、下年初再借的方式处理，并按一年期利率计息。财务分析中对流动资金的借款可以在计算期最后一年偿还，也可在还完长期借款后安排。

短期借款是指项目运营期间为了资金的临时需要而发生的短期借款，其计息利率一般为一年期利率。短期借款本金的偿还按照随借随还的原则处理，即当年借款尽可能于下年偿还。

G 其他费用

如前所述，其他费用是指制造费用、管理费用和营业费用中扣除工资及福利费、修理费、折旧费、维简费、摊销费以后的费用，包括办公费、差旅费、运输费、保险费、工会经费、职工教育经费、土地使用费、技术转让费、咨询费、业务招待费、坏账损失和在成本费用中列支的税金、租赁费（非融资租赁）、广告费、销售服务费用等。

其他制造费用可按固定资产原值（扣除所含建设期利息）的一定百分比计算，也可按人员定额估算。其他管理费用一般按人员定额估算，也可按工资及福利费总额乘以一定倍数计算。其他营业费用可按营业收入的一定百分比计算。

3.2.2 经营成本

经营成本是项目生产经营过程中的全部经常性的成本费用支出，可表示为式（3-22）。

经营成本=外购原材料、燃料、动力费+工资及福利费+修理费+其他费用 （3-22）

也可表示为在项目总成本费用中扣除折旧费、摊销费和利息支出以后的成本费用，即式（3-23）。

经营成本=总成本费用-折旧费-摊销费-利息支出 （3-23）

经营成本是工程经济学分析中特有的概念，可便于进行项目现金流量的分析。经营成本涉及产品生产及销售、企业管理过程中的物料、人力和能源的投入费用，它反映企业的生产和管理水平，与同类产品（服务）的生产企业具有可比性。

经营成本中之所以不包括折旧费、摊销费和利息支出，主要原因有以下两点：

（1）现金流量表反映项目在计算期内各年发生的现金流入和流出。与常规的会计方法不同，现金收支在何时发生就在何时计入，不作分摊。由于投资已在其发生时作为一次性支出被计入现金流出，所以不能再以折旧和摊销的方式计入现金流出，否则会发生重复计算。因此，作为经常性支出的经营成本中不包括折旧和摊销费。

（2）贷款利息是使用借贷资金所要付出的代价，对于项目来说是实际的现金流出，但在评价项目全部投资的经济效果时，不考虑资金的来源，以项目为一独立系统，全部投资作为计算基础，利息支出不作为现金流出。在评价项目自有资金的经济效果时，将利息支出单列，因此经营成本中也不包括利息支出。

3.3 营业收入及补贴收入

3.3.1 营业收入

营业收入是企业销售商品、提供劳务以及让渡资产使用权等日常活动中形成的经济利益的总流入，包括主营业务收入、其他业务收入和补贴收入。企业取得营业收入，表明商品或劳务的价值得以实现，为成本费用的补偿和利润的取得提供了前提，是企业再生产不断进行和经济效益得以实现的根本保证。营业收入扣除总成本费用后的余额即为企业的纯收入，它代表了劳动者或职工新创造的价值，其计算见式（3-24）。

营业收入=产品销售量（或服务量）×产品单价（或服务单价）　　(3-24)

产品的销售量应根据项目市场调查和预测分析结果，测算产品的市场份额，进而合理确定企业的生产规模及年产量。为便于计算，一般假设当期生产的产品当期全部售出，这样产品当期销售量等于当期生产量。各年运营负荷一般开始投产时负荷较低，以后各年逐步提高，提高的幅度应根据技术的成熟度、市场的开发程度、产品的寿命期、需求量的增减变化等因素，结合行业和方案特点，通过制订运营计划合理确定。有些方案的产出寿命期较短、更新快，达到一定负荷后，在适当的年份开始减少产量，甚至适时终止生产。

确定产品或服务的价格一方面要考虑其市场趋向和市场需求，另一方面还要考虑国内外相应价格变化趋势。为提高营业收入估算的准确性，应遵循稳妥原则，一般采用出厂价格，也可根据需要选用送达用户的价格。具体规定如下：

（1）对国内市场销售的产品可在现行市场价格的基础上换算为产品的出厂价格；也可根据预计成本、利润和税金确定价格。

（2）对于供出口的产品，应先按国际目标市场价格扣减海外运杂费并考虑其他因素影响后，确定离岸价格，然后换算为出厂价格；如果其销售价格选择离岸价格，则应同时将生产企业所在地到口岸的运杂费计入成本。

（3）对适用增值税的产品，运营期经济效果评价所用的价格可以是含增值税的价格，也可以是不含增值税的价格，在分析中应予以说明。

3.3.2　补贴收入

某些经营性的公益事业、基础设施项目，如城市轨道交通项目、垃圾处理项目、污水处理项目等，政府在项目运营期给予一定数额的财政补贴，以维持正常运营，使投资者能获得合理的投资收益。对这类方案应按有关规定估算企业可能得到与收益相关的政府补助，包括先征后返的增值税、按销量或工作量等依据国家规定的补助定额计算并按期给予的定额补贴，以及属于财政扶持而给予的其他形式的补贴等，应按规定合理估算，记作补贴收入。

3.4　税　　金

税金是国家依据法律对有纳税义务的单位和个人征收的财政资金。现行的税收制度包含了数十个税种，而经济分析中涉及的税费主要包括增值税、营业税、消费税、所得税、关税、资源税、城市维护建设税和教育费附加等，有的行业还包括土地增值税。应该注意的是，通常所说的“营业税金及附加”应包括上述税费中的增值税、营业税、消费税、资源税、土地增值税和城市维护建设税、教育费附加。但在建设项目经济评价的现金流量分析中，增值税一般单列，这时的营业税金及附加就不包括增值税。

3.4.1　增值税

增值税是对我国境内销售货物、进口货物，以及提供加工、修理修配劳务的单位和个人，就其取得货物的销售额、进口货物金额、应税劳务收入额计算税款，并实行税款抵扣制的一种流转税。

我国增值税实行价外税，纳税人交税，最终由消费者负担，因此与纳税人的经营成本和经营利润无关。在具体操作上，实行逐环节增收，逐环节按发货票抵扣税款的制度，即以专用发票作为扣税的法定凭证，按其所注明的税额抵扣，其计算见式（3-25）。

$$\text{应纳增值税额}=\text{当期销项税额}-\text{当期进项税额} \tag{3-25}$$

式中，销项税额为纳税人销售货物或者提供应税劳务，按照销售额和规定的增值税税率计算并向购买方收取的增值税额；进项税额为纳税人购进货物或者接受应税劳务，支付或负担的增值税额，即从销售方取得的增值税专用发票上注明的增值税额。

3.4.2 营业税

营业税是对提供应税劳务、转让无形资产或者销售不动产的单位或个人，就其营业收入或转让收入征收的一种税。其计算见式（3-26）。

$$\text{应纳税额}=\text{营业额}\times\text{适用税率} \tag{3-26}$$

式中，营业额在一般情况下为纳税人提供应税劳务、转让无形资产、销售不动产时向对方收取的全部价款和价外费用。营业税共设 9 个税目：交通运输业、建筑业、邮电通信业、文化体育业税率为 3%；金融保险业、服务业、转让无形资产、销售不动产税率为 5%；娱乐业税率为 5%~20%。

目前我国正在进行营业税改征增值税的改革，2012 年 1 月起在上海的 7 个行业率先进行“营改增”试点；2012 年 8 月起试点扩大至北京、天津等其他 8 个省及直辖市；2013 年 8 月起全面推行“营改增”试点。

3.4.3 消费税

消费税是在普遍征收增值税的基础上，根据消费政策、产业政策的要求，有选择地对部分消费品征收的一种特殊的税种。目前规定征税的特定消费品共 11 类，如烟、酒、化妆品、护肤护发品、贵重首饰、鞭炮与焰火、汽油、柴油、汽车轮胎、摩托车、小汽车等。

消费税实行价内税，在生产、流通或消费的某一环节征收，而不是所有环节征收。在计税方法上，有从价定率、从量定额或者从价定率和从量定额复合计税的方法。

3.4.4 城市维护建设税

城市维护建设税是为加强城市维护建设、稳定城市维护建设资金来源而征收的一种地方附加税。它是以纳税人实际交纳的增值税、营业税和消费税额为计税依据征收的一种税，并与增值税、营业税、消费税同时缴纳，其计算见式（3-27）。

$$\text{城市维护建设税应纳税额}=(\text{增值税}+\text{消费税}+\text{营业税})\times\text{适用税率} \tag{3-27}$$

城市维护建设税税率按项目所在地分为市区，县、镇和县、镇以外 3 个不同等级，依次为 7%、5%和 1%。

3.4.5 教育费附加

教育费附加是国家为发展地方教育事业，扩大地方教育经费来源而计征的一种附加税，是地方收取的专项税。它也是以纳税人实际缴纳的增值税、营业税、消费税额为计税依据，并与增值税、营业税、消费税同时缴纳的一种税，税率为 3%。其计算见式（3-28）。

应纳教育费附加额=（增值税+消费税+营业税）×教育费附加税率　　（3-28）

3.4.6 资源税

资源税是以特定自然资源为征税对象开征的一种税，包括原油、天然气、煤炭、其他非金属原矿、黑色金属原矿、有色金属原矿等特定矿产品和盐（包括固体盐、液体盐）。

资源税采用从价定率征收，如原油和天然气的税率确定为5%~10%，其计算见式（3-29）。

应纳资源税税额=销售额×资源税比例税率　　（3-29）

资源税也可采用从量定额征收，并实行差别税额，对资源条件与开采条件好、收入多的多征收；对资源条件与开采条件差、收入少的少征收，其计算见式（3-30）。

应纳资源税税额=应税产品课税数量×单位资源税税额　　（3-30）

采用从量定额的资源税征税制度，会造成资源税与实际价格变化脱离，不能很好地反映资源稀缺程度和环境损害成本。目前政府正在大力推进简政放权，引进民间资本，并采用从价定率的税制改革，以适应资源开发开采领域的新形势。

3.4.7 土地增值税

土地增值税是对有偿转让房地产所得的增值额征收的一种税，按四级超额累进税率计算，适用税率根据增值额是否超过扣除项目金额的具体比率来确定，其计算见式（3-31）。

土地增值税应纳税额=转让增值额×适用税率-扣除项目金额×扣除系数　　（3-31）

3.4.8 关税

关税是以进出口的应税货物为纳税对象的税种。当项目方案经济效果评价中涉及引进设备、技术和进口原材料时，应按有关税法和国家的税收政策，正确估算进口关税。关税征收分为从价计征、从量计征或者按国家规定的其他方式征收三种方式。

（1）从价计征时，应纳税额计算公式见式（3-32）。

关税应纳税额=关税完税价格×关税税率　　（3-32）

（2）从量计征时，应纳税额计算公式见式（3-33）

关税应纳税额=货物数量×单位货物关税税额　　（3-33）

我国对大部分货物免征出口关税。

3.4.9 所得税

纳税人在取得利润后应向国家缴纳企业所得税，其计算见式（3-34）。

应纳所得税额=应纳税所得额×适用的税率-减免税额-抵免税额　　（3-34）

其中，应纳税所得额是指每纳税年度的收入总额减去准予扣除项目后的余额，在工程经济分析中，一般将利润总额作为计税基础。

企业所得税的税率为25%，但对符合条件的小型微利企业实行20%的优惠税率；对国家需要重点扶持的高新技术企业实行15%的优惠税率。

各种税费如有减征、免征和抵免的优惠，应说明政策依据以及减免、抵免的方式并按相关规定估算。

3.5 利　　润

利润是工程经济评价的主要指标，也是工程经济分析的要素，但在现金流量表中不体现，利润的来源分配一般通过利润和利润分配表反映。利润是企业在一定时期内生产经营活动的最终财务成果，集中反映了企业生产经营活动的效益。利润的高低直接反映了项目投产后各年的获利能力，是项目财务评价的主要计算指标。

利润分为利润总额和净利润两个层次。

3.5.1 利润总额

企业的利润总额包括营业利润、投资净收益、营业外收支净额以及补贴收入等。在工程经济分析中估算利润总额时，一般假定不发生其他业务利润，也不考虑投资净收益、营业外收支净额和补贴收入。

假定本期发生的总成本费用等于主营业务成本、营业费用、管理费用和财务费用之和，且将主营业务收入视为本期的销售（营业）收入，主营业务税金及附加视为本期的销售税金及附加，则利润总额的计算见式（3-35）。

利润总额=销售（营业）收入-总成本费用-销售税金及附加　　(3-35)

3.5.2 净利润

净利润是指企业缴纳所得税后形成的利润，是企业所有者权益的组成部分，也是企业进行利润分配的依据。其计算见式（3-36）：

净利润=利润总额-所得税　　(3-36)

在工程经济分析中，企业当期实现的净利润一般视为可供分配的利润，按照下列顺序进行分配：

（1）弥补以前年度亏损。

（2）提取法定盈余公积金。法定盈余公积金按照税后净利润10%提取，当法定盈余公积金已达注册资本的50%时，可不再提取。法定公积金有专门的用途，一般可用于弥补亏损、扩大公司生产经营以及增加公司注册资本。

（3）提取法定公益金。法定公益金按照税后利润的5%～10%提取，主要用于企业职工的集体福利。

（4）按照投资协议、合同或者法律法规规定向投资者分配利润。企业以前年度未分配的利润，可以并入本年度分配。

（5）未分配利润为企业剩余利润，可以结转到下一年度进行分配。

营业收入、总成本、税金和利润的关系如图3-2所示。

- 营业收入
  - 营业税金及附加
    - 增值税、消费税、营业税、土地增值税
    - 城市维护建设税、教育费附加及资源税
  - 总成本费用
    - 折旧费、推销费
    - 利息支出
    - 外购原材料、燃料及动力费（经营成本）
    - 修理费（经营成本）
    - 工资及福利费（经营成本）
    - 其他费用（经营成本）
  - 利润总额
    - 所得税
    - 净利润（可供分配利润）
      - 盈余公积金（含公益金）
      - 应付利润
      - 未分配利润

图 3-2　营业收入、总成本、税金和利润的关系

【例 3-7】　企业某财务年度营业收入为 500 万元，生产总成本 420 万元，企业缴纳营业税，营业税税率为 5%。该企业上一财务年度亏损 20 万元，所得税税率为 25%。问：该企业在本财务年度应缴纳所得税多少万元？

【解】　企业应缴纳所得税＝(营业收入－总成本－营业税金－弥补前一年度亏损)×所得税税率

$$=(500-420-500\times5\%-20)\times25\%$$

$$=8.75(\text{万元})$$

思考题与习题

3-1 工程经济分析的基本要素有哪些？

3-2 试述我国建设项目总投资的构成。

3-3 建筑安装工程费用按照费用构成要素法和工程造价形成法的组成分别是怎样的？

3-4 工程建设其他费用的组成是怎样的？

3-5 总成本和经营成本分别包括哪些内容？

3-6 固定资产折旧的方法有哪些？分别适用于什么情况？

3-7 营业收入计算中的价格是如何确定的？

3-8 经济评价中的税金要素涉及的内容有哪些？

3-9 城市维护建设费和教育费附加是如何计算的？

3-10 利润总额和净利润分别如何计算？

3-11 企业利润的分配程序是怎样的？

3-12 某项目估算建设投资为 1000 万元，建设期为 3 年，3 年间分别完成投资的 20%、50%、30%，预计年价格上涨率为 6%，试估算该项目涨价预备费。

3-13 某新建项目，建设期为 3 年，分年均衡贷款。第 1 年贷款 200 万元，第 2 年贷款 300 万元，第 3 年贷款 200 万元，贷款年利率为 5%，每年计息 1 次，建设期内不支付利息。试计算该项目的建设期利息。

3-14 某建设工程在建设期初的建安工程费和设备工器具购置费为 50000 万元。按本项目实施进度计划，

项目建设期为 3 年，投资分年使用比例为第 1 年 25%，第 2 年 55%，第 3 年 20%，投资在每年平均支用，建设期内预计年平均价格总水平上涨率为 4%。工程建设其他费用为 4000 万元，基本预备费率为 8%。试估算该项目的建设投资。

3-15 某项目的分部分项工程费为 2600 万元，其中人工费占 20%，机械费占 10%，措施项目费为 295 万元，其他项目费 800 万元，规费按照人工费计算的费率为 3%，综合税率为 3.48%。则按照造价形成过程计算，该项目建筑安装费总价为多少万元？

3-16 某一机械设备的固定资产原值为 2500 万元，折旧年限为 10 年，净残值率为 5%，分别按平均年限法、双倍余额递减法、年数总和法计算该固定资产的折旧额。

3-17 某施工设备原值 150000 元，折旧期 10 年，月平均台班数为 200h，净残值率为 4%。若某月实际工作台班时数为 225h，采用工作量法计算该月折旧额和折旧率分别为多少？

3-18 某工程施工总承包商甲承揽了 2000 万元的建筑施工合同。经业主同意，甲将其中 200 万元的工程分包给承包商乙，营业税率为 3%，则甲应缴纳的营业税为多少万元？

3-19 某项目在某运营年份的总成本费用是 8000 万元，其中外购原材料、燃料及动力费为 4500 万元，折旧费为 800 万元，摊销费为 200 万元，修理费为 500 万元；该年建设贷款余额为 2000 万元，利率为 8%；流动资金贷款为 3000 万元，利率为 7%；当年没有任何新增贷款。则当年的经营成本为多少万元？

3-20 某企业年利润表中，营业利润为 2000 万元，营业外收入为 300 万元，营业外支出为 100 万元，适用所得税率为 20%，则该企业的年净利润为多少万元？可以提取法定盈余公积金为多少万元？

4　工程项目经济评价方法

导读：工程项目的经济评价就是分析投资项目的经济效益，这是工程经济分析的核心。经济评价要从定性和定量的角度实施，这就需要建立相应的评价指标，明确对应的评价程序。这也是本章工程项目经济评价方法要学习的内容。通过本章学习需要掌握的知识点如下：

（1）了解经济效益的概念；

（2）熟悉经济评价的指标体系；

（3）熟悉经济效益评价的原则；

（4）掌握盈利能力、偿债能力评价指标的含义、性质、计算方法、判断准则及优缺点等内容；

（5）熟悉基准收益率的含义和确定方法；

（6）熟悉财务评价的方法；

（7）了解国民经济评价的方法；

（8）熟悉多方案的比选方法等。

在社会生产实践中，人们从事任何一项活动都是为了获得一定的效益。不同的实践活动获得效益的形式和大小是不同的。例如，销售产品是为了获得经济收益，做广告是为了获得社会效应。人们从事实践活动所获得的经济效益可以从两个角度去评价：一是在既定的人力、物力、财力条件下，如何充分合理地使用资源，使其发挥最大的效能；二是在既定的目标下，如何充分合理地使用现有的人力、物力、财力等资源，使其消耗量最小。这是同一实践活动的两种表述形式，不同之处在于分别以最大值和最小值来评价实践活动的效果。

从经济效益的两种评价方式来看，任何一项经济实践活动既是物质财富的创造过程，也是各类资源的消耗过程。因此，人们可以用物质财富的创造和资源的消耗来评价经济效益的高低。在生产实践中创造的物质财富可以看作是人们取得的有用成果，消耗的资源可以看作是劳动耗费。所以，经济效益就是指人们在经济实践活动中取得的有用成果和劳动耗费之差或之比。前者是绝对值，当其大于 0 时，说明有经济效益，且绝对值越大，经济效益越好；后者是相对值，当其大于 1 时，说明有经济效益，且比值越大，经济效益越好。通常采用有用成果和劳动耗费之比能更好地反映其经济效益。经济评价需要按照科学的方法，依据经济效益评价的基本原则，选取合理的评价指标进行相应的计算和分析。

4.1　经济评价指标体系

评价工程方案经济效果的好坏，一方面取决于基础数据的完整性和可靠性，另一方面则取决于选取的评价指标体系的合理性。正确选择经济评价指标，是项目经济评价工作成功与否的关键因素之一，在工程经济分析中，常用的经济评价指标如图 4-1 所示。

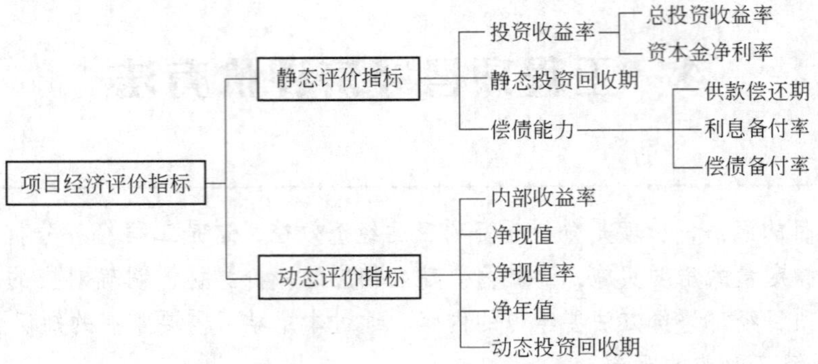

图 4-1　项目经济评价指标的组成

（按是否考虑资金时间价值划分）

静态评价指标是指不考虑资金时间价值的评价指标，其优点是计算简便，缺点是忽略了资金的时间价值。因此，它主要适用于对方案的粗略评价，以及用于计算期短，投资规模与收益规模均比较小，而且各年变化不大的投资项目的经济评价等。

动态评价指标是指考虑资金时间价值的评价指标，它克服了静态评价指标的缺点，但由于需要的数据和资料较多，计算起来往往比较复杂，工作量比较大。

一般在方案初选阶段采用静态评价的方法，而在方案比选时以动态评价方法为主。要注意的是，图中这些指标均有各自的侧重点和适用范围，也有缺点和局限性，在经济评价中，仅仅使用一两个指标是难以全面反映出项目经济效果全貌的。因此，在进行工程项目经济评价时，应根据评价深度的要求、可获得资料的多少以及工程项目方案本身所处的条件，选用多个指标，从不同的侧面反映工程项目的经济效果。

若按评价指标的量纲不同，经济评价指标可分为价值性评价指标、时间性评价指标和比率性评价指标，如图 4-2 所示。价值性评价指标是以货币为量纲的指标；时间性评价指标是以时间为量纲的指标；比率性评价指标是无量纲的指标。

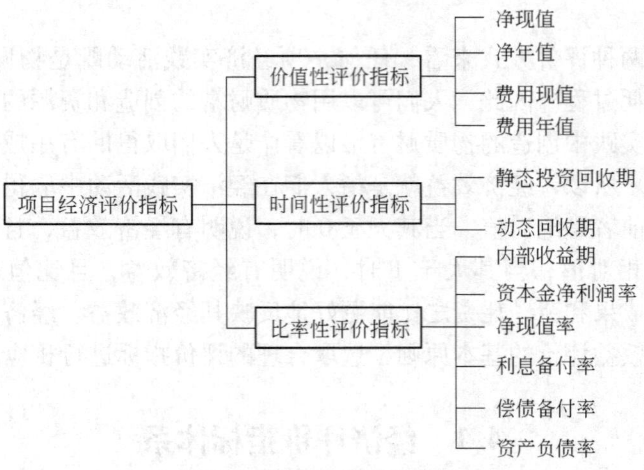

图 4-2　项目经济评价指标

（按评价指标的量纲划分）

若按评价指标的性质，经济评价指标可分为盈利能力指标、清偿能力指标和财务生存能力指标，如图 4-3 所示。

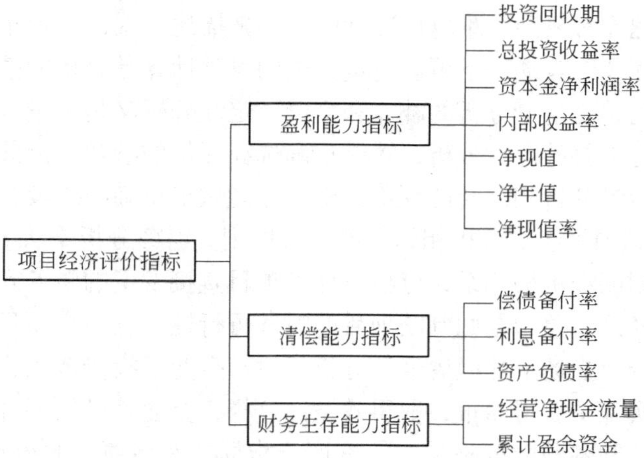

图 4-3 项目经济评价指标
（按评价指标的性质划分）

4.2 工程项目经济评价的原则

实现同一个目标可以有多个方案，但因各个方案存在社会、技术、经济和环境的差异，导致它们在实施后的效果不同。工程经济分析的实质，就是对可实现某一预定目标的多种方案进行分析、评价和比较，并从中选择一种最优方案。然而，进行比较的方案一方面必须能够可比，另一方面必须要使用各种评价方法，否则就无法选择，这就是经济效益评价的前提。

所谓可比性，是指要进行比较的方案必须有共同的比较基础和条件，这关系到评价结果的准确性。在实际工作中，有的方案可能存在相同的条件和基础，可以直接比较，但大多数时候比较的各方案存在各个方面的差异，不能直接比较。这就要求在比较前对方案进行修正计算，以得到可靠合理的结果。研究经济效益的评价原则，就是掌握经济效益分析的可比条件，把握各技术方案之间可比与不可比的内在联系，找出不可比向可比转化的规律，从而保证方案选择的正确性。

经济评价的原则包括以下几个方面：

（1）技术分析与经济分析相结合的评价原则。技术和经济既相互联系、相互促进，又相互制约。一方面，技术是经济发展的重要手段，技术进步是推动经济发展的强大动力。一个工程项目的技术先进性同它的经济合理性一般是一致的，即凡是先进的技术，往往具有较高的经济效果；反过来，较高的经济效果又决定技术方案的先进性。另一方面，技术和经济又是相互制约的，技术上的先进性和其经济合理性之间又存在着一定的矛盾。因为技术是在一定的经济条件下产生和发展的，技术的进步要受到经济情况的制约，所以，技术的应用必须考虑当时的具体自然条件和社会条件，条件不同，技术所带来的效果也不同。因此，工程经济分析必须采用技术分析与经济分析相结合的评价原则，才能做出正确的决策。

（2）定性分析与定量分析相结合的评价原则。绝大多数情况下，工程经济分析都是对拟建项目进行分析，项目尚未实施，项目的功能要求还不十分明确，项目的细节问题有待改进，有些经济问题非常复杂，难以用准确的数字来描述。因此，定量分析应和定性分析相互配合、相互依存，二者缺一不可。定量分析的科学计算是分析的基础，定性分析可以对定量分析进行修正，是定量分析的补充和完善。定性分析又是定量分析的基础，在定量分析以前，必须进行必要的定性分析，才能正确选择评价的参数。因此，工程经济分析必须采用定性分析和定量分析相结合的评价原则，才能做出正确的决策。

（3）财务分析和国民经济分析相结合的评价原则。财务分析是从企业的角度出发，根据国家现行的财务制度和价格体系，分析、计算项目直接发生的财务效益和费用，考察项目给投资者带来的经济效益，据此判断项目的财务可行性。它考察项目给企业带来的经济效益，是一种站在企业立场上的微观经济分析。对于企业或投资者而言，投资项目的目的就是希望从项目的实施中获得回报，取得效益。这样，企业就必须要计算项目直接发生的财务效益和费用，编制各种财务报表，计算评价指标，考察项目的盈利能力和偿债能力，尤其要知道项目能给企业带来多少盈利。

国民经济分析是从国民经济的角度出发，根据国家的有关政策，按照资源优化配置的原则，分析、计算项目发生的间接效益和间接费用，考察项目给国家和社会带来的经济效益，据此判断项目的国民经济的可行性。它考察项目给国家带来的净贡献，是一种站在国家和社会的立场上进行的宏观经济分析。任何企业的发展必须兼顾国家、集体和企业三者的共同发展。企业的发展要有利于国民经济的发展，企业的发展策略也必须在国家的宏观指导下进行。因此，项目必须进行国民经济评价。而且，只有财务分析和国民经济分析都可行的项目才是真正可行的项目，才能建设实施。但是，由于财务分析和国民经济分析的出发点不同、目的不同，因此，有可能同一个项目的财务分析和国民经济分析结果会不一致。所以，对于建设项目而言，必须采取财务分析和国民经济分析相结合的评价原则。即项目既要符合国家的发展需要，使得资源合理配置并充分发挥效能；又要尽量使项目能够有较好的经济效益，具有相应的财务生存能力，为今后的发展打下良好的基础。

（4）满足可比的原则。经济效益评价中，只有满足可比条件的方案才能进行比较。这些可比条件有满足需要上的可比、消耗费用上的可比、价格上的可比和时间上的可比等。

比如，在实际生产中，即使投资、成本和预计每年的收益完全相同的两个方案，如果在不同的时期实施，其经济效益也会完全不同。而在相同时期实施的方案，如果各自的建设期和寿命期不同，即使投资、成本和预计每年的收益完全相同，其经济效益也会有很大差异。因此，在对工程项目或技术方案进行经济效益分析时，必须考虑时间上的可比。时间因素可比应考虑两种情况：一是各方案的经济寿命不同时，应采用相同的计算期作为计算基础；二是各方案在不同时期内发生的效益与费用不能直接相加，必须考虑时间因素。

（5）收益与风险权衡的原则。项目的投资人通常关心的是效益指标，对于可能给项目带来风险的因素考虑得不够全面，对风险可能造成的损失也会估计不足，结果往往有可能使得项目失败。收益与风险权衡的原则要求投资者在进行投资决策时，不仅要看到效益，也要关注风险，权衡得失利弊后再做出正确的决策。

（6）动态分析与静态分析相结合，以动态分析为主的原则。动态分析是一种考虑资金时间价值的分析方法，它将不同时点的净现金流量折算到同一个时点进行对比分析，而静态分析则不考虑资金的时间价值。资金的时间价值分析是项目经济评价的核心，所以经济评价要以动态指标为主；而静态分析对一般的财务和经济评价指标计算简单，比较直观，只能作为辅助指标。

在动态分析中设定的计算期包括建设期和运营期，前者是指从资金正式投入开始到建成投产为止所需要的时间，一般按合理工期或建设进度计划合理确定；后者分为投产期和达产期两个阶段，一般应根据主要设施和设备的经济寿命期（或折旧年限）、产品寿命期、主要技术的寿命期等多种因素综合确定，行业有规定的从其规定。计算期不宜定得太长，一方面是因为按照现金流量折现时，后期的净收益折为现值的数值相对较小，很难对分析结论产生决定性的影响；另一方面由于时间越长，预测的数据也会越不准确。

（7）效益与费用计算口径一致的原则。在经济评价中，只有将项目的效益与费用限定在同一个范围内，才有比较的基础，计算的净效益才是项目投入的真实回报。

4.3 工程项目经济评价静态指标

4.3.1 静态投资回收期

项目的静态投资回收期（payback time of investment）是在不考虑资金时间价值的情况下，以项目净收益回收项目总投资所需要的时间，一般以年为单位。投资回收期说明了投资收回的速度，回收期越短，说明项目抗风险能力越强。项目投资回收期宜从项目建设开始算起，若从项目投产年开始计算，应予以特别注明，其表达式见式（4-1）。

$$\sum_{t=0}^{P_t}(CI-CO)_t=0 \tag{4-1}$$

式中 P_t——静态投资回收期；

CI——现金流入量；

CO——现金流出量；

$(CI-CO)_t$——第 t 年的净现金流量。

静态投资回收期可根据项目的现金流量表计算，其具体计算分以下两种情况：

（1）项目实施后各年的净收益均相同时，计算公式见式（4-2）。

$$P_t=\frac{I}{A} \tag{4-2}$$

式中 I——项目投入的全部资金；

A——每年的净收益（净现金流量），即 $A=(CI-CO)_t$。

（2）项目实施后各年的净收益不相同时，现金流量表中累计净现金流量由负值变为零的时点即为静态回收期。其计算见式（4-3）。

$$P_t=\text{累计净现金流量开始出现正值的年份数}-1+\frac{\text{上年累计净现金流量的绝对值}}{\text{当年的净现金流量}} \tag{4-3}$$

将计算出的投资回收期与投资者确定的基准投资回收期相比较，可以评价项目的经济性。假设基准投资回收期为 P_0，则评价准则为：

（1）当 $P_t \leqslant P_0$ 时，项目可以考虑接受；

（2）当 $P_t > P_0$ 时，项目应予以拒绝。

静态投资回收期概念明确、直观，计算简便，在一定程度上显示了资本的周转速度。对于那些技术上更新迅速的方案，或资金相当短缺的方案，或未来的情况很难预测而投资者又特别关心资金补偿的方案，采用静态投资回收期评价特别有实用意义。但它没有考虑资金的时间价值，且没有反映出投资回收期之后项目的收益和费用，因此没有全面反映项目的经济效益。故静态投资回收期指标只能作为一种辅助指标，不能单独使用。

【例 4-1】 某项目的净现金流量表见表 4-1，试求该项目的静态投资回收期。

表 4-1 净现金流量表 （万元）

年 份	1	2	3	4	5	6	7	8	9~12
净现金流量	−180	−250	−150	84	112	150	150	150	150

【解】 按现金流量表的格式计算该项目各年份的累计净现金流量，结果见表 4-2。

表 4-2 累计净现金流量表 （万元）

年 份	1	2	3	4	5	6	7	8	9~12
净现金流量	−180	−250	−150	84	112	150	150	150	150
累计净现金流量	−180	−430	−580	−496	−384	−234	−84	+66	+666

则项目的静态投资回收期为：

$$P_t = 8 - 1 + \frac{|-84|}{150} = 7 + 0.56 = 7.56(\text{a})$$

4.3.2 投资收益率

投资收益率（return on investment）是指项目达到设计生产能力后的一个正常年份的净收益额与项目投资的比率。对生产期内各年的净收益额变化幅度较大的项目，则应计算生产期内年平均净收益额与项目投资的比率。它适用于对处在初期决策阶段或者项目投资不大、生产比较稳定的项目进行分析与评价，其计算公式见式（4-4）。

$$R = \frac{A}{I} \times 100\% \tag{4-4}$$

式中 R——投资收益率；

A——正常年份的净收益或运营期年平均净收益额；

I——项目总投资额。

根据分析目的不同，投资收益率可以表现为各种不同的具体指标，常见的有总投资收益率（ROI）和资本金净利润率（ROE）等。

4.3.2.1 总投资收益率

总投资收益率表示总投资的盈利水平，其计算见式（4-5）。

$$ROI = \frac{EBIT}{TI} \times 100\% \tag{4-5}$$

式中　$EBIT$——正常年份的年息税前利润或运营期年平均息税前利润，即年生产期利息，所得税与净利润之和。

TI——总投资额（包括建设投资、建设期贷款利息和全部流动资金）。

4.3.2.2　资本金净利润率

资本金净利润率表示资本金的盈利水平，其计算见式（4-6）。

$$ROE = \frac{NP}{EC} \times 100\% \tag{4-6}$$

式中　NP——正常年份的年净利润或运营期年平均净利润；

EC——资本金数额。

用投资收益率指标判别方案的优劣时，可以将方案的投资收益率与国家或行业根据历史数据确定的基准投资收益率相比较。假设基准投资收益率为 i_0，则评价准则为：

（1）当 $R \geqslant i_0$ 时，项目可行；

（2）当 $R < i_0$ 时，项目不可行。

对若干个方案进行比选时，则在各投资方案满足 $R \geqslant i_0$ 的条件下，投资收益率越大的方案越好。

【例 4-2】　某新建项目建设期为 2 年，运营期为 8 年。建设投资（不含建设期利息）为 7000 万元，其中第 1 年自有资金投入 5000 万元，第 2 年贷款投入 2000 万元，贷款年利率为 8%。流动资金投资 800 万元，全部为自有资金。项目建成后年销售收入为 3000 万元，年总成本费用扣除利息支出后的金额为 1250 万元，年销售税金及附加为销售收入的 6%，试计算该项目的总投资收益率。

【解】　（1）项目总投资

建设期利息 = 2000×8%×0.5 = 80（万元）

项目总投资 = 建设投资 + 流动资金 = 7000 + 80 + 800 = 7880（万元）

（2）项目各年息税前利润

息税前利润 = 3000 − 3000×6% − 1250 = 1570（万元）

（3）总投资收益率

$$ROI = \frac{1570}{7880} \times 100\% = 19.92\%$$

所以，该项目的总投资收益率为 19.92%。

【例 4-3】　某技术方案总投资 1500 万元，其中资本金 1000 万元，运营期年平均利息 18 万元，年平均所得税 40.5 万元。若项目总投资收益率为 12%，则项目资本金净利润率为多少？

【解】　该方案资本金净利润率（ROE）：

$$ROE = \frac{NP}{EC} \times 100\% = \frac{(1500 \times 12\% - 40.5 - 18)}{1000} \times 100\% = 12.15\%$$

4.3.3　借款偿还期

借款偿还期是指在国家财政规定和项目具体财务条件下，以项目投产后可用于还款的利润、折旧及其他收益额偿还固定资产投资借款本金和利息所需要的时间。它是反映项目借款偿债能力的重要指标，其表达式见式（4-7）。

$$I_d = \sum_{t=0}^{P_d} (B + D + R_0 - B_r)_t \tag{4-7}$$

式中 P_d——借款偿还期（从借款开始年计算；当从投产年算起时，应予注明）；

I_d——投资借款本金和利息（不包括已用自有资金支付的部分）之和；

B——第 t 年可用于还款的利润；

D——第 t 年可用于还款的折旧和摊销费；

R_0——第 t 年可用于还款的其他收益；

B_r——第 t 年企业留利。

在实际工作中，借款偿还期可直接根据资金来源与运用表或借款偿还计划表推算，其表达式见式（4-8）。

$$借款偿还期 = \left(借款偿还开始出现盈余的年份 - 1 + \frac{盈余当年应偿还款额}{盈余当年可用于还款的余额}\right) \tag{4-8}$$

当借款偿还期满足贷款机构要求的期限时，即认为项目有借款偿债能力。该指标适用于那些不预先给定借款偿还期限，且按最大偿还能力计算还本付息的技术方案；对于预先给定借款偿还期的技术方案，应采用利息备付率和偿债备付率指标分析企业的偿债能力。

4.3.4 利息备付率

利息备付率（interest coverage ratio, *ICR*）也称已获利息的倍数，指项目在借款偿还期内各年可用于支付利息的息税前利润与当期应付利息费用的比值，其计算式见式（4-9）。

$$ICR = \frac{EBIT}{PT} \times 100\% \tag{4-9}$$

式中 ICR——利息备付率；

$EBIT$——息税前利润，即利润总额与计入总成本费用的利息费用之和；

PT——计入总成本费用的应付利息。

利息备付率应分年计算，它从付息资金来源的充裕性角度反映企业偿付债务利息的能力，表示企业使用息税前利润偿付利息的保证倍率。正常情况下利息备付率应大于 1 或大于等于国家部分行业的建设项目清偿能力测算与协调参数结果中利息备付率的最低可接受值，并结合债权人的要求确定。参考国际经验和国内行业的具体情况，根据我国企业历史数据统计分析，一般情况下，利息备付率不宜低于 2，而且需要将该利息备付率指标与其他同类企业进行比较，来分析决定本企业的指标水平。当利息备付率低于 1 时，表示项目没有足够资金支付利息，偿债风险很大。

4.3.5 偿债备付率

偿债备付率（debt service coverage ratio, *DSCR*）是指项目在借款偿还期内，各年可用于还本付息的资金与当期应还本付息金额的比值。其计算式见式（4-10）。

$$DSCR = \frac{EBITDA - T_{AX}}{PD} \times 100\% \tag{4-10}$$

式中 $DSCR$——偿债备付率；

$EBITDA$——息税前利润加折旧和摊销金额；

T_{AX}——企业所得税；

PD——应还本付息金额，包括当期应还贷款本金额及计入总成本费用的全部利息。

偿债备付率应分年进行计算，它表示企业可用于还本付息的资金偿还借款的保证倍率。正常情况下，偿债备付率应大于1，并结合债权人的要求确定。参考国际经验和国内行业的具体情况，根据我国企业历史数据统计分析，通常情况下，偿债备付率不宜低于1.3。当指标小于1时，表示当年资金来源不足以偿付当期债务，需要通过短期借款偿付已经到期的债务。

4.4 工程项目经济评价动态指标

4.4.1 动态投资回收期

动态投资回收期是指在考虑资金时间价值的条件下，用项目收益回收项目投资所需要的时间，通常以年为单位，其表达式见式（4-11）。

$$\sum_{t=0}^{P_t'}(CI-CO)_t(1+i_0)^{-t}=0 \tag{4-11}$$

式中 P_t'——动态投资回收期；

i_0——基准收益率；

$(1+i_0)^{-t}$——第 t 年的折现系数；

$(CI-CO)_t$——第 t 年的净现金流量。

与静态投资回收期计算方法类似，在实际应用中，动态投资回收期可以直接通过从财务现金流量表中计算净现金流量现值的累计值得出。其计算见式（4-12）。

$$\text{动态投资回收期}=\text{累计净现金流量现值开始出现正值的年数}-1+\frac{\text{上年累计净现金流量现值的绝对值}}{\text{当年净现金流量的现值}} \tag{4-12}$$

假定基准投资回收期为 P_0，则评价准则为：

(1) $P_t' \leqslant P_0$ 时，项目可以考虑接受；

(2) $P_t' > P_0$ 时，项目应予以拒绝。

同时，从动态回收期的含义可知，当动态回收期短于项目寿命周期时，说明在项目寿命周期结束时，尚有正的净现金流量，项目可以取得正的净收益，投资方案可行；反之，如果动态投资回收期长于项目寿命期，则意味着到项目寿命期结束时，项目还不能取得正的净现金流量，投资方案不可行。因此动态回收期也可按以下准则评价：

(1) $P_t' \leqslant n$ 时，项目可以考虑接受；

(2) $P_t' > n$ 时，项目应予以拒绝。

一般对常规投资项目，动态回收期长于静态回收期，所以一个投资项目动态评价可行，静态评价肯定可行；而静态经济评价可行，动态经济评价则不一定可行。

当项目方案的现金流量图如图 4-4 所示的形式，即仅有第 0 年有一个投资额 P，以后各年的净现金流量相等均为 A，则动态投资回收期可根据式（4-13）计算得到，结果见式（4-14）。

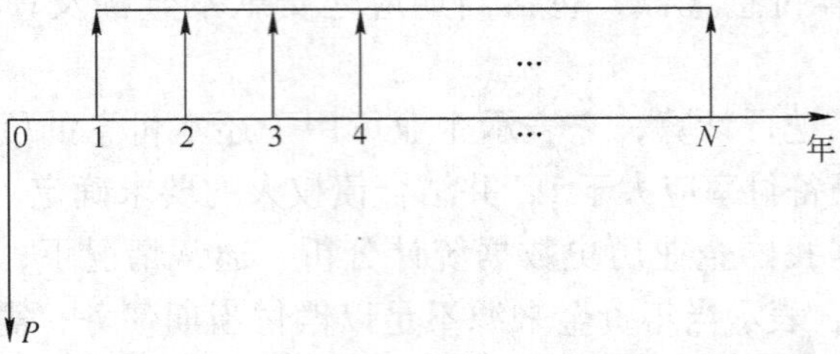

图 4-4 一次投资等额回收的净现金流量图

$$\frac{P}{A}=\frac{(1+i_0)^{P_t'}-1}{i_0(1+i_0)^{P_t'}} \tag{4-13}$$

对式（4-13）移项整理得：

$$(1+i_0)^{P_t'}=\frac{1}{1-\frac{Pi_0}{A}}$$

两边取对数得：

$$\lg(1+i_0)^{P_t'}=\lg\frac{1}{1-\frac{Pi_0}{A}}$$

即
$$P_t'\lg(1+i_0)=\lg 1-\lg\left(1-\frac{Pi_0}{A}\right)$$

故
$$P_t'=\frac{-\lg\left(1-\frac{Pi_0}{A}\right)}{\lg(1+i_0)} \tag{4-14}$$

【例 4-4】 某投资方案一次投资总额 $P=1000$ 万元，预计从第一年年末开始每年获得净现金流入 250 万元，假定基准收益率为 5%，计算该方案的动态回收期。

【解】

$$P_t'=\frac{-\lg\left(1-\frac{1000\times 0.05}{250}\right)}{\lg(1+0.05)}=4.57(\text{年})$$

4.4.2 净现值

净现值（net present value，NPV）是指把项目计算期内各年的净现金流量，用设定的折现率（i_0，也称基准收益率或贴现率）折算到第 0 年（建设期初）的现值之和，其计算见式（4-15）。

$$NPV=\sum_{t=0}^{n}(CI-CO)_t(1+i_0)^{-t} \tag{4-15}$$

式中 NPV——净现值；

$(CI-CO)_t$——第 t 年的净现金流量；

$(1+i_0)^{-t}$——第 t 年的折现系数。

净现值是考察项目在其计算期内盈利能力的主要动态指标，也是绝对指标，通常利用公式计算，也可对现金流量表逐年折现计算累计值来求解。用现金流量表逐年累计计算时，计算结果一目了然，便于检查，适用于寿命期较长而各年现金流量值不同且无规律可循的项目净现值的计算；公式法是利用现金流量图来进行资金的等值计算。

应用净现值作为经济评价指标时，对应的评价准则如下：

（1）当 $NPV>0$ 时，说明项目可行。因为这种情况说明工程项目实施后的投资收益水平不仅能够达到基准折现率的水平，而且还会有盈余，也说明项目的盈利能力超过投资者期望的收益水平。

（2）当 $NPV=0$ 时，说明项目可以考虑接受。因为这种情况说明工程项目实施后的投资收益水平恰好达到基准折现率的水平，也即其盈利能力能达到投资者期望的最低财务盈利水平。

（3）当 $NPV<0$ 时，说明项目不可行。因为这种情况说明工程项目实施后的投资收益水平达不到基准收益率，其盈利能力水平比较低。

净现值法计算较简便，它考虑了资金的时间价值，并全面考虑了项目整个寿命期内的现金流入与流出的情况。但其计算需要预先给定基准收益率，这给项目决策带来了困难。若基准收益率定得过高，一些本应可行的项目就有可能被否定；反之，基准收益率定得过低，就会有一些不合理的项目也有可能被选中。

应用净现值进行多个方案比选时，通常以 NPV 大者为优，但由于净现值没有考虑各方案投资额的大小，因而不能直接反映资金的利用效率，一旦方案间的初始投资额相差较大时，就有可能出现失误。因为一个勉强合格的大型项目的正净现值可能比一个很好的小型项目的正净现值大得多，这样决策时就有可能选择大项目，从而造成失误。另外对于寿命期不同的技术方案，也不宜直接使用净现值来进行评价。

【例 4-5】 某投资项目的各年现金流量见表 4-3，试用净现值指标判断项目的经济合理性，$i_0=10\%$。

【解】 首先计算各年的净现金流量（见表 4-3 最后一行），并绘制现金流量图（见图 4-5）。本题分别采用公式法和表格法进行求解。

表 4-3 投资项目各年现金流量 （万元）

年份（时点）	0	1	2	3	4	5	6	7	8	9	10
投资	20	500	100								
年经营成本				300	450	450	450	450	450	450	450
年收入				450	700	700	700	700	700	700	700
净现金流量	-20	-500	-100	150	250	250	250	250	250	250	250

（1）公式法。根据表 4-3 中各年的净现金流量，当 $i_0=10\%$时，有

$$\begin{aligned}NPV &= -20-500\times(1+10\%)^{-1}-100\times(1+10\%)^{-2}+150\times\\&\quad(1+10\%)^{-3}+250\times(P/A,\ 10\%,\ 7)\times(P/F,\ 10,\ 3)\\&=470.0(\text{万元})\end{aligned}$$

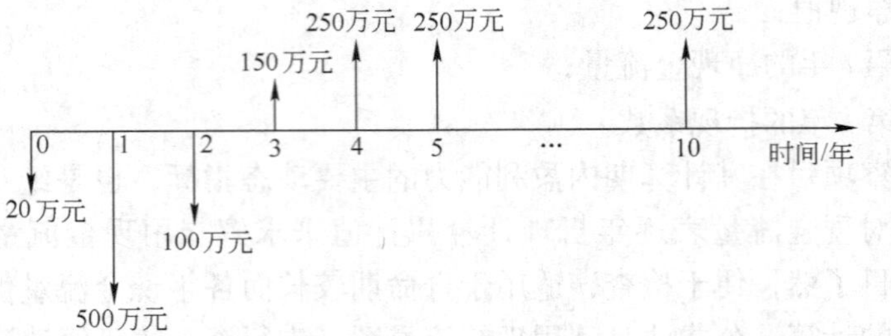

图 4-5　投资项目现金流量图

（2）表格法。表格法是在表 4-3 的基础上，分别计算各年净现金流量的现值，然后进行累计，得出项目的净现值，见表 4-4。

表 4-4　投资项目现金流量的现值计算　　（万元）

时间 t	0	1	2	3	4	5	6	7	8	9	10
$(CI-CO)_t$	-20	-500	-100	150	250	250	250	250	250	250	250
$\sum(CI-CO)_t$	-20	-520	-620	-470	-220	30	280	530	780	1030	1280
$(CI-CO)_t \cdot (1+i_0)^{-t}$	-20	-454.5	-82.6	112.7	170.8	155.2	141.1	128.3	116.6	106.0	96.4
$\sum(CI-CO)_t \cdot (1+i_0)^{-t}$	-20	-474.5	-557.1	-444.4	-273.6	-118.4	22.7	151.0	267.5	373.6	470.0

根据表 4-4 中的数据，还可以计算出该项目的静态投资回收期为 4.88 年，动态投资回收期为 5.84 年。一般对常规投资项目动态回收期会长于静态回收期。

4.4.3　净现值率

净现值指标用于多方案比较时，虽然能反映每个方案的盈利水平，但是由于没有考虑每个方案投资额的大小，因而不能直接反映资金的利用效率。为了考察资金的利用效率，可采用净现值率指标作为净现值的补充指标，它是多方案评价与选择的一个重要的辅助性评价指标。

净现值率（net present value rate，*NPVR*）也称为净现值指数（net present value index，*NPVI*），是指按基准收益率计算方案的净现值与方案全部投资现值的比率。由于投资者的资金往往是有限的，所以，如果投资者很重视项目的投资效果，就要依据每单位投资的盈利性，即净现值率来衡量投资方案的优劣。净现值率的计算见式（4-16）。

$$NPVR = \frac{NPV}{I_P} = \frac{NPV}{\sum_{t=0}^{n} I_t (1+i_0)^{-t}} \tag{4-16}$$

式中　*NPVR*——净现值率；

I_P，I_t——项目总投资现值和各年投资值；

其他符号含义同前。

用净现值率评价方案时，当 $NPVR \geqslant 0$ 时，方案可行；当 $NPVR<0$ 时，方案不可行。如用净现值率进行多方案比选时，则以净现值率较大的方案为优。

【例 4-6】　计算例 4-5 投资项目的净现值率。

【解】 净现值率计算：

$$NPVR=\frac{NPV}{I_P}=\frac{470.0}{557.1}=0.84$$

4.4.4 净年值

净年值（net annual value，*NAV*）也称平均年盈利（average annual benefit，*AAB*）指标，是将方案寿命期内的净现值用复利方法平均分摊到各个年度而得到的等额年盈利额，其表达式为式（4-17）。

$$NAV=NPV(A/P,\ i_0,\ n) \tag{4-17}$$

对单个方案进行评价时，净现值和净年值是分别将同一现金流量换算为基准期的现值和第 1~n 年的等额年值，因而这两个指标是等效的，评价的结论也是一致的。但是，对计算期不相同的多个互斥方案进行比选时，净年值指标克服了净现值指标有利于寿命期长的方案的缺点，以净年值最大的方案为最优。

4.4.5 内部收益率

内部收益率（internal rate of return，*IRR*），又称内部报酬率，是指项目在整个计算期内各年净现金流量的现值累计恰好等于零时的折现率。简单地说，就是净现值为零时的折现率，其表达式为式（4-18）。

$$\sum_{t=0}^{n}(CI-CO)_t(1+IRR)^{-t}=0 \tag{4-18}$$

式中　*IRR*——内部收益率；

其他符号含义同前。

计算内部收益率是一个求解一元高次方程的过程，可能会出现多个解或无解的情况，要想精确地求出方程的解，即内部收益率，是件非常困难的事，一般可借助计算机或有特定功能的计算器完成。手工计算时，可采用试算插入法，即式（4-19）。

$$IRR=i_1+(i_2-i_1)\frac{NPV_1}{NPV_1+|NPV_2|} \tag{4-19}$$

式中　i_1——试算使得 $NPV>0$ 的折现率；

i_2——试算使得 $NPV<0$ 的折现率；

NPV_1——以 i_1 试算所得 *NPV* 的值；

NPV_2——以 i_2 试算所得 *NPV* 的值；

其他符号含义同前。

为了提高计算精确度，一般要求 i_1 与 i_2 相差不超过 5%，最好不超过 3%。

对于具有常规现金流量的投资方案，即净现金流量从 0 年起有一项或几项是负的（即现金流出），接下去是一系列正的（即现金流入），而且所有净现金流量的代数和为正值时，投资方案的净现值函数曲线如图 4-6 所示。从图 4-6 中可以看出，*NPV* 是 i 的递减函数，*NPV* 随着 i 的增大而减小，*NPV* 由正到负的变化过程中，会出现与横坐标的交点，即 $NPV=0$ 的点，这个曲线与横坐标的交点即为内部收益率（*IRR*）点，且只有唯一解。图中还显示了当 $i<IRR$ 时，对于所有的 i 值，相对应的净现值为正的；而当 $i>IRR$ 时，对于所

有的 i 值，相对应的净现值为负的。因此，在通常情况下，当内部收益率大于基准收益率时，投资方案是可行的，此时方案的净现值也必然大于零；当内部收益率小于基准收益率时，投资方案不可行，此时方案净现值必然小于零，因此对独立常规投资方案，内部收益率与净现值指标有相一致的评价准则：

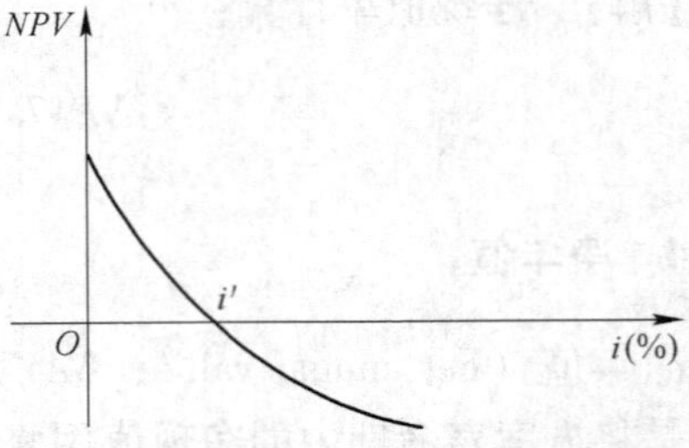

图 4-6　常规投资方案净现值函数曲线

（1）若 $IRR>i_0$，则对应的 $NPV>0$，说明项目可行。

（2）若 $IRR=i_0$，则对应的 $NPV=0$，说明项目可以考虑接受，内部收益率反映拟建项目的实际投资收益水平。

（3）若 $IRR<i_0$，则对应的 $NPV<0$，说明项目不可行。

如果先从项目取得资金，然后偿付项目有关费用的非投资情况，其净现金流量图和净现值函数曲线如图 4-7 所示，这种情况下判断项目可行与否的评价准则与常规投资方案正好相反。

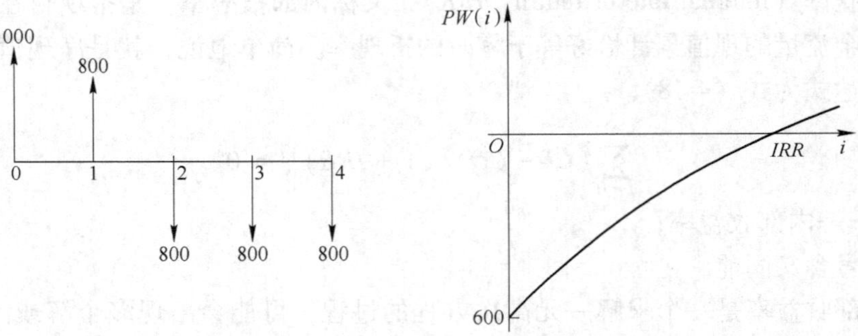

图 4-7　非投资情况的现金流量图和净现值函数曲线

对于具有非常规现金流量的投资方案，内部收益率可能会出现多个或无解的情况。图 4-8 即为无解的情况，方案净现金流量图显示该项目只有收益，无费用支出；其净现值函数曲线与横坐标也无交点。

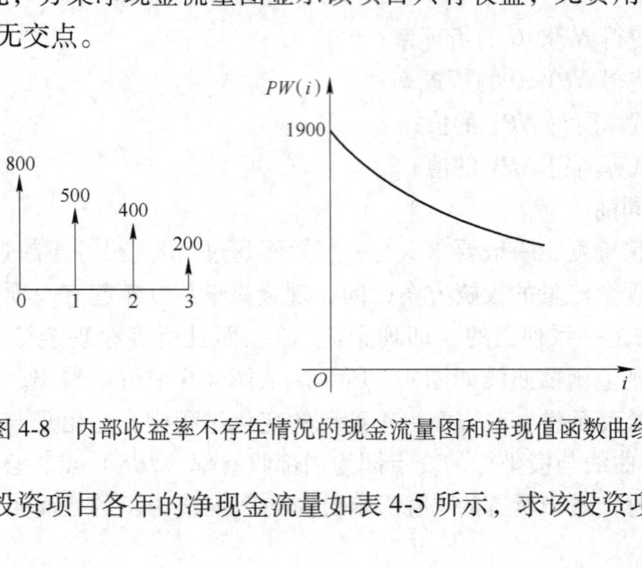

图 4-8　内部收益率不存在情况的现金流量图和净现值函数曲线

【例 4-7】 某投资项目各年的净现金流量如表 4-5 所示，求该投资项目内部收益率。

表 4-5 投资项目净现金流量 （万元）

年 份	0	1	2	3	4	5
净现金流量	-200	40	60	40	80	80

【解】 令 $i_1=10\%$，则

$NPV_1=-200+40(P/F,10\%,1)+60(P/F,10\%,2)+40(P/F,10\%,3)+80(P/F,10\%,4)+80(P/F,10\%,5)=20.31$（万元）

由于$NPV_1>0$，所以取$i_2>i_1$，令$i_2=12\%$，则

$NPV_2=-200+40(P/F,12\%,1)+60(P/F,12\%,2)+40(P/F,12\%,3)+80(P/F,12\%,4)+80(P/F,12\%,5)=8.25$（万元）

由于$NPV_2>0$，所以取$i_3>i_2$，令$i_3=15\%$，则

$NPV_3=-200+40(P/F,15\%,1)+60(P/F,15\%,2)+40(P/F,15\%,3)+80(P/F,15\%,4)+80(P/F,15\%,5)=-8.03$（万元）

由于 $NPV_2>0$，$NPV_3<0$，故内部收益率必定介于 12%～15%之间，且 $i_3-i_2<5\%$，能满足精度要求，可采用线性插入法求得内部收益率为：

$$IRR=12\%+\frac{8.25}{8.25+|-8.03|}\times(15\%-12\%)=13.52\%$$

【例 4-8】 某企业拟发行一种债券，面值为 5000 美元，票面利率为每年 8%。该债券可以在 20 年后按票面价值赎回，而且从现在开始的 1 年后开始支付每年利息。如果这张债券目前的市场价格为 4600 美元，该企业的 $i_0=10\%$，问是否发行该债券？

【解】 分析已知条件作出现金流量图如图 4-9 所示。

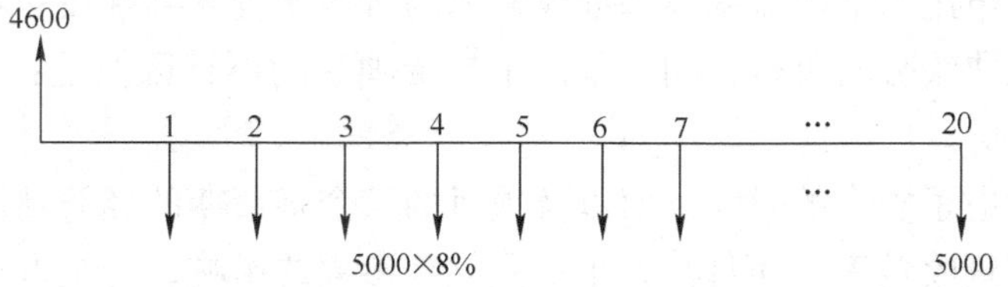

图 4-9 现金流量图

这是一个非投资情况的现金流量图，根据已知条件列出净现值为零的内部收益率求解方程如下：

$4600-5000(P/F,IRR,20)-5000\times0.08\times(P/A,IRR,20)=0$

求得：$IRR=8.87\%$

按照非投资情况内部收益率的判别标准，因为 $IRR<i_0=10\%$，所以应该发行该债券。

还可以通过计算净现值验证该结论：

$$NPV(10\%)=4600-5000(P/F,10\%,20)-5000\times0.08(P/A,10\%,20)$$
$$=451.356（美元）>0$$

同样可以得出应该发行该债券的结论。

【例 4-9】 某厂租用生产设备一台，租期为 20 年，预计设备提供的净收入（已扣除租赁费）每年为 10000 元。租约规定承租人在使用 4 年后自行负责更换部分零件，预计所需

费用为 100000 元，试求该方案的内部收益率。

【解】 方案的现金流量如图 4-10（a）所示。这是非常规投资情况，净现值函数如图 4-10（b）所示，显示内部收益率可能有多个。

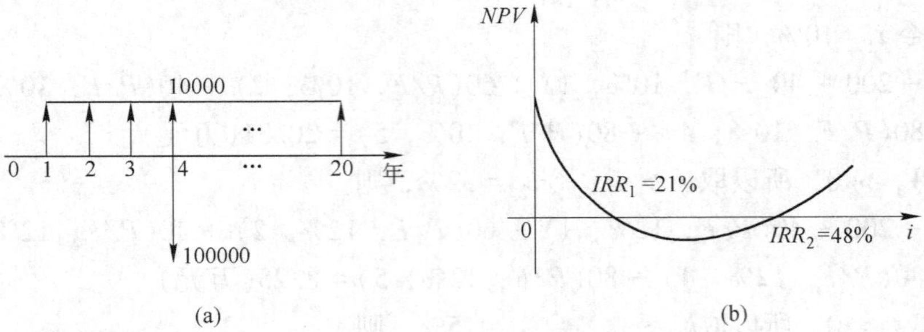

图 4-10　多重内部收益率的情况

净现值函数为：

$$NPV(i) = -\frac{100000}{(1+i)^4} + 10000 \times \frac{(1+i)^{20}-1}{i(1+i)^{20}}$$

按内部收益率的含义，列出求解方程：

令 $NPV(IRR) = 0$

得：$NPV(IRR) = -\dfrac{100000}{(1+IRR)^4} + 10000 \times \dfrac{(1+IRR)^{20}-1}{IRR(1+IRR)^{20}} = 0$

求解，得到两个内部收益率值 $IRR_1 = 21\%$，$IRR_2 = 48\%$，如图 4-10（b）所示。

这时就不能简单用内部收益率与基准收益率的直接比较来判别投资项目的可行性，而应结合净现值函数曲线分析可行区间，本例中投资项目的可行区间是：$21\% \leqslant$ 基准收益率 $i_0 \leqslant 48\%$。

内部收益率考虑了资金的时间价值以及项目的整个寿命期的经济情况，不仅能够直接反映项目真正的投资收益率，而且其大小不受外部参数的影响，完全取决于项目投资过程中自身的净现金流量系列的情况。这就使它在计算时不需要事先确定一个基准收益率，而只需要知道基准收益率的大致范围即可，因此克服了基准收益率确定不当会引起决策失误的缺点，一般可作为主要的经济评价指标。但其计算较麻烦，有时甚至不存在或存在多个内部收益率，而且只适用于独立方案的经济评价和可行性判断，一般不能直接用于互斥方案和相关方案的比较和选择，也不能对独立方案进行优劣排序。

4.4.6　净现值、内部收益率和动态回收期三个指标的比较分析

净现值、内部收益率和动态回收期这三个指标对同一个方案的基本评价结果是一致的，但是无法相互替代，这是由于它们各自特点及所具备的经济含义所决定的。

（1）净现值是一个绝对效果指标，反映的是方案取得的超过既定收益率的超额部分收益的现值，也可以认为是股东财富的增加额，它全面考虑了方案在整个寿命周期的现金流量和资金成本，是一个非常可靠和适用的经济评价指标。当方案有非常规现金流量而存在多个内部收益率时，它特别有用。另外，该指标可直接用于多方案的比较和选择，而其他

两个指标是不能直接用于方案比较的。计算净现值时，需要事先确定基准投资回报率，而在有些情况下这是比较困难或者难以做到的；而且，净现值也不能直接反映方案单位投资的盈利水平，所以投资决策者不易理解和接受这一指标。

（2）内部收益率是一个相对效果指标，实际上反映的是方案未收回投资的收益率，它全面考虑了方案在整个寿命周期的现金流量。由于其反映的是方案的单位投资盈利水平，符合习惯，为投资者易于理解和接受。特别是在难以确定基准投资收益率时，只要投资决策者能确定投资方案的内部收益率远远高于可能的资金成本和投资机会成本，仍然可以做出投资决策。同时，该指标也反映出方案筹集资金所能承担的最大资金成本。但是当方案存在非常规的现金流量情况，该指标的应用受到限制。同时，它也不能直接用于对投资规模不等的方案进行优劣比较。

（3）从动态投资回收期与净现值的关系以及动态投资回收期的经济含义可以看出，其所表现的投资方案经济特性基本上可以由净现值和静态投资回收期所代替。因此，动态投资回收期法通常被认为是净现值的一种简便方法，在我国投资项目经济评价中并没有将其列为必须要计算的经济评价指标。但是，在对投资方案进行初始评估时，或者仅能确定方案计算期早期阶段的现金流时，或者是对于一些技术更新周期快的投资方案进行评估时，动态投资回收期指标是一个比较适用的指标。

4.5 基准收益率的确定

在计算净现值等动态经济评价指标时，折现率 i_0 是一个重要的参数，在方案评价和选择中所采用的这个折现率被称之为基准收益率。基准收益率又称基准折现率、基准贴现率、最低期望收益率等，它是决策者对投资项目所期望的最低收益水平，体现了决策者对项目投资资金时间价值的判断和项目风险程度的估计，是项目财务可行性和方案比选的主要依据。

基准收益率是经济评价和投资决策的一个重要参数，基准收益率定得太高，会使许多经济效益好的项目被拒绝；基准收益率定得太低，则可能使一些经济效益不好的方案被采纳，因此必须慎重决定项目的基准收益率。

由于不同的投资者对于同一项目的判断不尽相同，再加上所处行业、项目的具体特点、项目资金来源的差异、不同投资者对待风险的态度、对收益水平的预期等诸多因素，决定了投资者必须自主确定其在相应项目上最低可接受的收益率。若企业在跨行业投资或投资者对项目的特点及风险情况缺乏经验时，可以参考使用国家主管部门统一测定并发布的行业基准收益率，即政府投资项目使用的基准收益率。测定基准收益率应考虑以下要求：

（1）在政府投资项目以及按政府要求进行财务评价的建设项目中采用的行业财务基准收益率，应根据政府的政策导向进行确定。

（2）在企业各类技术方案经济效果评价中参考选用的行业财务基准收益率，应在分析一定时期内国家和行业发展战略、发展规划、产业政策、资源供给、市场需求、资金时间价值、技术方案目标等内容的基础上，结合行业特点、行业资本构成情况等因素综合测定。

(3) 在中国境外投资的技术方案，其财务基准收益率的测定应首先考虑国家风险因素。

(4) 投资者自行测定技术方案的最低可接受财务基准收益率，除了应考虑上述第 2 条中所涉及的因素外，还应根据自身的发展战略和经营策略、技术方案的特点与风险、资金成本、机会成本等因素综合测定，具体因素分析如下：

4.5.1 资金成本和机会成本

资金成本是为了取得资金使用权所支付的费用，主要包括筹资费和资金使用费。筹资费是指在筹集资金过程中发生的各种费用，如委托金融机构代理发行股票、债券而支付的注册费和代理费，向银行贷款而支付的手续费等。资金的使用费是指因使用资金而向资金提供者支付的报酬。项目投资后所获得的利润额必须能够补偿资金成本，然后才能有利润可言，因此基准收益率最低限度不应低于资金成本，否则便无利可图。

机会成本是指投资者将有限的资金用于拟建项目而放弃的其他投资机会所能获得的最好收益。凡是技术经济活动都有机会成本，机会成本的表现形式也是多种多样的，货币形式的机会成本可以是销售收入、利润等。由于利率高低决定了货币价格，因此采用不同利率也表示不同的机会成本。应当看到，机会成本是在项目外部形成的，它不可能反映到该方案的财务报表上，必须通过工程经济分析人员的分析比较才能确定项目的机会成本。机会成本虽不是实际支出，但在工程经济分析时应该作为一个因素加以考虑，从而有助于选择最佳方案。

因此，基准收益率不应低于单位资金成本和单位投资的机会成本，这样才能使资金得到最有效的利用，可以用式（4-20）表达。

$$i_0 \geqslant i_1 = \max\{\text{单位资金成本，单位投资机会成本}\} \tag{4-20}$$

如果项目完全由投资者自有资金投资，可参考行业的平均收益水平，可理解为是资金的机会成本；假如项目投资来源于自有资金和贷款，最低收益率不得低于行业平均收益水平和贷款利率的加权平均值。

4.5.2 投资风险

通常情况下，项目投资总是存在亏损的可能性，即投资都是有风险的。为此，投资者自然就要求获得较高的利润，否则是不愿意去冒风险的，也就是通常所说的高收益高风险。为了限制对风险大、盈利低的项目进行投资，可以采取提高基准收益率的办法进行项目经济评价。所提高的数值，即为风险补贴率 i_2。

一般从客观上看，资金密集型项目的风险高于劳动密集型项目的风险；资产专用性强的项目风险高于资产通用性强的项目风险；以扩大产量、扩大市场份额为目的的项目风险高于以降低生产成本为目的的项目风险。从主观上看，资金拮据的投资主体的风险高于资金雄厚的投资主体的风险。风险越高，贴补率越大，对应的基准收益率越高。

4.5.3 通货膨胀

通货膨胀是指由于货币的发行量超过商品流通所需要的货币量而引起的货币贬值和物价上涨现象，常用通货膨胀率指标来表示通货膨胀的程度。在通货膨胀的影响下，各种材料、设备、房屋、土地的价格以及人工费都会上升，因此，在确定基准收益率时应该考虑这种影响，即以年通货膨胀率 i_3 来修正 i_0 值。

如项目的现金流量是按当年价格预测估算的，则基准收益率见式（4-21）。

$$i_0 = (1 + i_1)(1 + i_2)(1 + i_3) - 1 \approx i_1 + i_2 + i_3 \tag{4-21}$$

如项目的现金流量是按基准年不变价格预测估算的，预测结果已经排除了通货膨胀因素的影响，则基准收益率见式（4-22）。

$$i_0 = (1 + i_1)(1 + i_2) - 1 \approx i_1 + i_2 \tag{4-22}$$

上述近似处理的条件是 i_1、i_2、i_3 都是小数。

由于通货膨胀年年存在，因此通货膨胀的影响具有复利性质。一般每年的通货膨胀率是不同的，但为了便于研究，常取一段时间的平均通货膨胀率，即在所研究的计算期内，可将通货膨胀率视为固定的。

4.5.4 资金限制

资金越少越需要精打细算，使之利用得更加有效。为此，在资金短缺时应通过提高基准收益率的办法进行项目经济评价，以便筛选掉盈利能力较低的项目。

总之，确定基准收益率时，一般应考虑资金成本、机会成本、投资风险和通货膨胀等因素。在这些因素中，资金成本和机会成本是确定基准收益率的基础，投资风险和通货膨胀是确定基准收益率必须考虑的影响因素。

基准收益率的测定可采用代数和法、资本资产定价模型法、加权平均资金成本法、典型项目模拟法、德尔菲专家调查法等方法，也可以同时采用多种方法进行测算，将不同方法测算的结果互相验证。

4.6 投资多方案间的比较与选择

在进行投资多方案的比较和选择时，首先应明确投资方案之间的相互关系，方案之间是否可以比较，然后才能考虑用适宜的评价指标和方法进行方案的比选。备选方案之间的关系不同，决定了所采用的评价指标和方法也会有所不同。一般来说，方案之间存在着三种关系，即互斥关系、独立关系和相关关系。

互斥关系是指各方案之间具有排他性，即多个方案中只能选择其中一个投资方案，其余方案均必须放弃。如，某房地产开发公司对某块土地的初始开发方案有建造别墅、建造多层建筑和建造高层建筑三种方案，在这三种方案中，接受某一方案必定会排斥其他两种方案，这三种建造方案之间的关系就是互斥关系。互斥型方案比选时，各方案间必须具有可比性。

独立型方案的特点是诸方案之间没有排他性。在方案群中，如果接受某一方案并不影响接受其他方案，则方案之间的关系为独立关系。各投资方案的现金流量是独立的，某一方案的采用与否与方案本身的可行性有关，而与是否采用其他方案没有关系。

相关关系是指在各个投资方案之间，其中某一方案的采用与否会对其他方案的现金流量带来一定的影响，进而影响其他方案的采用和拒绝。处于相关关系中的方案叫做相关方案，一般情况下，对这种类型的方案在评价时应放在一起进行。

4.6.1 互斥型方案的比选

互斥关系既可指同一项目的不同方案，也可指不同的投资项目。同一项目的不同方案之间显然是互斥的关系，如，项目地址是设在北京、上海还是深圳；项目的技术是采用美国技术还是德国技术；设备是购买进口的还是购买国产的，等等。不同的投资项目可能由于资金的约束、资源的限制以及项目不可分等原因而呈现互斥的关系。如，一个项目要实现其功能，总是要被完整地接受或是拒绝，在这种情况下，不可能将一个完整的项目分解成部分项目或是若干个部分来执行。因此，由于资金定量分配，接受一个大项目方案往往会自动排斥接受若干个小项目的方案。

4.6.1.1 互斥型方案比选应遵循的原则

进行互斥型方案比较时，必须遵循以下三点原则：

（1）可比性原则。两个互斥方案必须具有可比性。

（2）增量分析原则。对现金流量的差额进行评价，考察追加投资在经济上是否合算。如果增量收益超过增量费用，那么增加投资的方案是值得的。例如，有两个方案 A 和 B，方案 A 比方案 B 投资金额大，方案 A 是否好于方案 B，就要看增加的投资是否有利。

（3）选择正确的评价指标。增量分析无论用哪一个评价指标都能得出正确的结论，这时就可以按照一般净现金流量计算前述的净现值、净年值以及内部收益率等指标。如果这些指标好于基准值，就认为投资大的方案优于投资小的方案。如果不用增量分析法，则需要合理选用合适的评价指标，比如净现值指标等，但不能直接选用内部收益率指标。

互斥型方案经济评价包含两部分内容：一是考察各个方案自身的经济效果，即进行“绝对经济效果检验”；二是考察哪个方案相对经济效果最优，即“相对经济效果检验”。两种检验的目的和作用不同，通常缺一不可，从而确保所选方案不但最优而且可行。

4.6.1.2 计算期相同的互斥方案比选

计算期相同的互斥方案的比选方法一般有考虑资金时间价值的净现值法、增量净现值法、增量内部收益率法、最小费用法，以及不考虑资金时间价值的增量投资回收期法。

A 净现值法

净现值法是计算各个备选方案的净现值（计算净现值时应采用相同的折现率），在绝对经济效果合格的方案中（即 $NPV \geqslant 0$），比较其净现值，选取净现值最大的方案为最优方案。

B 增量净现值法

增量净现值法是用投资大的方案的现金流量减去投资小的方案的现金流量，形成增量投资现金流量，然后通过计算增量投资现金流量的净现值，评价增量投资现金流量的可行性，以进行方案比选。如果增量净现值大于零，表明由投资增量所产生的收益按基准贴现率计算的现值大于所增加投资的现值，说明投资的增加是合算的，增量现金流量所形成的方案在经济上是可行的，这时，应选择投资大的方案；反之，如果增量净现值小于零，则应选择投资小的方案；如果增量净现值等于零，原则上可选择任一方案，因为在经济上两个方案等值，但考虑到投资大的方案比投资小的方案多投资的资金所取得的收益达到了基准收益率，如不考虑其他因素，则应考虑选择投资大的方案。增量净现值用符号 ΔNPV 来表示，则当 $\Delta NPV \geq 0$ 时，应选择投资大的方案。

必须注意的是，增量净现值大于零只表明追加的投资是合算的，并不表明全部投资是合算的。因此，在采用增量净现值法进行多方案比较时，首先必须保证备选的方案都是可行方案。在实际应用时，对于需要比较的多个互斥方案，可首先增加一个全不投资方案（其净现值为零），所谓全不投资并不意味着把资金存在保险箱里得不到任何效益，而是把资金投放在其他机会上，而不投到上述所考虑的那些方案上；然后将它们按投资额从小到大的顺序排列；再按此顺序逐个进行比较，每比较一次就淘汰一个方案，直至得到最优方案为止。

C　增量内部收益率法

增量内部收益率是指使得两个互斥方案形成的增量现金流量的净现值为零时的折现率，又称为增量投资收益率或追加投资内部收益率，用符号 ΔIRR 表示。

增量内部收益率法的实质是分析评价投资不同的方案，投资大的方案所增加的投资能否被其增加的收益所抵偿，即分析判断增量现金流量的经济合理性。增量内部收益率的计算见式（4-23）。

$$\sum_{t=0}^{n}(\Delta CI - \Delta CO)_t (1 + \Delta IRR)^{-t} = 0 \tag{4-23}$$

式中　ΔIRR——增量内部收益率；

ΔCI——两个互斥方案的差额现金流入；

ΔCO——两个互斥方案的差额现金流出。

在评价方案时，若 $\Delta IRR \geq i_0$，表明增加投资带来的收益率超过或正好等于基准收益率，此时应选择投资大的方案；反之，则应选择投资小的方案。采用增量内部收益率指标对互斥方案进行比选的基本步骤和增量净现值的做法基本相同，只是取舍方案的标准不一样。

【例 4-10】 某公司目前有 3 个意向性投资方案，每个方案的投资收益现金流量见表 4-6，若基准收益率为 15%，试用增量净现值法和增量内部收益率法进行互斥方案的比选。

表 4-6　三个互斥投资方案的现金流量表　　（万元）

年　末	方　案		
	A_1	A_2	A_3
0	-5000	-10000	-8000
1~10	1400	2500	1900

【解】（1）先将 3 个互斥方案按照初始投资的顺序排列，见表 4-7，其中 A_0 为全不投资方案。

（2）选择初始投资最少的方案作为临时最优方案，这里选定全不投资方案作为临时最优方案。

（3）选择初始投资较高的方案作为竞赛方案，计算 2 个方案的现金流量之差。这里选择 A_1 作为竞赛方案，已知 $i_0 = 15\%$，计算方案 A_1 和方案 A_0 2 个现金流量之差的净现值和内部收益率。

表 4-7 按初始投资顺序排列的三个互斥投资方案 （万元）

年 末	方 案			
	A_0	A_1	A_3	A_2
0	0	−5000	−8000	−10000
1~10	0	1400	1900	2500

$$\Delta NPV(15\%)_{A_1-A_0}=-5000+1400\sum_{t=1}^{10}(1+15\%)^{-t}=2026.32(万元)$$

$$\Delta IRR_{A_1-A_0}=25\%$$

如增量现金流量的净现值大于零，或者增量现金流量的内部收益率大于基准收益率，说明竞赛方案优于临时最优方案，所以应放弃临时最优方案 A_0，而将竞赛方案 A_1 作为临时最优方案。否则，原临时最优方案维持不变。

计算结果显示，A_1 成为临时最优方案。

（4）把上述步骤反复下去，直到所有方案比较完毕，可以找到最后的最优方案。现在以 A_1 作为临时最优方案，将 A_3 作为竞赛方案，计算方案 A_3 和方案 A_1 两个现金流量之差的净现值和内部收益率。

$$\Delta NPV_{A_3-A_1}=-3000+500\sum_{t=1}^{10}(1+15\%)^{-t}=-490.6(万元)$$

$$\Delta IRR_{A_3-A_1}=10.5\%$$

计算结果显示，净现值为负，内部收益率也小于 15%，说明方案 A_3 较差，因此方案 A_1 继续成为临时最优方案。再将 A_2 作为竞赛方案，计算方案 A_2 和方案 A_1 两个现金流量之差的净现值和内部收益率。

$$\Delta NPV_{A_2-A_1}=-5000+1100\sum_{t=1}^{10}(1+15\%)^{-t}=520.68(万元)$$

$$\Delta IRR_{A_2-A_1}=17.7\%$$

由于增量净现值大于零，增量内部收益率也大于 15%，所以 A_2 优于 A_1，即 A_2 为最后的最优方案。

从上述例子也可以看出，采用增量投资净现值法和增量投资内部收益率法比较的结论是一致的。

本题如果直接采用净现值法，也会得到相同的结论。假定 $i_0=15\%$，则各方案的净现值分别为：

$$NPV(15\%)_{A_0}=0$$

$$NPV(15\%)_{A_1}=-5000+1400(P/A,15\%,10)=2026.32(万元)$$

$$NPV(15\%)_{A_2}=-10000+2500(P/A,15\%,10)=2547.00(万元)$$

$$NPV(15\%)_{A_3}=-8000+1900(P/A,15\%,10)=1535.72(万元)$$

按净现值最大的原则进行互斥方案比选，结果同样显示 A_2 为最优方案。但是互斥方案的比选不能直接使用内部收益率法，如果直接使用内部收益率会导致不一致的结论。仍然采用上述例子，根据各个方案的现金流量计算的内部收益率值如下所示：

$$IRR_{A_0}=15\%,\ IRR_{A_1}=25\%,\ IRR_{A_2}=21.9\%,\ IRR_{A_3}=19.9\%$$

A_1方案的内部收益率最大，但该方案的净现值并不是最大的，这是因为 $IRR_{A_1} > IRR_{A_3}$，并不一定 $\Delta IRR_{A_1-A_3} > 15\%$（基准收益率）。以上各种方法比选结果如表 4-8 所示。

表 4-8 互斥投资方案按不同评价判据的排序

评价判据		方案 A_0	A_1	A_2	A_3
净现金流量/万元	0 年末	0	-5000	-10000	-8000
	1~10 年末	0	1400	2500	1900
按投资增量净现值或内部收益率大小排序		4	2	1	3
按净现值大小（$i_0 = 15\%$）排序	净现值/万元	0	2026.32	2547	1535.72
	排序	4	2	1	3
按内部收益率大小排序	内部收益率/%	15	25	21.9	19.9
	排序	4	1	2	3

当基准收益率为 15%时，按内部收益率比选方案与采用其他判据来比选方案的结论并不一致，这种不一致的情况可由图 4-11 来说明。

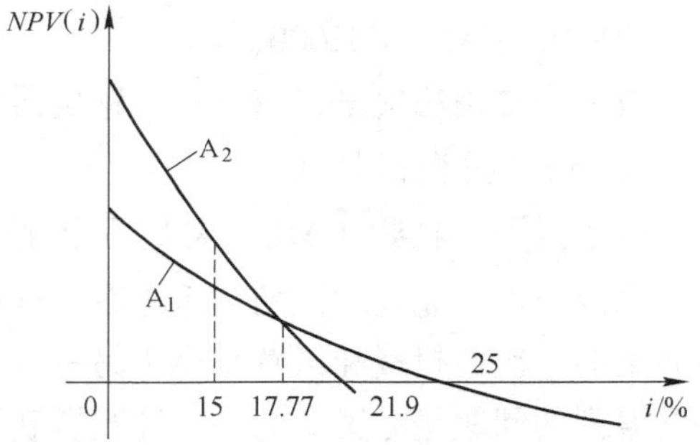

图 4-11 互斥方案按照内部收益率大小比较

图中两个方案即为表 4-8 中的方案 A_1 和 A_2，虽然方案 A_1 的内部收益率大于 A_2，但在基准收益率 15%处，A_2 的净现值却大于 A_1。投资增量内部收益率 $\Delta IRR_{A_2-A_1} = 17.7\%$，表示折现率为 17.7%时，两个方案的净现值相同。因此，只要基准收益率在投资增量收益率的左边，即 $\Delta IRR_{A_2-A_1} > i_0$，则方案 A_2 优于 A_1；反之，基准收益率在投资增量收益率的右边，即 $\Delta IRR_{A_2-A_1} < i_0$，则方案 A_1 优于 A_2。这样就与净现值或投资增量净现值等判据相一致了。因此，和净现值判据不同，用内部收益率来比较方案时，一定要用投资增量内部收益率，而不能直接用内部收益率的大小进行比选。

另外，在互斥方案比选时，之所以要用初始投资大的方案的现金流量减去初始投资小的方案的现金流量，就是要形成常规投资的形式，处理起来较为方便。

D 最小费用法

在工程经济分析中经常会遇到这样一类问题，两个或多个互斥方案其产出的效果相同，或基本相同，但却难以进行具体估算，比如一些环保、国防、教育等项目，其所产生的效益无法或者说很难用货币值直接计量，这样就得不到方案现金流量的完整数据，也就无法采用如净现值、增量内部收益率等指标来对此类项目进行经济评价。在这种情况下，只能通过假定各方案的收益是相等的，仅对各方案的费用进行比较，根据相同收益下费用较小的项目比费用较大的项目更为可取的原则来选择最佳方案，这种方法称为最小费用法。最小费用法包括费用现值比较法和费用年值比较法。

费用现值法实际上是净现值法的一个特例，用此方法计算出的净现值只包括费用部分。以费用现值较低的方案为最佳。其计算见式（4-24）。

$$PC = \sum_{t=0}^{n} CO_t(1 + i_0)^{-t} \tag{4-24}$$

式中 PC——费用现值；

其他符号含义同前。

费用年值比较法是通过计算各方案的等额年度费用（AC）并进行比较，以年度费用最低的方案为最佳，其计算公式为式（4-25）。

$$AC = \sum_{t=0}^{n} CO_t(1 + i_0)^{-t}(A/P,\ i_0,\ n) \tag{4-25}$$

式中 AC——费用年值；

其他符号含义同前。

【例 4-11】 某工业项目需要使用一台机器，使用期为 3 年，购置价格为 77662 元，使用期终了预期残值为 25000 元。同样的机器每年可花 32000 元租赁取得，基准收益率为 20%，请按最小费用法选择是采用购置方案还是采用租赁方案？

【解】 假定各方案收益相同，则需计算各方案的费用年值：

购置方案 $AC_1 = 77662(A/P,\ 20\%,\ 3) - 25000(A/F,\ 20\%,\ 3) = 30000$(元)

租赁方案 $AC_2 = 32000$(元)

按最小费用法决策，应选择购置机器的方案。

E 增量投资回收期

增量投资回收期（ΔP_t）是指两个互斥投资方案的净现金流量之差额的投资回收期。

当两个产出完全相同的互斥方案进行比较时，实际上就是费用的比较问题了。如果一个方案的一次性投资和经营都小于另一方案，显然前者优于后者，不存在比较的问题。但经常遇到的问题是方案 2 的一次性投资费用 K_2 大于方案 1 的一次性投资费用 K_1，而经营成本 C_2 要小于 C_1，由于投资和经营成本的支出时间不同，就不能简单地用绝对费用的节省来判定方案的好坏。

增量投资回收期就是用互斥方案经营成本的节约额（$C_1 - C_2$）或增量净收益（$A_2 - A_1$）来补偿其增量投资（$K_2 - K_1$）的年限，当不考虑资金的时间价值时，其计算公式为式（4-26）。

$$\Delta P_{t(2-1)} = \frac{K_2 - K_1}{C_1 - C_2} = \frac{K_2 - K_1}{A_2 - A_1} \tag{4-26}$$

式中 $\Delta P_{t(2-1)}$——增量投资回收期；

K_1，K_2——分别为方案 1、2 的投资额，$K_2 > K_1$；

C_1，C_2——分别为方案 1、2 的年经营成本，$C_1 > C_2$；

A_1，A_2——分别为方案 1、2 的年投资收益，$A_2 > A_1$。

当各年经营成本的节约额（$C_1 - C_2$）或增量净收益额（$A_2 - A_1$）差异较大时，则增量静态投资回收期的计算公式为式（4-27）和式（4-28）。

$$K_2 - K_1 = \sum_{t=1}^{\Delta P_{t(2-1)}} (C_1 - C_2)_t \tag{4-27}$$

$$K_2 - K_1 = \sum_{t=1}^{\Delta P_{t(2-1)}} (A_2 - A_1)_t \tag{4-28}$$

式中 $(C_1-C_2)_t$——第 t 年的经营成本节约额；

$(A_2-A_1)_t$——第 t 年的增量净收益额；

其他符号含义同前。

若计算出来的增量投资回收期 ΔP_t 小于基准投资回收期 P_0，则投资大的方案可行；反之，选择投资小的方案。

4.6.1.3 计算期不同的互斥方案比选

当方案具有不同的寿命周期时，就不能直接采用净现值、增量内部收益率等评价方法对方案进行比选，此时需要采取一些方法，使方案比较的基础相一致。为了满足这种要求，就需要对各方案的计算期和计算公式作适当的调整，使得各方案在相同的条件下进行比较。通常可以采用最小公倍数法、研究期法和净年值法对计算期不同的互斥方案进行比选。

A 最小公倍数法

最小公倍数法又称方案重复法，是以各方案寿命期的最小公倍数作为方案比选的共同期限，并假定各个方案均在这样一个共同的期限内反复实施，对各个方案在分析期内各年的净现金流量进行重复计算，直到分析期结束。例如，有 A、B 两个方案，A 方案的寿命期为 10 年，B 方案的寿命期为 5 年，则其共同的计算分析期为 10 年，在这个分析期内 B 方案需反复实施两次，然后对其净现金流量进行重复计算，最后计算出在共同的计算期内各个方案的净现值，以净现值最大的方案为最佳方案。

【例 4-12】 两个互斥方案 A 和 B，方案 A 原始投资费用为 2300 万元，经济寿命为 3 年，寿命期内年经营成本比方案 B 多 250 万元，寿命期末无残值；方案 B 原始投资费用比方案 A 多 900 万元，经济寿命为 4 年，寿命期末残值为 400 万元。基准折现率为 15%，要求比选 A、B 两个投资方案。

【解】 方案 A 寿命期为 3 年，方案 B 的寿命期为 4 年，两个方案计算期的最小公倍数为 12 年，在分析期内方案 A 重复实施 4 次，方案 B 重复实施 3 次，其现金流量见表 4-9。

表 4-9 A、B 方案在分析期内重复实施的现金流量表 （万元）

年 末	方案 A	方案 B
0	−2300	−3200
1	−250	
2	−250	
3	−250 −2300	
4	−250	400 −3200
5	−250	
6	−250 −2300	
7	−250	
8	−250	400 −3200
9	−250 −2300	
10	−250	
11	−250	
12	−250	400

计算各方案重复实施后的净现值如下：

$$NPV(15\%)_A = -2300 - 2300(P/F, 15\%, 3) - 2300(P/F, 15\%, 6) - 2300(P/F, 15\%, 9) - 250(P/A, 15\%, 12) = -6816 \text{（万元）}$$

$$NPV(15\%)_B = -3200 - 2800(P/F, 15\%, 4) - 2800(P/F, 15\%, 8) + 400(P/F, 15\%, 12) = -5641 \text{（万元）}$$

计算结果显示，在 12 年的分析期内，方案 B 的净现值（-5641 万元）大于方案 A 的净现值（-6816 万元）；或者也可以说，方案 B 的费用现值（5641 万元）小于方案 A 的费用现值（6816 万元），因此方案 B 优于方案 A。

B 研究期法

在用最小公倍数法对互斥方案进行比选时，如果最小公倍数比较大，就需对计算期较短的方案多次地进行重复实施，而这与实际情况显然不符，因为技术是在不断地进步，一个完全相同的方案在一个较长的时期内反复实施的可能性不大，因此用最小公倍数法得出的评价结论往往夸大了互斥方案间的区别，有时就不能令人信服，这时可以采用研究期法。研究期法，就是针对寿命期不相等的互斥方案，直接选取一个适当的分析期作为各个方案共同的计算期，在此共同的计算期内对方案进行比选。

这里研究期的选择没有特别的规定，视具体情况而定，主要有下面 3 种选择方法：

（1）以寿命期最短方案的寿命期作为各方案共同的研究期。

（2）以寿命期最长方案的寿命期作为各方案共同的研究期，寿命期较短方案在寿命终止时，现金流量重复计算。

（3）统一规定方案的研究期，研究期不一定等同于某一方案的寿命期。在达到研究期前，有方案的现金流量或许需要重复计算。

在实际应用中，为方便起见，通常选取诸方案中最短的计算期作为各方案的共同研究期，计算各个方案在该期研究内的净现值，以净现值最大的方案为最优方案。

需要指出的是，研究期法涉及寿命期末方案的未使用价值的处理问题。其处理方式有三种：第一种完全承认方案未使用价值，预测方案未使用价值在研究期末的价值并作为现金流入量；第二种完全不承认方案未使用价值；第三种对研究期末方案未使用价值进行客观估计，把估计值计在研究期末。在实际应用中，比较合理的方法是第三种，即对计算期以后的现金流量进行合理的估算，这样才能保证比选结论的合理性。

【例 4-13】 资料同例 4-12，试用研究期法进行互斥方案的比选。

【解】 （1）选定 3 年为研究期，并假定残值为 0，即不承认方案未使用价值，则有：

$$NPV(15\%)_A = -2300 - 250(P/A, 15\%, 3) = -2300 - 250(2.28) = -2871(\text{万元})$$

$$NPV(15\%)_B = -3200(\text{万元})$$

结论是方案 A 优于方案 B。

（2）选定 3 年为研究期，考虑方案 B 的未使用价值，残值不为 0，则有：

$$NPV(15\%)_A = -2300 - 250(P/A, 15\%, 3) = -2871(\text{万元})$$

$$NPV(15\%)_B = [-3200(A/P, 15\%, 4) + 400(A/F, 15\%, 4)](P/A, 15\%, 3) = -2376 \text{（万元）}$$

结论是方案 B 优于方案 A。

显然是否考虑寿命期较长方案的残值直接影响互斥方案的比选结果，合理的残值估算是应用研究期法比选方案的重要前提。

C 净年值法

在对计算期不同的互斥方案进行比选时，净年值法是最为简便的方法。用净年值进行计算期不同的互斥方案比选，实际上隐含着这样一种假定，即各方案在其计算期结束时均可按原方案重复实施或以与原方案经济效果水平相同的方案继续实施。因为无论方案重复实施多少次，其净年值都是不变的，从而使计算期不同的互斥方案间具有可比性。对于只比较费用的互斥方案，可以采用费用年值来比选方案。即选择净年值最大或费用年值最小的投资方案为最优方案。

【例 4-14】 某建设项目有两个互斥方案 A 和 B，其净现金流量见表 4-10，$i_0 = 10\%$，试进行互斥方案的比选。

表 4-10 A、B 互斥方案的现金流量表

方案	年末			
	0（初始投资）/万元	年净收益/万元	残值/万元	计算期/年
A	300	80	10	8
B	200	60	5	5

【解】 计算各个方案的净年值，即

$$NAV_A = -300(A/P, 10\%, 8) + 80 + 10(A/F, 10\%, 8) = 24.64(\text{万元})$$

$$NAV_B = -200(A/P, 10\%, 5) + 60 + 5(A/F, 10\%, 5) = 8.06(\text{万元})$$

两个方案的净年值均大于零，且方案 A 的净年值较大，所以应选择方案 A。

4.6.2 独立型方案的比选

独立型方案是指任一方案的采用与否都不影响其他方案的采纳。如，个人投资，可以存款、购买股票、购买债券，也可以购买房产等，这些方案中任何一个方案的采纳都不受其他方案的影响，它们的现金流量相互独立，并且可以选择其中的一个方案，也可以选择其中的两个或三个方案。

独立方案的特点是具有“可加性”，即备选的各方案的投资、收益、支出均可以相加。如，A、B 两个独立的投资方案，投资额分别为 500 万元和 200 万元，年收益分别为 50 万元和 25 万元。若同时选择 A、B 两个方案，则总投资额为 500+200=700 万元，年收益为 50+25=75 万元，也就是说 A、B 方案具有可加性。

4.6.2.1 无资金约束条件下独立方案的比选

无资金约束条件下独立方案的比选是指独立方案之间共享的资金足够多，任何一个方案的选择只与其自身的可行性有关，只要该方案在经济上是可行的，就可以采纳。对于这种条件下独立方案的经济分析，可通过计算方案的净现值、净年值、内部收益率等指标直接进行评价。

4.6.2.2 有资金约束条件下独立方案的比选

在大多数情况下资金总是有限的，因而不能实施所有可行方案。这时问题的实质是排

列方案的优先次序，使净收益大的方案优先采纳，以求取得最大的经济效益。具体可采用以下几种方法。

A 独立方案互斥化法

独立方案互斥化法是指在满足资金限制的条件下，将相互独立的方案组合成总投资额不超过投资限额的组合方案，这样各个组合方案之间的关系就变成了互斥关系，然后利用互斥方案的比选方法，如净现值法、增量净现值法、增量内部收益率法等对方案进行比选，选出最佳组合方案。其具体步骤如下：首先列出不超过总投资限额的所有组合投资方案，这些组合方案之间具有互斥的关系；其次将各组合方案按投资额大小顺序排列，分别计算各组合方案组的净现值，以净现值最大的组合方案组为最佳方案。

B 净现值率排序法

所谓净现值率排序法，是指将净现值率大于或等于零的各个方案按净现值率的大小依次排序，并依此次序选取方案，直至所选取的方案组合的投资总额最大限度地接近或等于投资限额为止。

净现值率排序法的优点是计算简明扼要，缺点是由于投资方案的不可分性，经常会出现资金没有被充分利用的情况，因而不一定能保证获得最佳组合方案组；而独立方案互斥化法的优点是在各种情况下均能保证获得最佳组合方案组，但缺点是在方案数目较多时，其计算比较烦琐。因此在实际应用中，应该综合考虑各种因素，选用适当的方法进行独立方案的比较。

【例 4-15】 有 A、B、C 三个独立方案，其净现金流量情况见表 4-11，已知总投资限额为 900 万元，基准投资收益率为 10%，试作出最佳投资决策。

表 4-11 独立方案 A、B、C 的现金流量表 （万元）

项 目	年 份		
	1	2~10	11
A	−350	62	90
B	−200	39	51
C	−420	76	97

【解】 首先，列出不超过总投资限额的所有组合投资方案，将各组合方案按投资额大小顺序排列；分别计算各组合方案的净现值，具体计算过程见表 4-12。

表 4-12 净现值法比选最佳组合方案 （万元）

序 号	组合方案	总投资额	2~10 年	11 年	净现值
1	A	350	62	90	41.76
2	B	200	39	51	44.26
3	C	420	76	97	55.08
4	A+B	550	101	141	86.02
5	B+C	620	115	148	99.35
6	A+C	770	138	187	96.84
7	0	0	0	0	0

按净现值最大作为决策原则，计算结果表明，B 方案与 C 方案的组合为最佳投资组合方案。

4.6.3　相关方案的比选

一般相关方案是指各方案的现金流量之间相互影响，如果接受或拒绝某一方案就会对其他方案的现金流量产生一定的影响，进而会影响到其他方案的选择。对于一般相关方案，不能简单地按照独立方案或互斥方案的评价方法来分析，而应首先确定方案之间的相关性，对其现金流量之间的相关影响作出准确的估计，然后依据方案之间的关系，把方案组合成互斥方案。相关型方案主要有以下几种：

（1）相互依存型或完全互补型。如果两个或多个方案之间，某一方案的实施要求以另一方案（或另几个方案）的实施为条件，则这两个（或若干个）方案具有相互依存性，或者说具有完全互补性。例如，在某地建汽车制造厂和汽车零部件厂。建汽车制造厂后将增加对汽车零部件的需求，使汽车零部件厂的效益增加；建汽车零部件厂又将使得汽车制造厂的零部件供应充足，减少运费，减少汽车制造厂的成本，从而增加收益。这样，两个方案就属于相互依存型或完全互补类型的相关方案。一般情况下，对这种类型的方案在评价时应合并在一起进行。

（2）现金流相关型。如果若干方案中，任一方案的取舍会导致其他方案的现金流量的变化，这些方案之间就具有相关性，属于现金流相关型。如，为了改善两地之间的交通状况，在两地之间既可以建铁路，也可以建公路，还可以同时建铁路和公路。即使这两个方案不存在互不相容的关系，但任何一个方案的实施或放弃都会影响另一方案的收入，从而影响方案经济效果评价的结论。这种情况下，方案的评价应分别列出各种可能的方案组合，以各种方案组合的现金流量计算经济评价指标，进行比选。

（3）资源约束型。在对投资方案进行评价时，如果没有资源的约束，各方案具有独立性。但在资源有限的情况下，接受某些方案则意味着不得不放弃另外一些方案，这也是方案相关的一种类型，即资源约束型。资源约束型方案可以演变成互斥方案的比选，也即在满足资源限制的方案组合中寻找最优方案。

（4）混合相关型。方案之间存在多种类型的关系就称为混合相关型。如，在有限的资源约束条件下，有几个现金流量相关型方案，在这些方案中，又包括一些互斥型方案。这时需要分析方案间的关系，分层次列出各种可能的方案组合，再进行方案的比选。

1）在一组独立的多方案中，每个独立方案下又有若干个互斥方案的情形：

例如：A、B 两方案是相互独立的，A 方案下有 3 个互斥方案 A_1、A_2、A_3，B 方案下有 2 个互斥方案 B_1、B_2，如何选择最佳方案呢？这种结构类型的混合方案也是采用方案组合法进行比较选择，基本方法与过程和独立方案是相同的，不同的是在方案组合构成上，其组合方案数目比独立方案的组合方案数目少，所有可能组合方案见表 4-13。

表 4-13 中各组合方案的现金流量为被组合方案的现金流量的叠加。所有组合方案形成互斥方案关系，按互斥方案的比较方法，确定最优组合方案，最优组合方案中被组合的方案即为该混合方案的最佳选择。

表 4-13 情形 1）的混合方案组合

序 号	方案组合					组合方案
	A			B		
	A_1	A_2	A_3	B_1	B_2	
1	0	0	0	0	0	0
2	1	0	0	0	0	A_1
3	0	1	0	0	0	A_2
4	0	0	1	0	0	A_3
5	0	0	0	1	0	B_1
6	0	0	0	0	1	B_2
7	1	0	0	1	0	A_1+B_1
8	1	0	0	0	1	A_1+B_2
9	0	1	0	1	0	A_2+B_1
10	0	1	0	0	1	A_2+B_2
11	0	0	1	1	0	A_3+B_1
12	0	0	1	0	1	A_3+B_2

2）在一组互斥方案中，每个互斥方案下又有若干个独立方案的情形：

例如：C、D 是互斥方案，C 方案下有 C_1、C_2、C_3 这 3 个独立方案，D 方案下有 D_1、D_2、D_3、D_4 这 4 个独立方案，如何确定最优方案？

分析一下方案之间的关系，就可以找到确定最优方案的方法。由于 C、D 是互斥的，最终的选择将只会是其中的之一，所有 C_1、C_2、C_3 选择与 D_1、D_2、D_3、D_4 选择互相没有制约，可分别对这两组独立方案选择确定最优组合方案，然后再按互斥方案的方法确定选择哪一个组合方案，具体过程为：

①对 C_1、C_2、C_3 这 3 个独立方案，按独立方案的选择方法确定最优的组合方案（见表 4-14）。假设最优组合方案是第 5 个组合方案，即 C_1+C_2，以此作为方案 C。

表 4-14 情形 2）的 C 方案下独立方案的组合

序 号	方案组合			组合方案
	C_1	C_2	C_3	
1	0	0	0	0
2	1	0	0	C_1
3	0	1	0	C_2
4	0	0	1	C_3
5	1	1	0	C_1+C_2
6	1	0	1	C_1+C_3
7	0	1	1	C_2+C_3
8	1	1	1	$C_1+C_2+C_3$

②对 D_1、D_2、D_3、D_4 这 4 个独立方案，按独立方案的选择方法确定最优的组合方案

（见表 4-15）。假设最优组合方案是第 13 个组合方案，即 $D_1+D_2+D_4$，以此作为方案 D。

表 4-15　情形 2）的 D 方案下独立方案的组合

序　号	方案组合				组合方案
	D_1	D_2	D_3	D_4	
1	0	0	0	0	0
2	1	0		0	D_1
3	0	1	0	0	D_2
4	0	0	1	0	D_3
5	0	0	0	1	D_4
6	1	1	0	0	D_1+D_2
7	1	0	1	0	D_1+D_3
8	1	0	0	1	D_1+D_4
9	0	1	1	0	D_2+D_3
10	0	1	0	1	D_2+D_4
11	0	0	1	1	D_3+D_4
12	1	1	1	0	$D_1+D_2+D_3$
13	1	1	0	1	$D_1+D_2+D_4$
14	0	1	1	1	$D_2+D_3+D_4$
15	1	0	1	1	$D_1+D_3+D_4$
16	1	1	1	1	$D_1+D_2+D_3+D_4$

③将由最优组合方案构成的 C、D 两方案按互斥方案的比较方法确定最优方案，假设最后的最优方案为 D 方案，则该组混合方案的最佳选择应是 $D_1+D_3+D_4$。

思考题及习题

4-1 工程项目经济评价的含义是什么？
4-2 工程项目经济评价的指标有哪些，分别属于什么类型？
4-3 工程项目经济评价的原则有哪些？
4-4 投资回收期的含义是什么，判别标准是怎样的？
4-5 借款偿还期、利息备付率、偿债备付率的含义分别是什么，如何评价项目的偿债能力？
4-6 财务净现值的含义是什么，判别标准如何确定，主要优缺点有哪些？
4-7 财务内部收益率的含义是什么，判别标准如何，主要优缺点有哪些？
4-8 分析为什么会出现内部收益率不存在或者有多个内部收益率的情况。
4-9 基准收益率的含义是什么，确定基准收益率需要考虑哪些因素？
4-10 机会成本的含义是什么，有哪些表现形式？
4-11 互斥方案比选应遵循的原则有哪些？
4-12 计算期相同互斥方案比选的方法有哪些？
4-13 计算期不同互斥方案比选的方法有哪些？

4-14 如何进行相关方案的比选？

4-15 某项目技术方案的建设期是 2 年，拟投入建设投资 3540 万元，其中贷款本金为 2000 万元，建设期需支付利息 60 万元，流动资金之和为 800 万元，项目运营后正常年份年平均贷款利息为 56.63 万元，年平均所得税前利润为 538.75 万元，则该技术方案的总投资收益率为多少？

4-16 某技术方案的总投资为 1500 万元，其中债务资金为 700 万元，技术方案在正常年份年利润总额为 400 万元，所得税为 100 万元，年折旧费为 80 万元，则该方案的资本金净利润率为多少？

4-17 某投资项目一次性投资 1 万元，第一年净现金流量为 1000 元，以后每年递增 400 元，项目寿命期 10 年，则该项目的静态投资回收期为多少年？

4-18 某技术方案投资现金流量的数据见表 4-16。则该技术方案的静态投资回收期为多少年？

表 4-16　技术方案投资现金流量表

计算期/年	0	1	2	3	4	5	6	7	8
现金流入/万元	—	—	—	800	1200	1200	1200	1200	1200
现金流出/万元	—	600	900	500	700	700	700	700	700

4-19 某投资项目的净现金流量表见表 4-17，试求该项目的静态投资回收期和基准收益率为 8%时的动态回收期。

表 4-17　净现金流量表　　（万元）

t 年年末	净现金流量
0	-1000
1	500
2	300
3	200
4	200
5	200
6	200

4-20 已知某技术方案有如下现金流量（见表 4-18），设 $i_0=8\%$，试计算该项目财务净现值（*NPV*），并判别项目的经济可行性。

表 4-18　某技术方案净现金流量

年　份	1	2	3	4	5	6	7
净现金流量/万元	-4200	-4700	2000	2500	2500	2500	2500

4-21 有甲、乙两个投资项目，甲项目投资 2000 万元，年收入为 1000 万元，年经营成本为 500 万元；乙项目投资 3000 万元，年收入为 1500 万元，年经营成本为 800 万元。两个项目的计算期都为 6 年，试分别计算两个投资项目的净现值和内部收益率，并说明作为互斥方案时，它们应该如何比选。

4-22 某技术方案财务现金流量表显示，当折现率 $i_1=8\%$时，财务净现值 $NPV_1=242.76$ 万元；当折现率 $i_2=10\%$时，财务净现值 $NPV_2=-245.7$ 万元。则该技术方案内部收益率的近似值为多少？

4-23 某投资者拟投资于房地产，现有 3 处房产供选择。该投资者拟购置房产后，出租经营，10 年后再转手出让，各处房产的购置价、年租金和转卖价见表 4-19。其基准投资收益率为 15%。分别用净现值法、增量净现值法或增量内部收益率法，选择最佳方案。

表 4-19　现金流量表　（万元）

	A 房产	B 房产	C 房产
购置价	140	190	220
净转让价	125	155	175
年净租金收入	24	31	41

4-24 某公司拟投资购买某种设备，现有设备 A、B 均可满足使用需求，具体数据见表 4-20。设该公司的基准投资收益率为 10%，试问选择哪台设备在经济上更可行？

表 4-20　寿命不等的互斥型方案

设　备	期初投资/万元	每年末净收益/万元	寿命/年
A	10	4.0	4
B	20	5.3	6

4-25 有三个独立方案 A、B、C，寿命期皆为 10 年，现金流量见表 4-21，基准投资收益率为 10%，投资资金限额为 12000 万元。要求选择最优方案组合。

表 4-21　现金流量表

方　案	初始投资/万元	年净收益/万元	寿命/年
A	3000	600	10
B	5000	850	10
C	7000	1200	10

5 工程项目的财务经济评价

导读：财务经济评价是在国家现行的财税制度和价格体系的前提下，从工程项目角度出发，计算项目范围内的财务效益和费用，并分析项目的盈利能力、偿债能力和财务生存能力，据此评价项目在财务上的可行性的一种经济评价方法，它是工程经济分析的重要组成部分。通过本章学习，需要掌握的知识点如下：

(1) 了解财务评价的含义、内容和程序；

(2) 掌握投资估算的编制方法；

(3) 熟悉财务评价基本报表的内容和组成；

(4) 掌握财务评价指标计算的依据和方法；

(5) 了解财务评价案例分析的内容。

5.1 财务经济评价概述

5.1.1 财务效益和财务费用

财务经济评价是利用基础数据，编制财务评价报表，计算财务评价指标，从而进行财务分析和评价的一种经济评价方法。项目的财务效益和费用是财务评价的基础。

财务效益是指建设项目投产以后，由于销售产品或提供劳务等所获得的营业收入。市场化运作的经营性项目，其目标是通过销售产品或提供服务实现盈利，其财务效益主要指所获得的营业收入。如果属于国家鼓励发展的经营性项目，可以获得增值税的优惠，按照会计及税收制度，先征后返的增值税应记作补贴收入，作为财务效益核算。对于提供公共产品或以保护环境等为目标的非经营性项目，需要政府提供补贴才能维持正常运转，应将补贴收入列入项目财务效益。对于为社会提供准公共产品或服务，且运营维护采用经营方式的项目，如市政公用、交通、电力项目等，其产出价格往往受到政府管制，营业收入不能满足成本补偿要求，需要政府提供补贴才具有财务生存能力，因此，这类项目财务效益应包括营业收入和补贴收入。

财务费用指项目建设中及投产以后，为生产、销售产品或提供劳务等支付的费用，主要包括建设投资、流动资金、成本费用和税金。估算财务费用应与财务分析的步骤相协调。融资前分析时，应先估算建设投资，再估算流动资金和经营成本；融资后分析时，应先确定初步融资方案，根据债务资金筹措计划估算建设期利息，估算总投资，核算固定资产等资产价值，确定资产折旧和摊销；通过借款还本付息表计算求取项目经营期各年利息支出，最后估算项目总成本费用。

财务效益和费用估算应遵循“有无对比”的原则，并需正确识别和估算“有项目”和“无项目”状态的财务效益和费用。

5.1.2 财务经济评价的内容和方法

5.1.2.1 财务经济评价的内容

财务经济评价的内容包括以下几点：

（1）在明确项目评价范围的基础上，根据项目性质和融资方式选取适当的方法。

（2）选取必要的基础数据进行财务效益与费用的估算，包括营业收入、建设投资、成本费用和相关税金等估算，同时编制相关辅助报表，为财务评价做好准备工作。

（3）进行财务经济评价，即编制财务评价报表和计算财务评价指标，包括盈利能力分析、偿债能力分析和财务生存能力分析。对非经营性项目，主要进行财务生存能力分析。

（4）财务经济评价后还应进行不确定性分析，包括盈亏平衡分析和敏感性分析。

5.1.2.2 财务经济评价的方法

经济评价的目的在于确保决策的正确性和科学性，避免或最大限度地降低技术方案的投资风险，明确技术方案投资的经济效益水平，最大限度地提高技术方案投资的综合经济效果。因此，正确选择经济评价的方法是十分重要的。

（1）财务经济评价的基本方法包括确定性评价方法与不确定性评价方法两类，对同一个项目必须同时进行确定性评价和不确定性评价。

（2）按评价方法的性质不同分类，财务经济评价可分为定量分析和定性分析。定量分析因素包括资产价值、资金成本以及有关销售额、成本等一系列可以以货币表示的一切费用和收益。定性分析是指对无法精确度量的重要因素实行的估量分析方法。在项目财务经济评价中，应坚持定量分析与定性分析相结合，以定量分析为主的原则。

（3）按评价方法是否考虑时间因素分类，财务经济评价可分为静态分析和动态分析。静态分析是不考虑资金的时间因素，对发生在不同时点的现金流量直接汇总计算评价指标的方法。动态分析是将发生在不同时点的效益、费用的现金流量折现后计算评价指标的方法，它能较全面地反映投资方案整个计算期的经济效益。在项目财务经济评价中，应坚持动态与静态分析相结合，以动态分析为主的原则。

（4）按评价方法是否考虑融资分类，财务经济评价可分为融资前分析和融资后分析。一般宜先进行融资前分析，在融资前分析结论满足要求的情况下，初步设定融资方案，再进行融资后分析。融资前分析应以动态分析为主，静态分析为辅。前者应以营业收入、建设投资、经营成本和流动资金的估算为基础，考察整个计算期内现金的流入和流出，编制项目投资现金流量表，并计算项目投资内部收益率和净现值等指标。后者可计算静态投资回收期指标，用以反映收回项目投资所需要的时间。融资后分析应以融资前分析和初步的融资方案为基础，考察项目在拟定融资条件下的盈利能力、偿债能力和财务生存能力，判断项目方案在融资条件下的可行性。

（5）按项目评价的时间分类，财务经济评价可分为事前评价、事中评价和事后评价。事前评价是指在工程项目实施前的决策阶段所进行的评价，具有一定的不确定性和风险性。事中评价（跟踪评价）是指在项目建设过程中所进行的评价，它是由于在项目建设前所做的评价结论及评价所依据的外部条件（市场条件、投资环境等）发生变化而需要进行修改，或因事前评价时考虑问题不周、失误，在建设过程中遇到困难，而不得不反过来重新进行评价，以决定原决策有无全部或局部修改的必要性。事后评价（项目后评价）是指在项目建设投入生产并达到正常生产能力后，总结评价项目投资决策的正确性以及项目实施过程中项目管理的有效性等。

5.1.3 财务经济评价的步骤

财务经济评价一般包括以下步骤：

（1）财务经济评价前的准备工作。

1）熟悉拟建项目的基本情况，收集整理有关基础数据资料；

2）编制财务经济评价辅助报表。财务经济评价辅助报表主要包括建设投资估算表，流动资金估算表，营业收入、营业税金及附加和增值税估算表，总成本费用估算表等。

（2）融资前经济分析。融资前经济分析属于项目决策中的投资决策，是不考虑债务融资条件下的财务经济评价，重点在于考察项目的净现金流量的价值是否大于其投资成本，由于未考虑资金来源，融资前经济分析只进行盈利能力分析。融资前经济分析的基本步骤如下：

1）编制项目投资现金流量表，计算项目投资内部收益率、净现值和项目投资回收期等指标；

2）如果分析结果表明项目效益符合要求，再考虑融资方案，继续进行融资后分析；

3）如果分析结果不能满足要求，可通过修改设计方案来完善项目方案，有时甚至可据此做出放弃投资项目的建议。

（3）融资后经济分析。融资后经济分析属于项目决策中的融资决策，是以设定的融资方案为基础进行的财务经济评价，重点在于考察项目资金筹措方案能否满足要求。融资后经济分析包括盈利能力分析、清偿能力分析和财务生存能力分析。融资后经济分析的基本步骤如下：

1）在融资前分析结论满足要求的前提下，初步设定融资方案；

2）在已有财务经济评价报表的基础上，编制项目总投资使用计划与资金筹措表和建设期利息估算表；

3）编制项目资本金现金流量表，计算项目资本金财务内部收益率指标，考察项目资本金可获得的收益水平；

4）编制投资各方现金流量表，计算投资各方的财务内部收益率指标，考察投资各方可获得的收益水平。

（4）得出项目盈利能力、偿债能力和财务生存能力等确定性经济评价结论。

（5）在确定性评价的基础上进行项目的不确定性分析。

（6）作出财务评价结论，为决策提供依据。

财务经济评价的具体程序如图 5-1 所示。

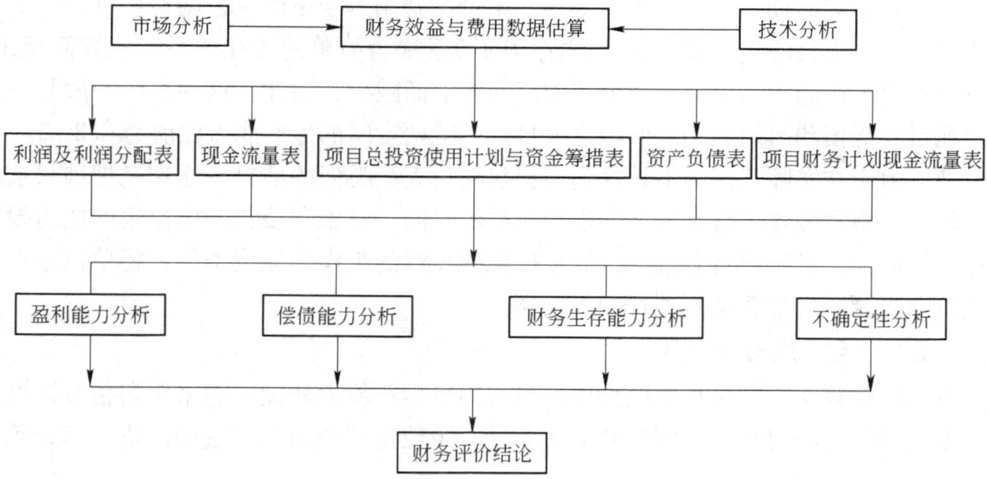

图 5-1 财务经济评价程序

5.2 工程项目的投资估算

工程项目的总投资包括建设投资（含建设期利息）和流动资金两部分，其中建设投资又有静态和动态之分。投资估算的准确性与可靠程度对项目财务经济评价的可靠性影响很大，进而影响项目的投资决策，同时投资估算也是资金筹措的依据。

5.2.1 静态投资的估算

静态投资由建设投资中的建筑安装工程费、设备及工器具购置费、工程建设其他费用和基本预备费组成，它是按某一时点的市场价格估算的，未考虑资金时间价值因素的影响，故称为静态投资。

静态投资估算的方法很多，一般情况下应根据项目的性质、拥有的技术经济资料和数据的具体情况，选用适宜的估算方法。在项目规划和建议书阶段，投资估算的精度要求较低，可采取简单的匡算法，如单位生产能力估算法、生产能力指数法、系数估算法、比例估算法或混合法等，在条件允许时，也可采用指标估算法；在可行性研究阶段，投资估算精度要求高，需采用相对详细的投资估算方法，如指标估算法。

5.2.1.1 单位生产能力估算法

它是根据已建成的、性质类似的建设项目的单位生产能力投资乘以拟建项目的建设规模从而得到静态投资额的估算方法，其计算见式（5-1）。

$$C_2 = \left(\frac{C_1}{Q_1}\right) Q_2 f \tag{5-1}$$

式中 C_1——已建类似项目的静态投资额；

C_2——拟建项目的静态投资额；

Q_1——已建类似项目的生产能力；

Q_2——拟建项目的生产能力；

f——不同时期、不同地点的定额、单价、费用等变更的综合调整系数。

这种方法将项目的建设投资与生产能力的关系视为简单的线性关系，估算简便迅速。而事实上单位生产能力的投资会随生产规模的增加而减少，因此，这种方法一般只适用于与已建项目在规模和时间上相近的拟建项目，一般两者间的生产能力比值为0.2~2。

另外，由于在实际工作中不易找到与拟建项目完全类似的项目，通常是把项目按其构成的车间、设施和装置进行分解，分别套用类似车间、设施和装置的单位生产能力投资指标计算，然后加总求得项目总投资，或根据拟建项目的规模和建设条件，将单位生产能力投资进行适当调整后估算拟建项目的投资额。

5.2.1.2　生产能力指数法

又称指数估算法，它是根据已建成的类似项目生产能力和投资额来粗略估算同类但生产能力不同的拟建项目静态投资额的方法，是对单位生产能力估算法的改进，其计算见式(5-2)。

$$C_2 = C_1\left(\frac{Q_2}{Q_1}\right)^n f \tag{5-2}$$

式中　n——生产能力指数；

其他符号含义同前。

若已建类似项目或装置的规模和拟建项目或装置的规模相差不大，生产规模比值在0.5~2之间，则指数 n 的取值近似为1。若已建类似项目或装置与拟建项目或装置的规模相差不大于50倍，且拟建项目的扩大仅靠增大设备规格来达到时，则 n 的取值在0.6~0.7之间；若是靠增加相同规格设备的数量达到时，n 的取值在0.8~0.9之间。

采用这种方法计算简单、速度快，但要求类似工程的资料可靠，条件基本相同，否则误差就会增大。

【例5-1】 某拟建项目的生产能力比已建同类项目的生产能力增加了3倍，已知 n 为0.6，f 为1.1。按生产能力指数法估算，拟建项目的投资额将增加多少倍？

【解】 由生产能力增加了3倍可知：$Q_2/Q_1=4$；

由式（5-2）可知：　$C_2 = C_1\left(\frac{Q_2}{Q_1}\right)^n f$

$$\frac{C_2}{C_1} = 4^{0.6} \times 1.1 = 2.527$$

所以拟建项目的投资额将增加1.527倍。

5.2.1.3　系数估计法

也称为因子估算法，它是以拟建项目的主体工程费或主要设备购置费为基数，以其他工程费与主体工程费或主要设备购置费的百分比为系数，依此估算拟建项目静态投资额的方法。国内常用的方法有设备系数法和主体专业系数法，世界银行投资项目常用的方法是朗格系数法。

A　设备系数法

以拟建项目的设备购置费为基数，根据已建成的同类项目的建筑安装工程费和其他工程费等与设备购置费的百分比，求出拟建项目建筑安装工程费和其他工程费，进而求出项目的静态投资额，其计算见式（5-3）。

$$C = E(1 + f_1P_1 + f_2P_2 + f_3P_3) + I \tag{5-3}$$

式中 C——拟建项目或装置的投资额；

E——根据拟建项目或装置的设备清单按当时当地价格计算的设备购置费总额；

P_1, P_2, P_3——分别为已建项目中建筑、安装及其他工程费用占设备购置费的百分比；

f_1, f_2, f_3——分别为由于时间因素引起的定额、价格、费用标准等变化的综合调整系数；

I——拟建项目的其他费用。

B 主体专业系数法

以拟建项目中投资比重较大，并与生产能力直接相关的工艺设备投资为基数，根据已建同类项目的有关统计资料，计算出拟建项目各专业工程（总图、土建、采暖、给排水、管道、电气、自控等）费用与工艺设备投资的百分比，据以求出拟建项目各专业投资，然后加总即为拟建项目的静态投资额，其计算见式（5-4）。

$$C = E(1 + f_1P'_1 + f_2P'_2 + f_3P'_3 + \cdots) + I \tag{5-4}$$

式中 P'_1，P'_2，P'_3——分别为已建项目中各专业工程费用与工艺设备投资的百分比；

其他符号含义同前。

C 朗格系数法

以设备购置费为基数，乘以适当系数来推算项目的静态投资额。这种方法在国内不常见，是世界银行投资项目估算常采用的方法。该方法的基本原理是将项目建设总成本费用中的直接成本和间接成本分别计算，再合并为项目的静态投资，其计算见式（5-5）。

$$C = E(1 + \sum K_i)K_c \tag{5-5}$$

式中 K_i——管线、仪表、建筑物等项目费用的估算系数；

K_c——管理费、合同费、应急费等间接费用的总估算系数；

其他符号含义同前。

静态投资与设备购置费之比为朗格系数 K_L，即 $K_L = (1+\sum K_i)K_c$。

朗格系数法是国际上估算一个工程项目或一套装置的费用时，采用较为广泛的方法。一般项目应用朗格系数法进行工程项目或装置估价的精度不高，但在石油、石化、化工工程项目中，设备费用一般占工程费用的比重为45%~55%，同时一项工程中每台设备所对应的管道、电气、自控仪表、绝热、油漆、建筑等，都有一定的规律。所以，在这些项目中只要对各种不同类型工程的朗格系数掌握得准确，估算精度仍可较高，估算误差可控制在10%~15%。

5.2.1.4 比例估算法

这是根据已知的同类建设项目主要生产工艺设备费占整个建设项目投资的比例，先逐项估算出拟建项目主要生产工艺设备投资，再按比例估算拟建项目静态投资的方法，其计算见式（5-6）。

$$C = \frac{1}{K}\sum_{i=1}^{n} Q_iP_i \tag{5-6}$$

式中 C——拟建项目的静态投资；

K——拟建项目主要设备投资占拟建项目投资的比例；

n——设备种类数；

Q_i——第 i 种设备的数量；

P_i——第 i 种设备的购置费单价。

比例估算法主要应用于设计深度不足，拟建建设项目的主要生产工艺设备投资比重较大，行业内相关系数等基础资料完备的情况。

5.2.1.5 混合法

根据主体专业设计的阶段和深度，所掌握的国家及地区、行业或部门相关投资估算基础资料和数据，以及其他统计和积累的、可靠的相关造价基础资料，对拟建建设项目可以采用生产能力指数法与比例估算法或系数估算法与比例估算法混合估算其相关投资额。

5.2.1.6 指标估算法

指标估算法是指依据投资估算指标，对各单位工程或单项工程费用分别进行估算，进而汇总估算建设项目总投资的方法。首先把拟建建设项目按建设内容纵向划分为各个主要生产设施、辅助及公用设施、行政及福利设施以及各项其他基本建设费用，按费用性质横向划分为建筑工程、设备及工器具购置、安装工程等费用；然后，根据各种具体的投资估算指标，进行各单位工程或单项工程投资的估算；在此基础上汇集编制成拟建建设项目的各个单项工程费用和拟建项目的工程费用投资估算；再按相关规定估算工程建设其他费、基本预备费等，形成拟建建设项目静态投资。

在条件具备时，对于投资有重大影响的主体工程应估算出分部分项工程量，套用相关概算定额或概算指标进行估算编制。具体方法如下。

A 建筑工程费用估算

建筑工程费用的估算方法有单位建筑工程投资估算法、单位实物工程量投资估算法和概算指标投资估算法。前两种方法比较简单，适合于有适当估算指标或类似工程造价资料时使用，当不具备上述条件时，可采用计算主体实物工程量套用相关综合定额或概算定额进行估算，这种方法需要较为详细的工程资料，工作量较大。

单位建筑工程投资估算法，是以单位建筑工程费用乘以建筑工程总量来估算建筑工程费用的方法。根据所选建筑单位的不同，这种方法可以进一步分为单位长度价格法、单位面积价格法、单位容积价格法和单位功能价格法等。

单位实物工程量投资估算法，是以单位实物工程量的建筑工程费乘以实物工程总量来估算建筑工程费用的方法。大型土方、总平面竖向布置、道路及场地铺砌、厂区综合管网和线路、围墙大门等，分别以 m^3、m^2、延长米或座为单位，套用技术标准、结构形式相适应的投资估算指标或类似工程造价资料进行建筑工程费用估算。桥梁、隧道、涵洞设施等，分别以 $100m^2$ 桥面（桥梁）、$100m^2$ 断面（隧道）、道（涵洞）为单位，套用技术标准、结构形式、施工方法相适应的投资估算指标或类似工程造价资料进行估算。

对于没有上述估算指标，或者建筑工程费用占总投资比例较大的项目，可采用概算指标估算法。采用此种方法，应拥有较为详细的工程资料、建筑材料价格和工程费用指标信息，投入的时间和工作量较大。

B 设备及工器具购置费估算

设备购置费根据项目主要设备表及价格、费用资料编制，工器具购置费按设备费的一定比例计取。对于价值高的设备应按单台（套）估算购置费，价值较小的设备可按类估算，国产设备和进口设备应分别估算。

C 安装工程费估算

安装工程费一般以设备费为基数区分不同类型进行估算。工艺设备安装费估算，以单项工程为单元，根据单项工程的专业特点和各种具体的投资估算指标，按设备费百分比估算指标进行估算；或根据单项工程设备总重，采用“元/吨”估算指标进行估算。其计算见式（5-7）和式（5-8）。

$$安装工程费=设备原价\times设备安装费率（\%） \tag{5-7}$$

$$安装工程费=设备吨重\times单位重量（t）安装费指标 \tag{5-8}$$

工艺金属结构、工艺管道安装工程费用的估算，以单项工程为单元，根据设计选用的材质、规格，以 t 为单位；工业炉窑砌筑和工艺保温或绝热工程费用的估算，以单项工程为单元，以 t、m^3 或 m^2 为单位，套用技术标准、材质和规格、施工方法相适应的投资估算指标或类似工程造价资料进行估算，其计算见式（5-9）。

$$安装工程费=总重量（体积、面积）\times单位重量（m^3、m^2）安装工程费指标 \tag{5-9}$$

变配电、自控仪表安装工程费用估算，以单项工程为单元，根据该专业设计的具体内容，一般先按安装材料费占设备费百分比投资估算指标计算出安装材料费；再分别根据相适应的占设备百分比（或按自控仪表设备台数，用元/台或件估算指标）或占材料百分比的投资估算指标或类似工程造价资料计算设备安装费和材料安装费。其计算见式（5-10）和式（5-11）。

$$安装材料费=设备原价\times材料费占设备费百分比 \tag{5-10}$$

$$材料（设备）安装费=材料（设备）费\times安装费指标（\%） \tag{5-11}$$

D 工程建设其他费用估算

工程建设其他费用的估算应结合拟建项目的具体情况，有合同或协议明确的费用按合同或协议列入；无合同或协议明确的费用，根据国家和各行业部门、工程所在地地方政府的有关工程建设其他费用定额（规定）和计算办法估算。

E 基本预备费估算

基本预备费的估算一般以建设项目的设备及工器具购置费、建筑安装工程费和工程建设其他费用之和为基础，乘以基本预备费费率进行计算。基本预备费费率的大小，应根据建设项目的设计阶段和具体的设计深度，以及在估算中所采用的各项估算指标与设计内容的贴近度、项目所属行业主管部门的具体规定确定，其计算见式（5-12）。

$$基本预备费=(设备及工器具购置费+建筑安装工程费+工程建设其他费用)\times 基本预备费费率(\%) \tag{5-12}$$

5.2.2 动态投资的估算

建设投资中的动态投资包括涨价预备费和建设期贷款利息两部分。动态投资的估算应以基准年静态投资的资金使用计划为基础来计算。

涨价预备费是指对建设工期较长的项目，由于在建设期内可能发生材料、设备、人工等价格上涨引起的投资增加，需要预先预留的费用，其计算详见第 3 章相关内容。

建设期贷款利息包括银行借款和其他债务资金的利息以及其他融资费用。其他融资费用是指某些债务融资中发生的手续费、承诺费、管理费、信贷保险费等融资费用，一般情况下应将其单独计算并计入建设期贷款利息；在项目前期研究阶段，也可作粗略估算并计入建设投资；对于不涉及国外贷款的项目，在可行性研究阶段，也可作粗略估算并计入建设投资。建设期利息的计算详见第 3 章相关内容。

另外，如果是涉外项目，还应该计算汇率的影响。估计汇率变化对建设项目投资的影响，应通过预测汇率在项目建设期内的变动程度，乘以估算年份的投资额求得。

5.2.3 流动资金的估算

流动资金的估算一般采用分项详细估算法，个别情况或者小型项目可采用扩大指标法。

5.2.3.1 分项详细估算法

分项详细估算法也称为分项定额估算法，它是国际上通行的流动资金估算方法，具体计算见式（5-13）~式（5-15）。

$$流动资金=流动资产-流动负债 \tag{5-13}$$

$$流动资产=现金+应收及预付账款+存货 \tag{5-14}$$

$$流动负债=应付账款+预收账款 \tag{5-15}$$

流动资金估算时，首先需确定各分项的最低周转天数，计算出各分项的年周转次数，然后再估算各分项的资金占用额。

A 最低周转天数

分项详细估算法的准确程度取决于各项流动资产和流动负债最低周转天数取值的合理性。确定最低周转天数，可参照同类企业的平均周转天数和项目的实际情况，并考虑适当的保险系数。如对于存货中的外购原材料、燃料的最低周转天数，应根据不同品种和来源，考虑运输方式和运输距离，以及占用流动资金的比例大小等因素分别确定。

B 年周转次数

年周转次数是指流动资金的各个构成项目在一年内完成多少个生产过程。周转次数可用 1 年天数（通常按 360 天计算）除以流动资金的最低周转天数计算。其计算见式（5-16）。

$$年周转次数=360天/流动资金最低周转天数 \tag{5-16}$$

C 应收账款

应收账款是指企业对外销售商品、提供劳务尚未收回的资金，其计算见式（5-17）。

$$应收账款=年经营成本/应收账款周转次数 \tag{5-17}$$

D 预付账款

预付账款是指企业为购买各类材料、半成品或服务所预先支付的款项，其计算见式（5-18）。

$$预付账款=外购商品或服务年费用金额/预付账款周转次数 \tag{5-18}$$

E 存货

存货是指企业在日常生产经营过程中持有以备出售，或者仍然处在生产过程，或者在生产或提供劳务过程中将消耗的材料或物料等，包括各类材料、商品、在产品、半成品和产成品等。为简化计算，项目经济评价中仅考虑外购原材料、燃料、其他材料、在产品和产成品，并分项进行计算。其计算见式（5-19）~式（5-23）。

存货=外购原材料、燃料+其他材料+在产品+产成品 (5-19)

外购原材料、燃料=年外购原材料、燃料费用/外购原材料、燃料周转次数 (5-20)

其他材料=年其他材料费用/其他材料周转次数 (5-21)

在产品=(年外购原材料、燃料动力费用+年工资及福利费+年修理费+年其他制造费用)/在产品周转次数 (5-22)

产成品=(年经营成本-年其他营业费用)/产成品周转次数 (5-23)

F 现金

项目流动资金中的现金是指为维持正常生产运营必须预留的货币资金，包括库存现金和银行存款，其计算见式（5-24）和式（5-25）。

现金=(年工资及福利费+年其他费用)/现金周转次数 (5-24)

年其他费用=制造费用+管理费用+财务费用+销售费用-以上四项费用中所包含的工资及福利费、折旧费、摊销费、修理费和利息支出 (5-25)

G 流动负债

流动负债是指将在1年或者超过1年的一个营业周期内，需要偿还的各种债务，包括短期借款、应付票据、应付账款、预收账款、应付工资、应付福利费、应付股利、应交税金、其他应付款、预提费用和1年内到期的长期借款等。为简化计算，流动负债的估算只考虑应付账款和预收账款两项，其计算见式（5-26）和式（5-27）。

应付账款=年外购原材料、燃料动力费及其他材料费用/应付账款周转次数 (5-26)

预收账款=预收的营业收入年金额/预收账款周转次数 (5-27)

5.2.3.2 扩大指标估算法

扩大指标估算法是根据现有同类企业的实际资料，求得各种流动资金率指标进行流动资金估算的方法，流动资金率亦可依据行业或部门给定的参考值或经验确定。将各类流动资金率乘以相对应的费用基数即可估算流动资金，一般常用的基数有营业收入、经营成本、总成本费用和建设投资等，具体采用何种基数依行业习惯确定。其计算见式（5-28）。

年流动资金额=年费用基数×各类流动资金率 (5-28)

A 按产值（或销售收入）资金率估算

一般加工工业项目多采用产值（或销售收入）资金率进行估算，其计算见式（5-29）。

流动资金额=年产值(年销售收入)×产值(销售收入)资金率 (5-29)

B 按经营成本（或总成本）资金率估算

由于经营成本（或总成本）是一项综合性指标，能反映项目的物质消耗、生产技术和经营管理水平以及自然资源存储条件的差异等实际状况，一些采掘工业项目常采用经营成本（或总成本）资金率估算流动资金。其计算见式（5-30）。

流动资金额=年经营成本(或总成本)×经营成本(总成本)资金率 (5-30)

C 按固定资产价值资金率估算

有些项目可按固定资产价值资金率估算流动资金，见式（5-31）。

流动资金额=固定资产价值总额×固定资产价值资金率 (5-31)

D 按单位产量资金率估算

有些项目，如煤矿，可按吨资金率估算流动资金，见式（5-32）。

流动资金额=年生产能力×单位产量资金率 (5-32)

扩大指标估算法简便易行，但准确度不高，适用于项目建议书阶段的投资估算。

5.3 工程项目盈利能力的分析

盈利能力分析主要考察项目投资的盈利水平，它直接关系项目投产后能否生存和发展，是评价项目财务上是否可行的重要依据。盈利能力的大小是企业进行投资活动的原动力，也是企业进行投资决策时应考虑的首要因素。盈利能力分析一般从以下两个方面进行：

（1）项目达到设计生产能力的正常生产年份可能获得的盈利水平，即通过计算投资利润率、投资利税率、资本金利润率等静态指标，考察项目在正常生产年份年度投资的盈利能力以及判别项目是否达到行业的平均水平。

（2）项目整个寿命期内的盈利水平，即通过计算财务内部收益率、财务净现值、财务净现值率、投资回收期等动态和静态指标，考察项目在整个计算期内的盈利能力及投资回收能力，判别项目投资的可行性。

5.3.1 项目融资前盈利能力的分析

项目融资前盈利能力的分析以营业收入、建设投资、流动资金和经营成本的估算为基础，通过编制项目投资现金流量表，从项目投资总获利能力的角度，考察项目设计方案的合理性。即不论实际可能支付的利息是多少，分析结果都不发生变化，排除了融资方案对评价结果的影响。融资前分析计算的相关指标，可作为初步投资决策的依据和融资方案研究的基础。

项目投资现金流量表（见表5-1）是以项目作为一个独立系统，以全部投资作为计算基础，用以计算全部投资内部收益率、财务净现值及投资回收期等评价指标，反映项目在整个计算期内现金流入和现金流出，考察项目全部投资的盈利能力。

根据决策需要，融资前分析可从所得税前和（或）所得税后两个角度进行考察，选择计算所得税前和（或）所得税后的分析指标。

表5-1 项目投资现金流量表 （万元）

序号	项 目	合 计	计 算 期									
			1	2	3	4	5	6	7	8	9	10
1	现金流入											
1.1	营业收入											
1.2	补贴收入											
1.3	回收固定资产余值											
1.4	回收流动资金											

续表 5-1

序号	项目	合计	计算期									
			1	2	3	4	5	6	7	8	9	10
2	现金流出											
2.1	建设投资											
2.2	流动资金											
2.3	经营成本											
2.4	营业税金及附加											
2.5	维持运营投资											
3	所得税前净现金流量（1-2）											
4	累计所得税前净现金流量											
5	调整所得税											
6	所得税后净现金流量（3-5）											
7	累计所得税后净现金流量											

计算指标：
项目投资财务内部收益率（所得税前）： %　　项目投资财务内部收益率（所得税后）： %
项目投资财务净现值（所得税前）（i_0= %）： 万元　　项目投资财务净现值（所得税后）（i_0= %）： 万元
项目投资回收期（所得税前）： 年　　项目投资回收期（所得税后）： 年

5.3.2 项目融资后盈利能力的分析

项目融资后盈利能力的分析，是在通过融资前分析已对项目基本获利能力有所判断的基础上，通过编制项目资本金现金流量表，计算相应评价指标进而判断投资方案在确定融资条件下的合理性，因此，可以说项目资本金现金流量分析指标是融资决策的依据，有助于投资者在其可接受的融资方案下做出最终决策。

融资后的盈利能力分析，包括动态分析（折现现金流量分析）和静态分析（非折现盈利能力分析）。

5.3.2.1 融资后的动态分析

动态分析是通过编制财务现金流量表，根据资金时间价值原理，计算财务内部收益率、财务净现值等动态评价指标，分析项目的盈利能力。融资后的动态分析可分为以下两个层次。

A 项目资本金现金流量分析

项目资本金流量分析是从项目权益投资者整体（也即法人）的角度，考察投资项目给项目权益投资者带来的收益水平。它是在拟定融资方案的基础上进行的息税后分析，依据的报表是项目资本金现金流量表，见表 5-2。

资本金现金流量表将各年投入项目的项目资本金作为现金流出，各年缴付的所得税和还本付息也作为现金流出，其净现金流量可以表示在缴税和还本付息之后的剩余，即项目（或企业）增加的净收益，也是投资者的权益性收益。因此，据此计算的项目资本金内部收益率指标反映了从投资者整体权益角度考察盈利能力的要求，也就是从项目发起人（或企业）角度对盈利能力进行判断的要求。

表 5-2 项目资本金现金流量表 （万元）

序号	项 目	合 计	计 算 期									
			1	2	3	4	5	6	7	8	9	10
1	现金流入											
1.1	营业收入											
1.2	补贴收入											
1.3	回收固定资产余值											
1.4	回收流动资金											
2	现金流出											
2.1	项目资本金											
2.2	借款本金偿还											
2.3	借款利息支付											
2.4	经营成本											
2.5	营业税金及附加											
2.6	所得税											
2.7	维持运营投资											
3	净现金流量（1-2）											
计算指标： 资本金财务内部收益率（%）												

B 投资各方现金流量分析

投资各方现金流量表（见表5-3）分别以投资各方的出资额作为计算基础，编制投资各方的财务现金流量表，用于计算投资各方的内部收益率。

表 5-3 投资各方现金流量表 （万元）

序号	项 目	合 计	计 算 期									
			1	2	3	4	5	6	7	8	9	10
1	现金流入											
1.1	实分利润											
1.2	资产处置收益分配											
1.3	租赁费收入											
1.4	技术转让或使用收入											
1.5	其他现金收入											
2	现金流出											
2.1	实缴资本											
2.2	租赁资产支出											
2.3	其他现金流出											
3	净现金流量（1-2）											
计算指标： 投资各方财务内部收益率（%）												

一般情况下，投资各方按股本比例分配利润和分担亏损及风险，因此，投资各方的利益是均等的，没有必要计算投资各方的内部收益率。只有投资者中的各方有股权之外的不对等的利益分配时（契约式的合作企业常常会有这种情况），投资各方的收益才会有差异，此时常常需要计算投资各方的内部收益率。计算投资各方的内部收益率可以看出各方收益是否均衡，或者其非均衡性是否在一个合理的水平上，有助于促成投资各方在合作谈判中达成平等互利的协议。

5.3.2.2 融资后的静态分析

融资后盈利能力分析的主要财务报表是利润与利润分配表，见表5-4。利润与利润分配表反映了项目计算期内各年的营业收入、总成本费用支出、利润总额等数据，以及所得税后利润净额及其分配的情况，用以计算总投资收益率、项目资本金净利润率、投资回收期等静态分析指标。

表 5-4 利润和利润分配表 （万元）

序号	项 目	合 计	计 算 期									
			1	2	3	4	5	6	7	8	9	10
1	营业收入											
2	营业税金及附加											
3	总成本费用											
4	补贴收入											
5	利润总额（1-2-3+4）											
6	弥补以前年度亏损											
7	应纳税所得额（5-6）											
8	所得税											
9	净利润（5-8）											
10	期初未分配利润											
11	可供分配利润（9+10）											
12	提取法定盈余公积金											
13	可供投资者分配的利润（11-12）											
14	应付优先股股利											
15	提取任意盈余公积金											
16	应付普通股股利（13-14-15）											
17	各投资方利润分配											
	其中： % 方											
	% 方											
	% 方											
18	未分配利润（13-14-15-17）											
19	息税前利润（利润总额+利息支出）											
20	息税折旧摊销前利润（19+折旧+摊销）											

5.4 工程项目偿债能力的分析

项目偿债能力的分析主要是考察项目的财务状况和按期偿还债务的能力，它直接关系到企业面临的财务风险和企业的财务信用程度。项目偿债能力的大小可根据还本付息表数据与利润表以及总成本费用表的有关数据，计算利息备付率、偿债备付率、资产负债率等比率指标，考察项目借款的偿还能力，它是投资者进行投资决策的重要依据，通常从以下两方面进行评价：

（1）考察项目偿还固定资产投资国内借款所需要的时间，即通过计算借款偿还期，考察项目的还款能力，判别项目是否能满足贷款机构的要求。

（2）考察项目资金的流动性水平，即通过计算流动比率、速动比率、资产负债率等各种财务比率指标，对项目投产后的资金流动情况进行比较分析，用以反映项目寿命期内各年的利润、盈亏、资产和负债、资金来源和运用、资金的流动和债务运用等财务状况及资产结构的合理性，考察项目的风险程度和偿还流动负债的能力和速度。

借款还本付息计划表（见表5-5）是一张反映项目计算期内各年借款本金偿还和利息支付情况，用于计算偿债备付率和利息备付率指标，考察项目偿债能力的报表。

表5-5 借款还本付息计划表 （万元）

序号	项 目	合 计	计 算 期									
			1	2	3	4	5	6	7	8	9	10
1	借款1											
1.1	期初借款余额											
1.2	当期还本付息											
	其中：还本											
	付息											
1.3	期末借款余额											
2	借款2											
2.1	期初借款余额											
2.2	当期还本付息											
	其中：还本											
	付息											
2.3	期末借款余额											
3	债券											
3.1	期初债务余额											
3.2	当期还本付息											
	其中：还本											
	付息											
3.3	期末债务余额											
4	借款和债券合计											

续表 5-5

序号	项　目	合 计	计 算 期									
			1	2	3	4	5	6	7	8	9	10
4.1	期初余额											
4.2	当期还本付息											
	其中：还本											
	付息											
4.3	期末余额											
计算指标	利息备付率（%）											
	偿债备付率（%）											

利息支出的估算包括长期借款利息、流动资金借款利息和短期借款利息三部分。

资产负债表（见表 5-6）综合反映了项目计算期内各年年末资产、负债和所有者权益的增减变化及对应关系，据此可计算资产负债率，考察项目的偿债能力。

表 5-6　资产负债表　（万元）

序号	项　目	合 计	计 算 期									
			1	2	3	4	5	6	7	8	9	10
1	资产											
1.1	流动资产总额											
1.1.1	货币资金											
1.1.2	应收账款											
1.1.3	预付账款											
1.1.4	存货											
1.1.5	其他											
1.2	在建工程											
1.3	固定资产净值											
1.4	无形及其他资产净值											
2	负债及所有者权益											
2.1	流动负债总额											
2.1.1	短期借款											
2.1.2	应付账款											
2.1.3	预收账款											
2.1.4	其他											
2.2	建设投资借款											
2.3	流动资金借款											
2.4	负债小计（2.1+2.2+2.3）											
2.5	所有者权益											
2.5.1	资本金											

续表 5-6

序号	项　目	合 计	计　算　期									
			1	2	3	4	5	6	7	8	9	10
2.5.2	资本公积金											
2.5.3	累计盈余公积金											
2.5.4	累计未分配利润											
计算指标： 资产负债率（%）												

5.5　工程项目财务生存能力的分析

在项目（企业）运营期间，确保从各项经济活动中得到足够的净现金流量是项目能够持续生存的条件。财务生存能力分析的依据是财务计划现金流量表（见表5-7），财务计划现金流量表综合考察项目计算期内各年的投资活动、融资活动和经营活动所产生的各项现金流入和流出，据此可计算净现金流量和累计盈余资金，分析项目是否有足够的净现金流量维持正常运营以及累计盈余是否出现负值。为此，财务生存能力分析亦可称为资金平衡分析。

表 5-7　财务计划现金流量表　（万元）

序号	项　目	合 计	计　算　期									
			1	2	3	4	5	6	7	8	9	10
1	经营活动净现金流量（1.1-1.2）											
1.1	现金流入											
1.1.1	营业收入											
1.1.2	增值税销项税额											
1.1.3	补贴收入											
1.1.4	其他流入											
1.2	现金流出											
1.2.1	经营成本											
1.2.2	增值税进项税额											
1.2.3	营业税金及附加											
1.2.4	增值税											
1.2.5	所得税											
1.2.6	其他流出											
2	投资活动净现金流量（2.1-2.2）											
2.1	现金流入											
2.2	现金流出											
2.2.1	建设投资											
2.2.2	维持运营投资											

续表 5-7

序号	项　目	合 计	计 算 期									
			1	2	3	4	5	6	7	8	9	10
2.2.3	流动资金											
2.2.4	其他流出											
3	筹资活动净现金流量（3.1-3.2）											
3.1	现金流入											
3.1.1	项目资本金投入											
3.1.2	建设投资借款											
3.1.3	流动资金借款											
3.1.4	发行债券											
3.1.5	短期借款											
3.1.6	其他流入											
3.2	现金流出											
3.2.1	各种利息支出											
3.2.2	偿还债务本金											
3.2.3	股利分配											
3.2.4	其他流出											
4	净现金流量（1+2+3）											
5	累计盈余资金											

财务生存能力分析应结合偿债能力分析进行，如果拟安排的还款期过短，致使还本付息负担过重，导致为维持资金平衡必须筹借的短期借款过多，可以调整还款期，减轻各年还款负担。

通常在运营期前期还本付息负担较重，故应特别注重运营期前期的财务生存能力分析。通过以下相辅相成的两个方面可具体判断项目的财务生存能力：

（1）拥有足够的经营净现金流量是财务可持续的基本条件，特别是在运营初期。一个项目具有较大的经营净现金流量，说明项目方案比较合理，实现自身资金平衡的可能性大，不会过分依赖短期融资来维持运营；反之，一个项目不能产生足够的经营净现金流量，或经营净现金流量为负值，说明维持项目正常运营会遇到财务上的困难，项目方案缺乏合理性，实现自身资金平衡的可能性小，有可能要靠短期融资来维持运营；或者是非经营项目本身无能力实现自身资金平衡，提示要申请政府补贴。

（2）各年累计盈余资金不出现负值是财务生存的必要条件。在整个运营期间，允许个别年份的净现金流量出现负值，但不能容许任一年份的累计盈余资金出现负值。一旦出现负值时应适时进行短期融资，该短期融资应体现在财务计划现金流量表中，同时短期融资的利息也应纳入成本费用和其后的计算。较大的或较频繁的短期融资，有可能导致以后的累计盈余资金无法实现正值，致使项目难以持续运营。

5.6 案例分析

某建设项目有关数据如下：

（1）建设期 2 年，运营期 8 年，固定资产投资总额 5000 万元（不含建设期贷款利息），其中包括无形资产 600 万元。项目固定资产投资资金来源为自有资金和贷款，贷款总额为 2200 万元，在建设期每年贷入 1100 万元，贷款年利率为 5.85%（按季计息）。

（2）无形资产在运营期 8 年中均匀摊入生产成本。固定资产使用年限为 10 年，残值为 200 万元，按照平均年限法计提折旧。

（3）固定资产投资贷款在运营期前 3 年按照等额还本付息法偿还。

（4）项目运营期的经营成本见表 5-9。

问题：

（1）计算建设期贷款利息、固定资产年折旧费和运营期末固定资产余值。

（2）按照表 5-8 和表 5-9 的格式编制还本付息表和总成本费用表。

（3）假设项目各年的净现金流量如表 5-10 所示。要求计算表中各项目的相关数据；计算 $i_0=15\%$时的项目财务净现值；计算静态投资回收期；计算项目财务内部收益率。

（注：计算结果保留小数点后两位）。

表 5-8 还本付息表 （万元）

序号	项目	年份				
		1	2	3	4	5
1	年初累计借款					
2	本年新增贷款					
3	本年应计算利息					
4	本年应还本息					
5	本年应还利息					
6	本年还本金					

表 5-9 总成本费用表 （万元）

序号	项目	年份			
		3	4	5	6~10
1	经营成本	1960	2800	2800	2800
2	折旧费				
3	无形资产摊销费				
4	长期贷款利息				
5	总成本费用				

表 5-10　项目净现金流量计算表　（万元）

项　目	年　份						
	1	2	3	4	5	6	7
净现金流量	-100	-80	50	60	70	80	90
累计净现金流量							
折现系数 $i=15\%$							
折现净现金流量							
累计折现净现金流量							
折现系数 $i=20\%$							
折现净现金流量							
累计折现净现金流量							

【解】 问题（1）：

1）计算建设期贷款利息

年实际利率：　$(1+5.85\%\div4)^4-1=5.98\%$

各年贷款利息：

第一年贷款利息：$q_1=\frac{1}{2}A_1 i=\frac{1}{2}\times1100\times5.98\%=32.89$（万元）

第二年贷款利息：$q_2=\left(P_1+\frac{1}{2}A_2\right)i=\left[(1100+32.89)+\frac{1}{2}\times1100\right]\times5.98\%$

$=100.64$（万元）

累计的建设期利息为：$\sum q_i=32.89+100.64=133.53$（万元）

2）采用平均年限法计算固定资产年折旧费

固定资产年折旧费=(5000-600+133.53-200)÷10=433.35(万元)

3）计算运营期末固定资产余值

运营期末固定资产余值=年折旧费×(固定资产使用年限-运营期)+残值

=433.35×(10-8)+200=1066.7(万元)

问题（2）：

1）编制还本付息表，见表 5-11。

表 5-11　还本付息表答案　（万元）

序号	项　目	年　份				
		1	2	3	4	5
1	年初累计借款	0	1132.89	2333.53	1600.40	823.43
2	本年新增贷款	1100	1100	0	0	0
3	本年应计算利息	32.89	100.64	139.54	95.70	49.24
4	本年应还本息	0	0	872.67	872.67	872.67
5	本年应还利息	0	0	139.54	95.70	49.24
6	本年还本金	0	0	733.13	776.97	823.43

2）编制总成本费用表，见表 5-12。

表 5-12　总成本费用表答案　（万元）

序　号	项　目	年　份			
		3	4	5	6~10
1	经营成本	1960	2800	2800	2800
2	折旧费	433.35	433.35	433.35	433.35
3	无形资产摊销费	75	75	75	75
4	长期贷款利息	139.54	95.70	49.24	0
5	总成本费用（1+2+3+4）	2607.89	3404.05	3357.59	3308.35

问题（3）：

计算表 5-10 中各参数，结果见表 5-13。

1）计算净现值：由表 5-13 可知，当 $i_0=15\%$时，$NPV=22.96$（万元）

2）计算静态投资回收期：由表 5-13 可知，第 5 年累计净现金流量为 0，故静态投资回收期为 5 年。

3）计算财务内部收益率：在 $i_1=15\%$和 $i_2=20\%$的中间应用插入法计算。

$$IRR = i_1 + \frac{NPV_1}{NPV_1 + |NPV_2|} \times (i_2 - i_1)$$

$$= 15\% + \frac{22.96}{22.96 + |-0.97|} \times 5\% = 19.80\%$$

表 5-13　项目净现金流量计算表　（万元）

项　目	年　份						
	1	2	3	4	5	6	7
净现金流量	-100	-80	50	60	70	80	90
累计净现金流量	-100	-180	-130	-70	0	80	170
折现系数 $i=15\%$	0.8696	0.7561	0.6575	0.5718	0.4972	0.4323	0.3759
折现净现金流量	-86.96	-60.49	32.88	34.31	34.80	34.59	33.83
累计折现净现金流量	-86.96	-147.45	-114.57	-80.26	-45.46	-10.87	22.96
折现系数 $i=20\%$	0.8333	0.6944	0.5787	0.4823	0.4019	0.3349	0.2791
折现净现金流量	-83.33	-55.56	28.94	28.94	28.13	26.79	25.12
累计折现净现金流量	-83.33	-138.89	-109.95	-81.02	-52.89	-26.09	-0.97

思考题及习题

5-1 项目财务经济评价的含义是什么?

5-2 财务经济评价的内容和步骤是什么，财务经济评价的方法有哪几种?

5-3 静态投资估算包括哪些内容，其估算方法有哪几种?

5-4 流动资金估算的方法有哪些?

5-5 工程项目盈利能力分析包括哪些方面，目的是什么?

5-6 现金流量表有哪几种，分别有何作用?

5-7 工程项目偿债能力分析依据哪些财务报表，分别计算哪些指标?

5-8 工程项目财务生存能力分析主要依据哪几张财务报表，评价指标是什么?

5-9 某拟建钢铁厂年设计生产能力为6000万吨，类似已建成同类工厂年生产能力为4000万吨，类似工厂的静态投资额为60亿元。不考虑物价上涨因素，试用生产能力指数估算法计算拟建钢铁厂的静态投资额（n取0.6）。

5-10 某企业拟建一个市场急需产品的工业项目。建设期1年，运营期6年。项目建成当年投产。投产第1年当地政府扶持该产品生产的启动经费为100万元。其他基本数据如下：

（1）建设投资1000万元。预计全部形成固定资产，固定资产使用年限10年，期末残值100万元。投产当年又投入资本金200万元作为运营期的流动资金。

（2）正常年份营业收入为800万元，经营成本为300万元，产品营业税及附加税率为6%，所得税率25%，行业基准收益率10%，基准投资回收期6年。

（3）投产第1年仅达到设计生产能力的80%，预计这一年的营业收入、经营成本和总成本均按正常年份的80%计算，以后各年均达到设计生产能力。

（4）运营的第3年预计需要更新新型自动控制设备，需要投资500万元才能维持以后的正常运营。

问题：（1）编制拟建项目投资现金流量表。

（2）计算项目的静态投资回收期、财务净现值。

（3）从财务经济角度分析拟建项目的可行性。

5-11 某拟建项目固定资产投资估算总额（含无形资产）为3600万元，其中：预计形成固定资产3060万元（含建设期贷款利息为60万元），无形资产540万元。固定资产使用年限为10年，残值率4%，固定资产余值在项目运营期末收回。

（1）该项目的建设期为2年，运营期为6年。项目的资金投入、收益、成本等基础数据，见表5-14。

（2）建设投资借款合同规定的还款方式为：投产期的前4年等额成本，利息照付。借款利率为6%（按年计息）；流动资金借款利率为4%（按年计息）。无形资产在运营期6年中，平均摊入成本。流动资金为800万元，在项目的运营期末全部收回。

（3）设计生产能力为年产量120万件某种产品，产品售价为38元/件，营业税金及附加税率为6%，所得税率为25%，行业基准收益率为8%。

（4）行业平均总投资收益率为10%，资本金净利润率为15%。

（5）提取应付投资各方股利的利润，运营期头两年按可供投资者分配利润的10%计取，以后各年均按30%计取，亏损年份不计取。期末未分配利润作为企业继续投资或扩大生产的盈余资金积累。

问题：（1）编制本项目的借款还本付息计划表、总成本费用估算表和利润与利润分配表。

（2）编制项目资本金现金流量表。计算项目的静态投资回收期和财务净现值。

（3）从财务经济角度评价项目的可行性。

表 5-14　某建设项目资金投入、收益及成本表　　(万元)

序号	项　目	建 设 期		运 营 期		
		1	2	3	4	5~8
1	建设投资 自有资金部分 贷款（不含利息）	 1200 	 340 2000			
2	流动资金 自有资金部分 贷款（不含利息）			 300 100	 400	
3	年销售量/万件			60	120	120
4	年经营成本			1682	3230	3230

6 设备更新与设备租赁方案的经济分析

导读：设备投资是建设投资中的积极部分，在工业建设项目中，设备费用与资本的有机构成相联系，设备工器具费用占投资费用的比例大小，意味着生产技术的进步和资本有机构成的程度。企业设备技术水平体现了企业生产能力的发展水平。设备在使用过程中，不断被磨损，其价值转移到所生产的产品中，如何确定设备的最佳更新时机，如何在设备租赁和购置方案中选择技术经济效果最佳的方案，这就是本章立足工程经济角度分析设备使用方案的目标。通过本章的学习，需要掌握的知识点如下：

（1）熟悉设备磨损的原因和类型；

（2）掌握设备磨损补偿的方法；

（3）熟悉设备寿命的含义及影响因素，掌握设备经济寿命的计算方法；

（4）了解设备租赁的方法及适用条件；

（5）熟悉设备购置与设备租赁方案的特点，掌握设备租赁费用的计算；

（6）熟悉设备租赁方案与设备购置方案的经济比选方法。

设备是现代工业生产的重要物质和技术基础，是判断一个企业技术能力、开发能力和创新能力的重要标志，也是影响企业和国民经济各项经济技术评价指标的重要因素。企业购置设备之后，从投入使用到最后报废，通常要经历一段相当长的时间。在这段时间内，设备会逐渐磨损。当设备因物理磨损或因陈旧落后不能继续使用或不宜继续使用时，就需要进行更新。设备更新的决策对企业的劳动生产效率以及经济效益有着重要的影响，过早的设备更新，可能会造成资产的浪费，增加投资负担；滞后的设备更新，会造成产品合格率降低，导致生产成本的增加，可能会使企业失去市场份额等。因此，为了促进技术进步和提高经济效益，需要对设备整个运行期间的经济状况进行分析和研究，以做出设备使用的正确决策。

6.1 设备磨损的含义和分类

6.1.1 设备磨损的含义

设备作为企业固定资产的重要组成部分，在生产运行或存放过程中，其部件必然有所磨损，使其性能逐渐下降。同时，受科学技术进步和产品更新换代周期缩短等因素影响，设备到了一定时期必然要进行更新。企业在进行设备更新决策之前，应该首先系统、全面地了解现有设备的服务年限、磨损程度、性能以及行业的技术进步等情况，然后通过经济分析，对现有设备更新的方式和时机进行选择，为设备的更新决策提供科学依据。

6.1.2 设备磨损的分类

设备磨损包括有形磨损和无形磨损两种形式，无论是有形磨损还是无形磨损，其结果都会造成经济损失。为了减少设备磨损和在设备磨损后及时进行补偿，就必须首先弄清楚产生磨损的原因和磨损的规律，以便采取相应的技术、组织和经济措施。

6.1.2.1 有形磨损

设备在使用中外力的作用下，零部件产生摩擦、振动、疲劳、生锈等现象，致使设备的实体产生磨损，称为设备的有形磨损，亦称物质磨损或物质损耗。有形磨损使设备的使用价值降低，磨损严重到一定的程度甚至会使设备完全丧失使用价值。有形磨损是产生设备更新的主要原因，它又分为两类。

第一类有形磨损是指设备在使用过程中，由于外力的作用而使其零部件发生摩擦、振动和疲劳等现象，从而导致设备的实体发生磨损。这种磨损的程度与使用强度和使用时间有关。其表现形式通常有：①零部件尺寸、形状发生改变；②连接部位公差配合性质改变；③精度、工作效率降低；④零部件损坏等。

第二类有形磨损是指设备在闲置过程中，在自然力作用下，由于生锈、腐蚀、老化等造成的磨损，或是由于管理不善和缺乏必要的维护而丧失精度和工作能力，产生损耗。这种磨损与闲置的时间和所处的环境有关。其表现形式通常有：①表面锈蚀；②零件老化；③速度减缓等。

6.1.2.2 无形磨损

无形磨损又称精神磨损或经济磨损，是指由于科学技术进步而不断出现性能更加完善、生产效率更高的新型设备，使原有设备的价值相对降低，或者生产同样类型设备的成本不断降低而使原有设备贬值。无形磨损也分为两类。

第一类无形磨损是指由于设备的制造工艺不断改进，劳动生产率不断提高，生产成本不断降低，使得同类设备的再生产价值降低，从而导致其市场价值降低，致使原有设备相对贬值。但在这类磨损中，设备本身的技术特性和功能即使用价值并未发生变化，故不会影响现有设备的更新，因此不产生提前更换现有设备的问题。

第二类无形磨损是指由于不断出现技术上更加完善、经济上更加合理的设备，使原设备相对陈旧落后，从而使其价值相对降低。在这类磨损中，原有设备的使用价值局部或全部丧失，这就产生了是否要用新设备来代替现有陈旧落后设备的问题。

有形磨损和无形磨损都会引起设备原始价值的贬值。但不同的是，当有形磨损严重时，设备在修理之前常常不能工作；而无形磨损即使很严重，设备仍然可以使用，只不过继续使用它在经济上是否合算需要分析研究。

6.1.2.3 综合磨损

设备无论运转还是闲置，均会同时发生有形磨损和无形磨损，二者互相影响，使设备的价值降低，由此形成的损失和贬值称为设备的综合磨损。例如高强度、高速度、大负荷技术的发展，必然使设备的物质磨损加剧；同时某些方面的技术进步又可提供耐热、耐磨、耐腐蚀、耐振动、耐冲击的新材料，使设备的有形磨损减缓，但是其无形磨损加快。所以综合磨损是设备磨损的基本特征。

6.2 设备磨损的补偿方式

设备发生磨损后，需要进行补偿，以恢复设备的生产能力。由于设备遭受磨损的形式不同，补偿磨损的方式也不一样。补偿分局部补偿和完全补偿，设备有形磨损的局部补偿是修理，设备无形磨损的局部补偿是现代化改装；设备有形磨损和无形磨损的完全补偿是更新，如图 6-1 所示。设备大修理是更换部分已磨损的零部件和调整设备，以恢复设备的生产功能和效率为主；设备现代化改造是对设备的结构作局部的改进和技术上的革新，如增添新的、必需的零部件，以增加设备的生产功能和效率为主，更新是对整个设备进行更换。

修理、更新和现代化改装是设备磨损补偿的三种方式。对于可消除的有形磨损，可以通过修理来恢复其功能；对于不可消除的有形磨损，修理已无意义，必须更新才能进行补偿；对于第二种无形磨损，它是由于科学技术进步产生了相同功能的新型设备所致，要全部或部分补偿这种差距，只有通过对原设备进行更新或对旧设备进行技术改造即现代化改装来实现。而对于第一种无形磨损，则无需更新，也没有合适的补偿方式。

以上三种补偿方式的选用并非绝对化，实际应用中需要通过经济评价和比选来决定采用何种补偿方式。

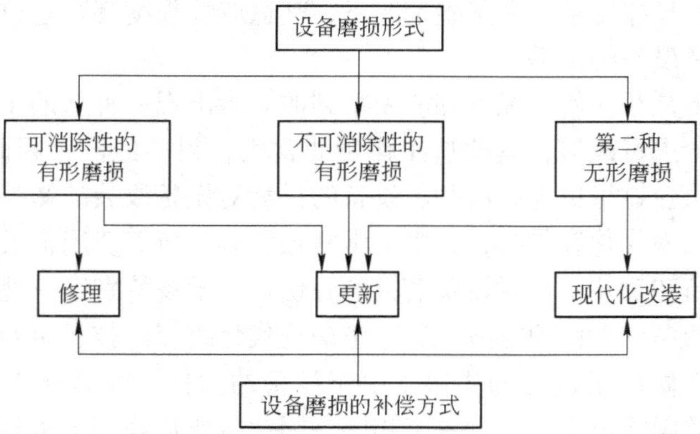

图 6-1　设备磨损的三种补偿方式

6.2.1　设备修理

设备修理是修复由于正常或不正常的原因造成的设备损坏和精度劣化，通过修理更换已经磨损、老化和腐蚀的零部件，使设备性能得到恢复，其实质是对设备有形磨损进行补偿，手段是修复或更换，目标是恢复设备性能。按修理的程度和工作量的大小，可以分为小修、中修和大修，它们不仅在工作量和工作内容上有所区别，而且所需费用、资金来源也不同。中、小修所需费用直接计入生产成本，而大修所需费用则由大修理专项费用开支。

6.2.2　设备更新

设备更新从战略上讲，是一项很重要的工作。因为一台设备经过多次修理，可以在更长的时间里勉强使用，但这样长期使用现有设备不进行更新，意味着这么长的时间里没有技术进步，它对企业的生产发展产生障碍。因此，设备更新是对设备各类磨损的重要补偿方式，设备更新有原型设备更新和新型设备更新两种方式。

6.2.2.1 原型设备更新

原型设备更新又称简单更新，它是用相同型号设备以新换旧。这种更新主要用来更换已损坏的或陈旧的设备。这样有利于减轻维修工作量，能保证原有产品质量，减少使用老设备的能源、维修费用支出，缩短设备的役龄。但不具有更新技术的性质。

6.2.2.2 新型设备更新

新型设备更新又称技术更新，是以结构更先进、技术更完善、效率更高、性能更好、消耗更低、外观更新颖的设备代替落后、陈旧，或遭到第二种无形磨损，在经济上不宜继续使用的设备。这是实现企业技术进步，提高企业经济效益的主要途径。

6.2.3 设备现代化改装

现代化改装是指应用现代的技术成就和先进经验，适应生产的具体需要，改变现有设备的结构（给旧设备换新部件、新装置、新附件等），改善现有设备的技术性能，使之全部达到或局部达到新设备的水平。由于改装是在原有设备的基础上，原有设备的零部件有许多可以继续使用，因此所需投资往往比用新设备要少；同时，改装有很大的针对性和适应性，能适应生产的具体要求，在某些情况下，其适应性程度甚至超过新设备，某些技术性能可达到或超过新设备的水平。

但设备改装并不是在任何情况下都能做得到的。当出现一种新的工作原理、新的加工方法时，用原有设备进行改装，其改造工作量非常大，很不经济，因此，在这种情况下，采用设备更新的方法会显得更为经济些。设备的役龄对设备改装的影响也很大，对役龄大的特别陈旧设备进行现代化改装时，技术上常常很困难，所需费用也很高。

设备修理、更新和改装都是对设备磨损的补偿。当设备特别是一些重要设备进入大修期后，不能仅局限于考虑大修理方案，还应考虑现代化改装与技术更新的可能方案，从这些方案的利弊对比中做出最适当的决策。由于设备的大修、改装和更新都需要较大的投资，对企业经济效益影响也很大，且各不相同，因此需要从经济上进行分析和比较，才能做出最终决策。

6.3 设备寿命的含义及类型

6.3.1 设备寿命的含义

设备寿命是指设备从开始投入使用时起，一直到因设备功能完全丧失而最终退出使用的总的时间长度。影响设备寿命期限的因素较多，其中主要有设备的技术构成、设备成本、加工对象、生产类型、产品质量、维护质量和环境要求，等等。

6.3.2 设备寿命的类型

根据研究角度的不同，设备寿命有物理寿命、技术寿命、折旧寿命以及经济寿命四种不同的形态，其含义也不相同。在对设备进行更新与选择的经济分析时需加以区分。

6.3.2.1 物理寿命

设备的物理寿命亦称自然寿命或实际寿命，是指一台设备从全新的状态开始使用，直到因物质磨损到不能继续使用报废为止的全部时间过程。设备的物理寿命与使用环境、维护保养的好坏密切相关，主要由有形磨损决定。对可以修复的设备，可通过修理而有效地延长其物理寿命，但不能从根本上避免设备的磨损。任何一台设备磨损到一定程度时，都必须进行更新，因为随着设备使用时间的延长，设备不断老化，维修所支出的费用也逐渐增加，从而出现经济上不合理的使用阶段，因此，设备的自然寿命不能成为设备更新的估算依据。

6.3.2.2 技术寿命

技术寿命是指一台设备可能在市场上维持其价值的时间。也就是说一台设备从开始使用到因技术落后而被淘汰为止所经历的时间，也叫设备的技术老化周期。技术寿命的长短主要取决于技术进步的速度，与有形磨损无关，主要由设备的无形磨损决定。通过现代化改装，可以延长设备的技术寿命。技术进步越快，技术寿命越短，所以在估算设备寿命时，必须考虑设备技术寿命期限的变化特点及其使用的制约或影响。一般来说技术寿命短于自然寿命。

6.3.2.3 折旧寿命

折旧寿命亦称会计寿命，是指计算设备折旧的时间长度，可按国家有关部门规定或企业自行规定的折旧率，把设备总值扣除残值后的余额，折旧到接近于零时所经历的时间。折旧寿命的长短取决于国家的政策和方针、设备本身的使用特点以及企业的成本核算方法。

6.3.2.4 经济寿命

经济寿命是指设备从开始使用到其年度费用最小的使用年限，它是根据设备使用成本最低的原则来确定的，并由维护费用的提高和使用价值的降低所决定。购置设备后，随着使用年数越多，每年分摊的投资越少，但设备的保养和维修费用却越多，在设备寿命的后期，因设备故障频繁而引起的损失会急剧增加。因此，年资产消耗成本（也称为资金恢复费用）的降低，会被年度运行成本的增加或收益的下降抵消。在整个变化过程中存在着某一年份，设备的年平均使用成本（即年度费用）最低，经济效益最好。如图 6-2 所示，在 N_0 年时，设备的年度费用达到最低值，因此，N_0 即为设备的经济寿命。所以，设备的经济寿命就是从经济观点（即成本观点或收益观点）确定的设备更新的最佳时刻。

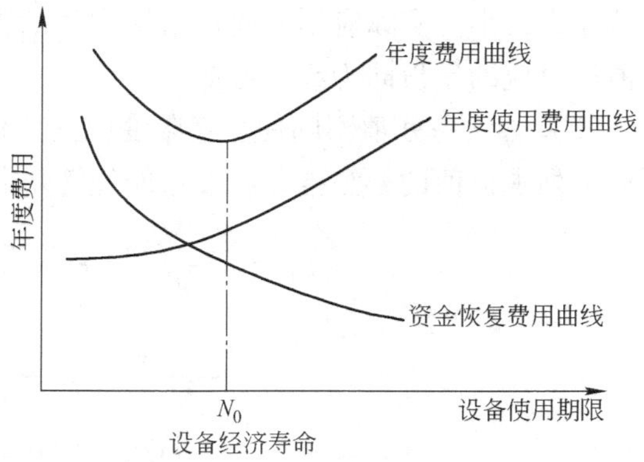

图 6-2 设备年度费用曲线

6.3.3 设备经济寿命的估算

6.3.3.1 设备年度费用的构成

设备的年度费用一般包括两部分：资金恢复费用和年度使用费用。资金恢复费用是指设备的原始费用扣除设备弃置不用时的估计残值（净残值）后分摊到设备使用各年上的费用；年度使用费用是指设备的年度运行费（人工、燃料、动力、刀具、机油等消耗）和年度维修费之和。

6.3.3.2 静态模式下设备经济寿命的确定方法

静态模式是指不考虑资金的时间价值，直接计算设备年度费用 AC_N，以 AC_N 最低的使用年限作为设备的经济寿命。

（1）如设备残值随着使用年限变化而变化，设备年度使用费用也呈不规则的增长，则年度费用计算的表达式见式（6-1）。

$$AC_N = \frac{P - L_N}{N} + \frac{1}{N}\sum_{t=1}^{N} C_t \tag{6-1}$$

式中 AC_N——N 年内设备的年度费用；

P——设备目前实际价值，如果是新设备包括购置费和安装费，如果是旧设备包括旧设备现在的市场价值和继续使用旧设备追加的投资；

C_t——第 t 年的设备使用费，包括人工费、材料费、能源费、维修费、停工损失、废次品损失等；

L_N——第 N 年末的设备净残值；

$\frac{P-L_N}{N}$——设备的平均年度资金恢复费用；

$\frac{1}{N}\sum_{t=1}^{N} C_t$——设备的平均年度使用费用。

在式（6-1）中，如果使用年限 N 为变量，则当 N_0（$0<N_0\leqslant N$）为经济寿命时，应满足 AC_N 为最小。实际应用中通常采用列表的方式来求解，见例 6-1，在表格中找到 AC_N 最小值所对应的年份即为经济寿命。

（2）如设备残值不随使用年限变化而变化，且年度使用费用每年有规律地递增 e，则可用下列求极值的办法推导出设备的经济寿命，其表达式见式（6-2）。

$$AC_N = \frac{P - L_N}{N} + E_1 + \frac{e + 2e + 3e + (N-1)e}{N}$$

$$= \frac{P - L_N}{N} + E_1 + \frac{(N-1)e}{2}$$

$$\frac{\partial AC_N}{\partial N} = -\frac{P - L_N}{N^2} + \frac{e}{2} = 0$$

$$N_0 = \sqrt{\frac{2(P - L_N)}{e}} \tag{6-2}$$

式中 E_1——设备使用第一年的年度使用费；

e——年度使用费每年的递增额；

N_0——经济寿命；

其他符号含义同前。

6.3.3.3 动态模式下设备经济寿命的确定方法

动态模式要求在考虑资金时间价值的条件下，确定设备的经济寿命。当考虑资金的时间价值时，设备年度费用计算的表达式见式（6-3）和式（6-4）。

$$AC_N = [P - L_N(P/F, i_0, N) + \sum_{t=1}^{N} C_t(P/F, i_0, t)](A/P, i_0, N) \tag{6-3}$$

或

$$AC_N = (P - L_N)(P/F, i_0, N) + L_N i_0 + \sum_{t=1}^{N} C_t(P/F, i_0, t)(A/P, i_0, N) \tag{6-4}$$

式中　i_0——基准收益率；

其他符号含义同前。

实际应用中，通常也是采用列表的方式来求解，见例 6-1，在表格中找到 AC_N 最小值所对应的年份即为经济寿命。

通常情况下，如果设备的年度使用费用是不断增加的，则在设备的使用年限内可以找到一个年度费用最小的年份，即为设备的经济寿命。但如果设备年度使用费用是不规则变化时，则最小年度费用的出现也是无规则的。

如果设备在整个使用寿命期间，年度使用费用固定不变，则该设备使用的年限越长，年度费用越低，也就是说，它的经济寿命等于它的服务寿命。如果设备的目前残值和未来的估计残值始终相等，而年度使用费用逐年增加，则该设备最短的寿命（一般为 1 年）即为其经济寿命。

【例 6-1】 某设备原始费用为 16000 元，各年设备净残值及使用费用见表 6-1，分别计算静态模式和动态模式下设备的经济寿命。设基准折现率为 10%。

表 6-1　各年设备残值和使用费用　　（元）

使用年数 N	1	2	3	4	5	6	7
年使用费 C_t	2000	2500	3500	4500	5500	7000	9000
设备净残值 L_N	10000	6000	4500	3500	2500	1500	1000

【解】（1）静态模式下，不考虑资金的时间价值时，根据式（6-1）计算设备的年度费用，结果见表 6-2。

表 6-2　不考虑资金时间价值时设备年度费用的计算　　（元）

使用年限 N ①	累计使用费 $\sum C_t$②	年平均使用费用③=②/①	资金恢复费用 $\frac{P-L_N}{N}$ ④	平均年度费用 ⑤=③+④	经济寿命
1	2000	2000	6000	8000	
2	4500	2250	5000	7250	
3	8000	2667	3833	6500	
4	12500	3125	3125	6250	★
5	18000	3600	2700	6300	
6	25000	4167	2417	6583	
7	34000	4857	2143	7000	

根据表6-2计算可得，不考虑资金时间价值时该设备的经济寿命为4年（表中用★表示）。

（2）动态模式下，考虑资金的时间价值时，根据式（6-3）计算设备的年度费用，结果见表6-3。

表6-3　考虑资金时间价值时设备年度费用的计算　（元）

使用年限 N ①	设备原值 P②	设备残值的现值 $L_N(P/F,\ i_0,\ N)$ ③	年使用费用的现值 $\sum_{t=1}^{N} C_t(P/F,\ i_0,\ t)$ ④	平均年度费用 (②-③+④) $(A/P,\ i_0,\ N)$	经济寿命
1	16000	9091	1818	9600	
2	16000	4959	3884	8600	
3	16000	3381	6514	7694	
4	16000	2391	9587	7318	
5	16000	1552	13003	7241	★
6	16000	847	16954	7372	
7	16000	513	21572	7612	

根据表6-3中计算可得，考虑资金时间价值时该设备的经济寿命为5年。

【例6-2】　设有一台设备，目前实际价值为1000万元，预计各年的净残值均为0，第一年设备的使用费用为150万元，以后每年设备使用费用的递增是均等的，即每年增加75万元。求该设备的经济寿命。

【解】　根据式（6-2）可以求得该设备经济寿命：

$$N_0 = \sqrt{\frac{2 \times (1000 - 0)}{75}} \approx 5 \text{ 年}$$

6.4　设备更新的技术经济分析

当机器设备发生有形磨损、无形磨损，原有设备生产能力不足，以及继续使用旧设备经济上不合理时，企业就会面临设备更新的问题。设备更新包括原型设备更新和新型设备更新，实际应用主要是指后一种，即以结构更加先进、技术更加完善、生产效率更高的新设备去代替不能继续使用及经济上不宜继续使用的旧设备。设备更新的目的在于提高设备构成的技术先进性，改善设备，改变设备拥有量的构成比，促进技术进步，使先进高效的设备比重逐步提高，以提高产品质量，降低成本，提高劳动生产率，适应国民经济发展的需要，并获得更高的经济效益。

6.4.1　设备更新的策略

设备更新是企业生产发展和技术进步的客观需要，对企业的经济效益有着重要的影响。过早的设备更新，无论是由于设备暂时出故障就报废的草率决定，还是片面追求现代化而购买最新式设备的决定，都将造成资金的浪费，失去其他的收益机会；对一个资金十分紧张的企业可能走向另一个极端——拖延设备的更新，这将造成生产成本迅速上升，失去竞争的优势。因此，设备是否更新，何时更新，选用何种设备更新？既要考虑技术发展的需要，又要考虑经济方面的效益。这就需要不失时机地做好设备更新分析工作，采取适宜的设备更新策略。

设备更新策略应在系统全面了解企业现有设备的性能、磨损程度、服务年限、技术进步等情况后，分轻重缓急，有重点有区别地对待。凡修复比较合理的，不应过早更新；可以在修理中有所改进，通过改进或改装就能使设备满足生产技术要求的不要急于更新；更新个别关键零部件就可达到要求的，不必更换整台设备；更换单机能满足要求的，不必更换整条生产线。通常优先考虑更新的设备是：

（1）设备损耗严重，大修后性能、精度仍不能满足规定工艺要求的；

（2）设备耗损虽在允许范围之内，但技术已经陈旧落后，能耗高、使用操作条件不好、对环境污染严重，技术经济效果很不好的；

（3）设备役龄长，大修理虽然能够恢复精度，但经济效果上不如更新的。

6.4.2 设备更新方案的比选原则

设备更新的中心内容是确定设备的经济寿命。从理论上来讲，设备合理的更新时间应等于其经济寿命，具体来说是指能使投入使用的设备等额年总费用（包括购置成本和使用成本）最低或等额年净收益最高的期限。也就是说，设备到了经济寿命就应该进行更新。但是需要指出的是研究设备经济寿命的时候，只是从设备的平均年度费用入手，忽略了技术进步和资金等因素对设备更新的影响和制约。所以，在研究设备经济寿命的基础上进一步研究设备更新时机的问题是很有必要的。在设备更新分析中，确定设备最优更新时间的主要依据是经济寿命；而更新时机的确定则依赖于对不同设备更新方案的比选。设备更新方案比选的基本原理和评价方法，与互斥性投资方案比选相同。在进行实际设备更新方案比选时，应遵循如下原则：

（1）设备更新应站在客观的立场上分析问题。设备更新的问题应站在客观的立场上研究，而不是站在旧设备的立场上考虑。若要保留旧设备，首先要付出相当于旧设备当前市场价值的投资，才能取得旧设备的使用权。

（2）设备更新分析只考虑未来发生的现金流量而不考虑沉没成本。沉没成本是既有企业过去投资决策发生的、非现在决策能改变（或不受现在决策影响）、已经计入过去投资费用回收计划的费用。由于沉没成本是已经发生的费用，不管企业生产什么和生产多少，这项费用都不可避免地要发生，因而现在决策对它不起作用。在进行设备更新方案比选时，只考虑今后会发生的现金流量，原设备的价值应按目前实际价值计算，而不考虑其沉没成本。

例如，某设备 4 年前的原始成本是 100000 元，扣除折旧后目前的账面价值是 40000 元，而该设备当前的市场价值仅为 25000 元。在进行设备更新方案比选时，旧设备往往会产生一笔沉没成本，即式（6-5）和式（6-6）。

$$\text{沉没成本}=\text{设备账面价值}-\text{当前市场价值} \tag{6-5}$$

$$\text{沉没成本}=(\text{设备原值}-\text{已提累计折旧额})-\text{当前市场价值} \tag{6-6}$$

本例中旧设备的沉没成本为 40000－25000＝15000 元，这是过去投资决策发生的而与现在更新决策无关，目前旧设备的价值应按现在的市场价值 25000 元计算。

（3）逐年滚动比较。该原则是指在确定最佳更新时机时，应首先计算比较现有设备的剩余经济寿命和新设备的经济寿命，然后利用逐年滚动计算方法进行比较，选总年度费用最低的年限作为更新时机。

（4）只比较设备费用。通常在比选设备更新方案时，假定设备产生的收益是相同的，因此只需要对它们的费用进行比较。

（5）设备更新分析以费用年值法为主。由于不同设备方案的服务寿命往往不同，因此在对设备更新的互斥方案比选时，常采用年值法进行比较。

如果不遵循这些原则，方案比选结果或更新时机的确定可能发生错误。

【例 6-3】 假定某工厂在 4 年前以原始费用 2200 万元购买机器 A，估计还可以使用 6 年，第 6 年末估计该设备残值为 200 万元，该机器年度使用费为 700 万元。现在市场上出现了机器 B，原始费用为 2400 万元，估计可以使用 10 年，第 10 年末残值为 300 万元，新机器年度使用费为 400 万元。现可采用两个方案：方案甲继续使用机器 A；方案乙是把机器 A 以 600 万元出售，然后购买机器 B，假设 i_0 为 15%。试对两个方案进行比选。

【解】 站在客观的立场上分析，两个方案的现金流量图如图 6-3 所示。

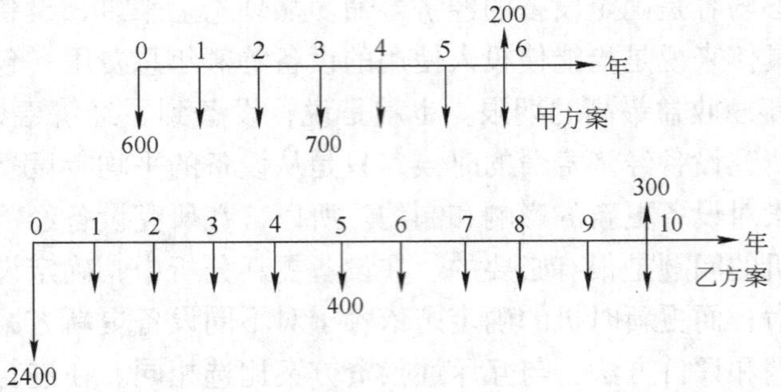

图 6-3 两个设备使用方案客观比较的现金流量图

按照寿命不等的互斥方案比选方法，计算各方案的年度费用：

$$AC_{甲} = 700 + 600(A/P, 15\%, 6) - 200(A/F, 15\%, 6) = 836(元)$$

$$AC_{乙} = 400 + 2400(A/P, 15\%, 10) - 300(A/F, 15\%, 10) = 864(元)$$

根据计算结果决策，选择年度费用低的方案，即继续采用旧设备的方案为优选方案。

6.4.3 原型设备更新的技术经济分析

如果设备在其整个使用期内还没有功能更全、性能更好的先进设备出现，那么该设备的未来替换物仍然是同一种设备，设备不存在技术上提前报废的问题。当该设备达到经济寿命年限时，再继续使用经济上已经不合算，因此可以用原型设备进行替换。这类原型设备更新的时机应以其经济寿命年限为佳，以例 6-1 为例，如果不考虑资金时间价值，原设备使用 4 年后即应更新；如果考虑资金的时间价值，则当该设备使用 5 年后，可以进行原型设备的更新。

但有时在给定有限研究期的情况下，按经济寿命更换设备不一定是最经济的方案。例如，某种产品的市场生命周期只有 5 年，因此设定投资生产该产品的项目研究期为 5 年，假定主要生产设备的经济寿命为 2 年，但使用寿命可以达 5 年，那么 5 年内按经济寿命生产设备要更新两次，其总费用现值有可能比更新一次或甚至比不更新设备（直接使用 5

年）更贵。这就有必要形成各种可能的互斥方案来比较 5 年内的设备总费用现值。

6.4.4 新型设备更新的技术经济分析

新型设备更新是指技术更新。在技术不断进步的条件下，由于第二种无形磨损的作用，很可能在设备运行成本尚未升高到该用原型设备替代之前，就已出现工作效率更高和经济效果更好的设备。这时，就要在继续使用旧设备和购置新设备这两种方案中比选，到底哪一种方案在经济上更为有利。而且还需要比较是马上更新，还是使用一年或几年后更新。

【例 6-4】 某设备目前的净残值为 8000 元，还能继续使用 4 年，保留使用的费用情况见表 6-4。新设备的原始费用为 35000 元，经济寿命 10 年，10 年末的净残值为 4000 元，平均年度使用费为 500 元，基准折现率是 12%。分析旧设备是否需要更换？如需要更换则何时更换最经济？

表 6-4 保留使用旧设备的费用情况

保留使用年数	年末净残值/元	年度使用费/元
1	6500	3000
2	5000	4000
3	3500	5000
4	2000	6000

【解】 设新、旧设备的平均年度费用分别为 $AC_{新}$ 与 $AC_{旧}$，则按式（6-4）计算如下：

$$AC_{新}=(35000-4000)\times(A/P,12\%,10)+4000\times0.12+500$$
$$=31000\times0.177+480+500$$
$$=6467\text{（元）}$$

$$AC_{旧}=(8000-2000)\times(A/P,12\%,4)+2000\times0.12+[3000(P/F,12\%,1)+4000(P/F,12\%,2)+5000(P/F,12\%,3)+6000(P/F,12\%,4)]\times(A/P,12\%,4)$$
$$=6000\times0.3292+240+(3000\times0.8929+4000\times0.7972+5000\times0.7118+6000\times0.6355)\times0.3292$$
$$=6574\text{（元）}$$

由于 $AC_{新}<AC_{旧}$，所以旧设备应该更新。那么是否需要马上更换呢？分析如下：

旧设备保留使用 1 年：

$$AC_{旧}(1)=(8000-6500)(A/P,12\%,1)+6500\times0.12+3000$$
$$=5460\text{(元)}<AC_{新}=6467\text{(元)}\text{，应保留旧设备}$$

旧设备保留使用 2 年：

$$AC_{旧}(2)=(6500-5000)(A/P,12\%,1)+5000\times0.12+4000$$
$$=6280\text{(元)}<AC_{新}=6467\text{(元)}\text{，应保留旧设备}$$

旧设备保留使用 3 年：

$$AC_{旧}(3)=(5000-3500)(A/P,12\%,1)+3500\times0.12+5000$$
$$=7100\text{(元)}>AC_{新}=6467\text{元，应更新旧设备}$$

因此，最经济的更新方案是旧设备继续保留使用2年，于第2年年末更新为新设备。

6.4.5 设备更新方案的综合比较

设备超过最佳使用期限之后，就存在更新的问题。但陈旧设备直接更新是否必要或是否为最佳的选择，是需要进一步研究的问题。一般而言，对超过最佳使用期限的设备可以采用以下5种处理办法：

（1）继续使用旧设备；

（2）对设备进行大修理；

（3）对旧设备进行现代化技术改造；

（4）用原型设备进行更新；

（5）用新型设备进行更新。

对以上各类方案进行综合比较宜采用“最低总费用现值法”，即通过计算各方案在不同使用年限内的总费用现值，根据计划使用年限，按照总费用现值最低的原则进行方案优选。具体计算公式见式（6-7）。

$$PC_j = \frac{1}{a_j}\left[P_j + \sum_{t=1}^{n} C_{jt}(P/F,\ i_0,\ t) - L_{jn}(P/F,\ i_0,\ n) \right]$$

$$\text{总费用现值} = \frac{\text{（设备处理方案投资计划 + 使用成本）的现值 − 设备残值的现值}}{\text{方案的生产效率系数}} \tag{6-7}$$

式中 PC_j——第 j 个设备处理方案的总费用现值；

P_j——设备各处理方案所用设备的初始投资，如继续使用旧设备，则为旧设备的市场价；如采用新设备，则按新设备达到预计使用状态的投资计算；

L_{jn}——第 j 个设备处理方案设备使用到 n 年的残值；

C_{jt}——第 j 个设备处理方案设备第 t 年的年度使用费用；

a_j——第 j 个方案的生产效率系数；

其他符号意义同前。

【例6-5】 假定表6-5为各种设备处理方案每年分项费用的原始资料，基准折现率为10%，试选择最佳设备处理方案。

表6-5 各设备处理方案每年的分项费用

设备处理方案 j	投资 P_j /元	生产效率系数 a_j	各年使用费用 C_t；设备使用到各年末残值 L_N/元								
			使用年限 t	1	2	3	4	5	6	7	8
继续使用旧设备	$P_1=3000$	$a_1=0.7$	C_t	1200	1700	2200					
			L_N	2000	1500	1000					
对旧设备进行大修理	$P_2=8000$	$a_2=0.9$	C_t	1000	1100	1200	1450	1800	2200	2500	2800
			L_N	6400	5500	4500	3600	3000	2500	2000	1500
对旧设备进行现代化技术改造	$P_3=12500$	$a_3=1.1$	C_t	650	800	1000	1200	1400	1700	2300	2500
			L_N	9000	8000	6700	5700	4700	3700	2000	1000

续表 6-5

设备处理方案 j	投资 P_j /元	生产效率系数 a_j	各年使用费用 C_t；设备使用到各年末残值 L_N/元								
			使用年限 t	1	2	3	4	5	6	7	8
用原型设备更新	$P_4 = 16000$	$a_4 = 1$	C_t	450	550	650	750	850	950	1050	1150
			L_N	9360	8320	7280	6240	5200	4160	3120	2080
用新型设备更新	$P_5 = 20000$	$a_5 = 1.3$	C_t	350	420	490	560	630	700	720	750
			L_N	11520	10240	8600	7150	5700	5000	4500	4200

【解】 根据式（6-7），可计算出不同服务年限各设备处理方案的总费用现值，见表 6-6。

表 6-6 不同服务年限各设备处理方案的总费用现值 （元）

服务年限	1	2	3	4	5	6	7	8
继续使用旧设备	3246.8*	6080.3	9139.2					
对旧设备进行大修理	3434.3	5858.6*	8154.3*	10279.2*	12183.4	14064.9	15918	17732.2
对旧设备进行现代化技术改造	4462.8	6491.4	8608.7	10390.7	12067.2*	13693.9*	15732.6	17301.7
用原型设备更新	7900	9987.6	11882.4	13602.2	15163.2	16580.1	17866.0	19033.2
用新型设备更新	7573.4	9386.5	11209.3	12717.2	14052.2	14907.6	15586.5*	16124.8*

注：加“*”为对应设备服务年限总费用现值最低的方案。

分析计算结果，可以得出如下结论：

（1）当设备只使用 1 年，以继续使用旧设备的方案为最佳；

（2）当设备打算使用 2~4 年，对旧设备进行大修理方案为佳；

（3）当设备将使用 5~6 年，对旧设备进行现代化技术改造的方案为最佳方案；

（4）当设备的使用期在 7 年以上，则用高效率的新型设备来替换旧设备的方案为最佳。

6.5 设备租赁方案的经济分析

设备租赁是指设备的使用者（租赁者）向设备出租者按租赁合同的约定，定期支付一定的费用而取得设备使用权的一种方式。从全局范围来看，这种方式在一定条件下有利于设备的管理和保养，提高设备的利用率和节省投资。

近年来随着设备租赁市场的不断发展，设备租赁业务的品种越来越多，规模也越来越大，人们对租赁的认识也逐渐加深。企业在进行产品结构调整、设备更新、项目引进等方面，都会面临取得设备的问题，在企业资金运转紧张的情况下，完全可以选择租赁方式获得设备的使用权。

6.5.1 设备租赁的特点

(1) 设备租赁对承租者的益处包括以下几个方面:

1) 在资金短缺的情况下，既可用较少资金获得生产急需的设备，也可以引进先进设备，加速技术进步的步伐;

2) 可获得出租方良好的技术服务;

3) 可保持资金的流动状态，防止呆滞，也不会使企业资产负债状况恶化;

4) 可避免通货膨胀和利率波动的冲击，减少投资风险;

5) 一定条件下可以减少企业缴纳的所得税。

(2) 设备租赁的不足之处。从承租者的角度来看，设备租赁具有比自己直接拥有设备情况下支付更多的费用，租赁初期付款额度通常比较大，需要按时支付租金，以及对租用设备无所有权，不得将租赁设备用于担保、抵押等缺点。

(3) 设备租赁对出租者的益处包括以下几个方面:

1) 促进资产的合理使用，提高设备利用率;

2) 扩大设备销路，提高经济效益;

3) 享受税赋和加速折旧的优惠，减少所得税税金的支出。

6.5.2 设备租赁的方式

设备租赁通常有经营租赁和融资租赁两种形式。

6.5.2.1 经营租赁

经营租赁也称运行租赁，是指出租者除向承租者提供租赁物以外，还承担设备的保养、维修、贬值以及不再续租的风险，任何一方可以随时以一定方式在通知对方后的规定时间内取消或中止租约。该类租赁具有可撤销性、短期性、租金高等特点，适用于技术进步快、用途较广泛、使用具有季节性的设备，如车辆、计算机和检测仪器等。经营租赁设备的租赁费可计入企业生产成本，因而可减少企业所得税。

6.5.2.2 融资租赁

融资租赁的方式中，租赁双方通过合同明确租让的期限和付费义务，出租者按照要求提供规定的设备，然后以租金形式回收设备的全部投资，出租者对设备的整机性能、维修保养、老化风险等不承担责任。该种租赁方式是以融资和对设备的长期使用为前提的，租赁期相当于或超过设备的寿命期，具有不可撤销性、租期长等特点，适用于大型机械、重型施工等贵重设备。融资租入的设备属承租方的固定资产，可以计提折旧并计入企业生产成本，而租赁费一般不直接计入企业生产成本，由企业税后支付。但租赁费中的利息和手续费可在支付时计入企业生产成本，作为纳税所得额中准予扣除的项目。融资租赁具有以下特点:

(1) 租赁物一般由承租人向出租人提出正式申请，出资人筹集资金购买设备，设备的质量和技术上的检验由承租方负责。因此，融资租赁的主要目的在于融通资金，能够迅速获得所需长期资产的使用权。

(2) 融资租赁的融资与引进设备都由有经验和对市场熟悉的租赁公司承担，可以减少设备引进费，从而降低设备取得成本。

（3）租赁期限长。按照国际惯例，租赁期超过租赁资产经济寿命的75%以上，即为融资租赁。

（4）在租赁期内，出租方通常不提供维修和保养服务。

（5）租赁合同稳定，租赁双方一般不得提出提前解除租赁合同。在融资租赁期内，承租人必须连续支付租金，非经双方同意，中途不得退租。

（6）租赁费中的利息、手续费以及融资租赁设备的折旧费均可在税前支付，可以减轻企业所得税负担。

（7）租赁期满后，承租方可以将租赁物退还给出租方，也可以作价将租赁物买下，还可以续租。

但是，融资租赁的出租人不能将租赁资产列入资产负债表，与此相适应，也不能对租赁资产中的固定资产提取折旧；承租人作为融资活动的债务人，应当采用与自有固定资产相一致的折旧政策计提租赁资产的折旧。

6.5.3　设备租赁费用的计算

6.5.3.1　租赁费用的构成

租赁费用指企业为租赁设备而发生的所有现金流出量。包括租金、设备安装调试费、利息、手续费、维修费、保险费、担保费等。其中，租金是签订租赁合同的一项重要内容，直接关系到出租人与承租人双方的经济利益。出租人要从取得的租金中得到出租资产的补偿和收益，即要收回租赁资产的购置费、贷款利息、营业费用，并取得一定的利润；承租人则要参照租金核算生产成本。

在经营租赁条件下，租金应考虑出租资产的折旧费、大修理费、日常维修费、租赁期间的利息、保险费以及出租方收取的手续费等因素。如果租约中规定日常维修由承租方负责，则日常维修费不应包括在租金中。

在融资租赁条件下，租金应考虑租赁资产的购置价、出租方垫付资金的利息以及出租方收取的手续费等因素。至于租赁资产的维修费、保险费以及租赁资产的陈旧风险等，一般由承租人承担，不应包括在租金中。

6.5.3.2　租金的计算

租金计算是租赁业务中的核心要素。融资租赁和经营租赁的租金在计算上的区别就是经营租赁是以承租人租赁使用物件的时间计算租金的；而融资租赁是以承租人占用出租人资金的时间来计算租金的。它直接关系到承租人和出租人的利益分配，是租赁合同谈判和签约的基本条件，同时又是租赁合同履约过程中双方进行成本核算、利润核算、财务处理的重要依据。影响租金的因素有设备的价格、运费、融资的利息及费用、各种税金、租赁保证金、租赁利差、各种费用的支付时间以及租金的计算公式等。租金的计算方法主要有附加率法和年金法两种。

A　附加率法

附加率法是在租赁资产的设备购置价或概算成本上再加上一个特定的比率来计算租金的方法。每期租金的计算见式（6-8）。

$$R = P \times \left(\frac{1}{N} + i + r\right) \tag{6-8}$$

式中 R——每期支付的租金；

P——租赁资产的价格；

N——租赁资产的期数，可按月、季、半年、年计；

i——与租赁期数相对应的折现率；

r——附加率。

【例 6-6】 某出租设备购置价格为 50 万元，租期 5 年，每年末付租金，折现率 8%，附加率 4%。采用附加率法计算租金时，每年租金不能低于多少？

【解】 按照式（6-8），计算每年租金可得：

$$R = 50 \times \left(\frac{1}{5} + 8\% + 4\%\right) = 16(\text{万元})$$

B 年金法

年金法是将一项租赁资产价值按照动态等额分摊到未来各租赁期间内的租金计算方法，应用年金法计算租金时，通常要结合市场利率和手续费率确定一个租赁费率，作为计算租金的贴现率。年金法有等额年金后付法和等额年金先付法两种。后付法是在每期期末等额支付租金；先付法则是在每期期初等额支付租金，先付法要比后付法提前一期支付租金。按照年金法，每期租金的计算见式（6-9）和式（6-10）。

等额年金后付法：
$$R_a = P \times (A/P,\ i,\ N) \tag{6-9}$$

等额年金先付法：
$$R_b = P\,\frac{i\,(1 + i)^{N-1}}{(1 + i)^N - 1} \tag{6-10}$$

式中 R_a——每期期末支付的租金额；

R_b——每期期初支付的租金额；

其他符号含义同前。

【例 6-7】 某货车出租有限公司与某运输企业达成一笔货车租赁交易，租赁资产的价值为 90 万元，租期 5 年。设贴现率为 9%，试用年金法分别按每年年末、每年年初支付方式计算租金。

【解】 （1）按照式（6-9），计算每年年末支付的租金：

$$R_a = 900000 \times (A/P,\ 9\%,\ 5) = 900000 \times 0.2571 = 231390(\text{元})$$

（2）按照式（6-10），计算每年年初支付的租金：

$$R_b = 900000 \times \frac{9\% \times (1 + 9\%)^{5-1}}{(1 + 9\%)^5 - 1} = 212288(\text{元})$$

6.5.4 设备租赁与购置方案的决策分析

设备租赁的经济性分析是对设备租赁方案和设备购置方案进行经济比选，对于承租人来说，关键是决定租赁还是购买设备。设备租赁与购置方案的经济比选也是一个互斥方案的优选问题，当设备寿命相同时，可采用净现值法；设备寿命不同时，则可采用年值法。最终以收益较大或成本较少的方案为宜。

6.5.4.1 设备租赁与购置方案的比选步骤

设备租赁与购置方案的比选步骤如下：

（1）根据企业生产经营目标和技术状况，提出设备更新的投资建议；

（2）拟定若干设备投资、更新方案，包括购置（有一次性和分期付款之分）方案和租赁方案；

（3）根据企业财务能力、设备技术特点以及使用维修特点，定性分析筛选方案。对技术过时风险大、保养维修复杂、使用时间短的设备，可以考虑经营租赁方案；对技术过时风险小，使用时间长的大型专用设备则考虑采用融资租赁方案或者购置方案；

（4）结合其他因素，定量分析并优选方案，作出租赁还是购置的投资决策。

6.5.4.2 设备经营租赁与购置方案的经济比选方法

A 设备经营租赁方案的净现金流量

采用设备经营租赁的方案，没有资金恢复费用，租赁费可以直接计入成本，其净现金流量见式（6-11）。

净现金流量=销售收入-经营成本-租赁费用-与销售相关的税金-所得税率×（销售收入-经营成本-租赁费用-与销售相关的税金）（6-11）

B 购置设备方案的净现金流量

在与租赁相同条件下购置设备方案的净现金流量见式（6-12）。

净现金流量=销售收入-经营成本-设备购置费-贷款利息-与销售相关的税金-所得税率×（销售收入-经营成本-折旧-贷款利息-与销售相关的税金）（6-12）

C 设备租赁方案与购置方案的经济比选

对设备租赁和购置方案的比选，按照互斥方案比选的增量原则，只要比较它们的差异部分。在假设租赁设备和购置设备都取得相同经济效果时，它们的费用比选只需要比较下列两式的现金流量：

设备租赁时：所得税率×租赁费用-租赁费用

设备购置时：所得税率×（折旧+贷款利息）-设备购置费-贷款利息

6.5.4.3 设备租赁与购置方案所得税的处理

由于每个企业都要根据利润大小上交所得税，在其他费用保持不变的情况下，计入成本的数额越多，则利润总额越少，企业交纳的所得税就越少。因此在充分考虑各种方式税收优惠的影响下，应当选择税后收益最大或税后成本最小的方案。在计算企业应缴纳与设备有关的利润所得税时，不同的设备取得方式，计算有所不同，具体如下：

（1）经营租赁设备：租赁费税前支付。

（2）融资租赁设备：折旧费与租赁费中的手续费和利息税前支付。

（3）自有资金购置设备：折旧费税前支付。

（4）贷款购置设备：折旧费和利息在税前支付。

【例 6-8】 某企业生产急需一套挖机设备，设备购置费为 100 万元，使用寿命 4 年，残值为 10 万元，企业按平均年限法计提折旧。这台挖机设备每年扣除燃料、维修费和保险费后可获得销售收入 100 万元，公司按利润总额的 25%缴纳所得税。假设公司可以一次性付款购置该设备；也可以采用租赁方式，租赁方式每年年初需要支付租金 30 万元；还可以分期付款购置设备，先一次性支付 40 万元，然后在第 2 年年初和第 3 年年初各支付 38 万元。在基准收益率为 15%的情况下，比选三个设备取得方案的优劣。

【解】（1）一次性付款购置设备方案的现金流量见表 6-7。

表 6-7 一次性付款购置设备方案的现金流量表 （万元）

项 目	年份				
	0	1	2	3	4
（1）购置费	100				
（2）销售收入（扣除运营费）		100	100	100	100
（3）折旧费		22. 5	22. 5	22. 5	22. 5
（4）所得税[（2）-（3）]×25%		19. 38	19. 38	19. 38	19. 38
（5）净现金流量[（2）-（1）-（4）]	-100	80. 62	80. 62	80. 62	80. 62

计算该方案的净现值：

$$NPV_1 = -100+80.62(P/A,15\%,4) = -100+80.62\times 2.855 = 130.17(\text{万元})$$

（2）每期期初支付税金租赁设备方案的现金流量见表 6-8。

表 6-8 租赁设备方案的现金流量表 （万元）

项 目	年份				
	0	1	2	3	4
（1）租赁费	30	30	30	30	
（2）销售收入（扣除运营费）		100	100	100	100
（3）所得税[（2）-（1）]×25%		17. 5	17. 5	17. 5	17. 5
（4）净现金流量[（2）-（1）-（3）]	-30	52. 5	52. 5	52. 5	82. 5

计算该方案的净现值：

$$NPV_2 = -30+52.5(P/A,15\%,3)+82.5(P/F,15\%,4) = 137.04(\text{万元})$$

（3）分期付款购置设备方案的现金流量见表 6-9。

表 6-9 分期付款购买设备方案的现金流量表 （万元）

项 目	年份				
	0	1	2	3	4
（1）分期付款额	40	38	38		
（2）销售收入（扣除运营费）		100	100	100	100
（3）折旧费		22. 5	22. 5	22. 5	22. 5
（4）所得税[（2）-（3）]×25%		19. 38	19. 38	19. 38	19. 38
（5）净现金流量[（2）-（1）-（4）]	-40	42. 62	42. 62	80. 62	80. 62

计算该方案的净现值：$NPV_3 = -40+42.62(P/A,15\%,2)+80.62(F/A,15\%,2)(P/F,15\%,4) = 128.39(\text{万元})$

比选三个设备取得方案净现值的计算结果可以得出，采用租赁设备方案获得的净现值最大，推荐为最优方案。

思考题及习题

6-1 什么是设备的有形磨损和无形磨损，两者的区别是什么？

6-2 设备磨损的补偿方式有哪些，分别可以补偿什么样的磨损？

6-3 设备寿命有哪些类型，分别是什么含义？

6-4 设备使用的年度费用是如何构成的，分别有什么规律？

6-5 设备更新的策略是什么？

6-6 设备更新方案的比选原则有哪些？

6-7 设备租赁的含义是什么，有哪些类型？

6-8 从不同角度分别说明设备租赁有哪些特点？

6-9 影响租金的因素有哪些，租金的计算方法有哪几种？

6-10 经营性租赁和融资性租赁的含义分别是什么？

6-11 融资租赁有什么特点？

6-12 设备租赁与购置方案比选的步骤是怎样的？

6-13 如何处理设备租赁和设备购置方案的所得税？

6-14 某设备原值 5000 元，使用中各年的残值及使用费用见表 6-10，若不考虑资金的时间价值，试计算该设备合理的更新周期。

表 6-10 设备使用各年残值及使用费用表 （元）

使用年限	1	2	3	4	5	6
年使用费	100	193	207	300	1100	2300
年末残值	3700	2600	1786	900	400	200

6-15 设有一台设备，目前实际价值为 10000 元，预计残值为 800 元，第一年的设备使用成本为 600 元，以后每年的增加额是均等的，每年增加使用成本 500 元，则该设备的经济寿命为多少年？

6-16 某企业 2 年前投资 6 万元购买一批计算机，计划使用 5 年，5 年末的残值为 0.6 万元，如现在出售这批计算机可得到 2 万元。则该批计算机的沉没成本为多少万元？如果对该计算机进行更新，该计算机的价值应按多少万元计算？

6-17 某设备的购置价为 6000 元，第 1 年的使用费为 1000 元，以后每年以 300 元定值递增。设备使用 1 年后残值为 3600 元，以后每年以 400 元定值递减，该设备的最大使用年限为 8 年。基准收益率为 8%，试用动态的方法计算该设备的经济寿命。

6-18 某施工企业有一台升降机，已经使用了很多年，目前净值为 4000 元，要继续使用就必须进行现代化改装，估计改装费用需要 8000 元，改装后生产效率可以提高 20%，且能继续使用 5 年，每年的使用费用为 2000 元，使用到第 5 年年末残值为 500 元。如重新购置一台功能相同的新升降机，购置成本需 40000 元，新设备的生产效率可以提高 30%，且可使用 10 年，期末残值估计为 1000 元，每年的使用费用为 1000 元。设基准收益率为 10%，请分析该企业是对旧升降机进行现代化改装好还是购置新的升降机好？

6-19 5 年前花 27000 元在工厂内安装一套输送设备系统，估计系统的使用寿命为 20 年，年度使用费为 1350 元。由于输送的零件数增加了 1 倍，现有两种方案可供选择。方案 A，保留原输送设备系统，再花 22000 元安装一套输送能力、使用寿命、年度使用费等和原系统完全相同的输送设备系统；方案 B，花 31000 元安装一套输送能力增加 1 倍的新设备系统，其年度使用费为 2500 元，使用寿命为 20 年，安装此设备系统后原设备系统可以 6500 元出售。各个设备系统使用寿命期末的残值均为原始费用的 10%，假定 $i_0=12\%$，选择研究期为 15 年，试对 A、B 两种方案进行经济比选。

6-20 某施工企业拟租赁一台施工机械，已知该施工机械的价格为 72 万元，租期为 7 年，每年末支付租金，租金按附加率法计算，折现率为 10%，附加率为 4%，则每年应付租金为多少万元？

6-21 租赁公司拟出租给某企业一台设备，设备的价格为 68 万元，租期为 5 年，每年年末支付租金，折现率为 10%，附加率为 4%。要求分别按附加率法和年金法计算每年的租金为多少？

6-22 某企业利用借款购买的一台生产设备，每期按规定提取折旧费 15 万元，每期借款利息 3 万元，该企业营业税金及附加率为 5.5%，所得税税率为 25%，则企业购买该设备带来的每期所得税节约额为多少？

6-23 某企业生产急需一套施工设备，其购置费为 22000 元，可使用 10 年，期末残值为 2500 元。这种设备也可租到，按规定每年初支付的租赁费为 3300 元。设备的使用费为 1500 元/年，企业应缴纳的所得税税率为 25%，年末纳税。购置设备采用直线法计提折旧，$i_0=10\%$。问该企业应采用设备购置方案还是租赁方案？

7　工程项目的国民经济评价

导读：国民经济评价是站在国家和社会的角度，以社会资源合理配置、社会效益最大化为目标而进行的费用效益分析。在现实经济中，由于市场本身的原因及政府不恰当的干预，都可能导致市场配置资源的失灵，市场价格难以反映项目的真实经济价值，客观上需要通过国民经济评价来反映项目的真实经济价值，从而判断投资的经济合理性，为投资决策提供依据。通过本章学习，需要掌握的知识点如下：

（1）了解国民经济评价的含义和范围；

（2）熟悉国民经济评价的内容；

（3）掌握国民经济评价中费用和效益的类型及识别原则；

（4）熟悉国民经济评价参数的内容和确定方法；

（5）掌握国民经济评价的指标及方法；

（6）了解国民经济效果评价的方法。

从经济学的角度看，经济活动的目的是通过配置稀缺经济资源用于生产产品和提供服务，尽可能地满足社会需要。当经济体系功能发挥正常，社会消费的价值达到最大时，就认为是取得了“经济效益”。在现实经济中，依靠两种基本机制来实现这种目的。一是市场定价机制，通过此种机制，厂商对由市场供求水平决定的价格做出反应，并据此从事自利的经济活动；二是政府部门通过税收补贴、政府采购、货币转移支付，以及为企业运行制定法规等手段，进行资源配置的决策活动，从而影响社会资源的配置状况。

在完全竞争的完善的市场经济体系下，市场竞争机制能够对经济资源进行有效配置，产出品的市场价格将以货币形态反映边际社会效益，而投入品的市场价格将反映边际社会机会成本。利润最大化自然会导致资源的有效配置，财务分析与经济费用效益分析的结论一致，不需单独进行经济费用效益分析。

但在现实经济中，由于市场本身的原因及政府不恰当的干预，都可能导致市场配置资源的失灵，市场价格难以反映项目的真实经济价值，客观上需要通过国民经济评价来反映项目的真实经济价值，判断投资的经济合理性，为投资决策提供依据。

7.1　国民经济评价的范围

7.1.1　需进行国民经济评价的项目特征

那些无法完全依靠市场配置资源、需要进行国民经济评价的项目，往往具有下列特征：

（1）项目的产出物不具有市场价格。由于公共产品和外部效果等因素的影响，无法对其进行市场定价。

（2）市场价格虽然存在，但无法确切地反映投入物和产出物的边际社会效益和成本。因而在竞争性市场上提供这些服务得到的收益将无法充分地反映这些供给所产生的社会净效益。

7.1.2 需进行国民经济评价的项目类型

从投资管理的角度，现阶段需要进行国民经济评价的项目可以分为以下几类：

（1）政府预算内投资（包括国债资金）的用于关系国家安全、国土开发和市场不能有效配置资源的公益性项目和公共基础设施建设项目，保护和改善生态环境项目，重大战略性资源开发项目；

（2）政府各类专项建设基金投资的用于交通运输、农林水利等基础设施及基础产业的建设项目；

（3）利用国际金融组织和外国政府贷款，需要政府主权信用担保的建设项目；

（4）法律法规规定的其他政府性资金投资的建设项目；

（5）企业投资建设的涉及国家经济安全，影响环境资源、公共利益，可能出现垄断、涉及整体布局等公共性问题，需要政府核准的建设项目。

从经济学的角度，现阶段需要进行国民经济评价的项目可以分为以下几类：

（1）自然垄断项目。电力、电信、交通运输等行业的项目，存在着规模效益递增的产业特征，企业一般不会按照帕累托最优规则进行运作，从而导致市场配置资源失效，有必要进行国民经济评价。

（2）公共产品项目，即项目提供的产品或服务在同一时间内可以被共同消费，具有“消费的非排他性”（未花钱购买公共产品的人不能被排除在此产品或服务的消费之外）和“消费的非竞争性”特征（一人消费一种公共产品并不以牺牲其他人的消费为代价）。由于市场价格机制只有通过那些不愿意付费的消费者排除在该物品的消费之外才能得以有效运作，因而市场机制对公共产品项目的资源配置失灵，需要通过国民经济评价进行决策。

（3）具有明显外部效果的项目。外部效果是指一个个体或厂商的行为对另一个个体或厂商产生了影响，而该影响的行为主体又没有负相应的责任或没有获得应有报酬的现象。产生外部效果的行为主体由于不受预算约束，因此常常不考虑外部效果结果承受者的损益情况。这样，这类行为的主体在其行为过程中常常会低效率甚至无效率地使用资源，造成消费者剩余与生产者剩余的损失及市场机制失灵，因此应该通过国民经济评价给予修正。

（4）对于涉及国家控制的战略性资源开发及涉及国家经济安全的项目，往往具有公共性、外部效果等综合特征，不能完全依靠市场配置资源，需借助于国民经济评价进行分析。

（5）政府对经济活动的干预，如果干扰了正常的经济活动效率，也会导致市场失灵，也需立足于国家和社会角度进行评价。

国民经济评价包括国民经济评价费用与效益的识别与处理、国民经济评价中影子价格及其他评价参数的确定和基础数据的调整以及国民经济费用效益分析三部分内容。

7.2 国民经济评价中费用与效益的分析

国民经济评价中的费用与效益，与财务经济评价中的划分范围是不同的。国民经济评价以工程项目耗费资源的多少，以及项目给国民经济带来的收益来界定项目的费用与效益，无论最终由谁支付和获取，都视为该项目的费用与效益，而不仅仅是考察项目账面上直接显现的收支。因此，在国民经济评价中，需要对这些直接或间接的费用与效益，逐一加以识别、归类和处理。

项目的国民经济费用是指项目耗用社会经济资源的经济价值，即按经济学原理估算出的被耗用经济资源的经济价值。项目的国民经济费用包括三个层次的内容，即项目实体直接承担的费用，受项目影响的利益群体支付的费用，以及整个社会承担的环境费用。

项目的国民经济效益是指项目为社会创造的社会福利的经济价值，即按经济学原理估算出的社会福利的经济价值。与国民经济费用相同，项目的国民经济效益也包括三个层次的内容，即项目实体直接获得的效益，受项目影响的利益群体获得的效益，以及项目可能产生的环境效益。

7.2.1 费用与效益的类型

7.2.1.1 直接效益与直接费用——内部效果

直接效益是项目产出物直接生成，并在项目范围内计算的经济效益。一般表现为：

（1）增加项目产出物或者服务的数量以满足国内需求的效益；

（2）替代效益较低的相同或类似企业的产出物或者服务，使被替代企业减产（停产）从而减少国家有用资源耗费或者损失的效益；

（3）增加出口或者减少进口从而增加或者节支的外汇等。

直接费用是项目使用投入物所形成，并在项目范围内计算的费用。一般表现为：

（1）其他部门为本项目提供投入物，需要扩大生产规模所耗费的资源费用；

（2）减少对其他项目或者最终消费投入物的供应而放弃的效益；

（3）增加进口或者减少出口从而耗用或者减少的外汇等。

7.2.1.2 间接效益与间接费用——外部效果

外部效果是指项目对国民经济做出的贡献与国民经济为项目付出的代价中，在直接效益与直接费用中未得到反映的那部分效益（间接效益）与费用（间接费用）。外部效果应包括以下几个方面：

（1）产业关联效果。例如建设一个水电站，一般除发电、防洪灌溉和供水等直接效益外，还必然带来养殖业和水上运动的发展，以及旅游业的增进等间接效益。此外，农牧业还会因土地淹没而遭受一定损失，产生间接费用。

（2）环境和生态效果。例如发电厂排放的烟尘可使附近田园的农作物产量减少，质量下降，化工厂排放的污水可使附近江河的鱼类资源骤减等。

（3）技术扩散效果。技术扩散和示范效果是由于建设技术先进的项目会培养和造就大量的技术人员和管理人员。他们除了为本项目提供服务外，人员流动、技术交流对整个社会经济发展也会带来好处。

7.2.1.3 转移支付

项目的某些财务收益和支出，从国民经济角度看，并没有造成资源的实际增加或减少，而是国民经济内部的“转移支付”，不计入项目的国民经济效益与费用。转移支付的主要内容包括以下几个方面：

（1）税金，将企业的货币收入转移到政府手中，是收入的再分配。

（2）补贴，是使资源的支配权从政府转移给了企业。

（3）国内贷款的还本付息，仅代表资源支配权的转移。

（4）国外贷款的还本付息。国外贷款的处理分以下三种情况：

第一，评价国内投资项目经济效益的处理办法。在分析时，由于还本付息意味着国内资源流入国外，因而应当视做费用，不作为转移支付处理。

第二，国外贷款不指定用途时的处理办法。这种情况下，与贷款对应的实际资源虽然来自国外，但受贷国在如何有效利用这些资源的问题上，面临着与国内资源同样的优化配置任务，因而应当对包括国外贷款在内的全部资源的利用效果做出评价。在这种评价中，国外贷款还本付息不视做收益，也不视做费用，而是作为转移支付处理。

第三，国外贷款指定用途的处理办法。如果不实施拟建项目，就不能得到国外贷款，这时便无须进行全投资的经济效益评价，可只进行国内投资资金的经济评价。这是因为，全投资经济效益评价的目的在于对包括国外贷款在内的全部资源多种用途进行比较选优，既然国外贷款的用途已经唯一限定，别无其他选择，也就没有必要对其利用效益做出评价了。

7.2.2 费用与效益的识别原则

在项目的国民经济评价中，效益和费用的划分与财务评价相比有了实质性的变化，因此，正确地识别效益与费用，是保证国民经济评价正确性的前提条件。识别费用与效益的基本原则是：凡是项目为国民经济所作的贡献，均计为项目的收益；凡是国民经济为项目所付出的代价，均计为项目的费用。

7.2.2.1 全面识别的原则

应尽可能全面地识别建设项目的经济费用和效益，对项目涉及的所有社会成员的有关费用和效益进行识别和计算，全面分析项目投资及运营活动耗用资源的真实价值，以及为社会成员福利的实际增加所做出的贡献。具体包括以下几个方面：

（1）分析体现在项目实体本身的直接费用和效益，以及项目引起的其他组织、机构或个人发生的各种外部费用和效益；

（2）分析项目的近期影响，以及项目可能带来的中期、远期影响；

（3）分析与项目主要目标直接联系的直接费用和效益，以及各种间接费用和效益；

（4）分析具有物资载体的有形费用和效益，以及各种无形费用和效益。

7.2.2.2 增量分析的原则

费用效益分析应建立在增量费用和增量效益识别以及计算的基础之上，不应考虑沉没成本和已实现的效益。应按照“有无对比”增量分析的原则，通过有项目的实施效果与无项目情况下可能发生的情况进行对比分析，作为计算机会成本或增量效益的依据。

7.2.2.3 考虑关联效应的原则

费用效益识别时应考虑项目投资可能产生的其他关联效应。在识别过程中，要防止漏算，同时也要防止重复计算，一般以一次关联效应为范围，不应考虑多次关联的内容。

7.2.2.4 以本国居民作为分析对象的原则

对于跨越国界，对本国之外的其他社会成员产生影响的项目，应重点分析对本国公民新增的费用和效益。项目对本国以外的社会群体所产生的效应，应单独陈述。

7.2.2.5 剔除转移支付的原则

转移支付代表支配权的转移行为，接收转移支付的一方所获得的效益与付出方所产生的费用相等，转移支付行为本身没有导致新增资源的产生。因此，费用效益分析时一般不得再计算转移支付的影响，但有时需要区别对待。

7.2.3 费用与效益的计算原则

为客观计算国民经济为投资项目所付出的代价，以及投资项目为国民经济所做出的贡献，费用效益计算时，应遵循以下原则：

（1）支付意愿原则。项目产出物正面效果的计算应遵循支付意愿（WTP）原则，用于分析社会成员为项目所产出的效益愿意支付的价值。

（2）受偿意愿原则。项目产出物负面效果的计算应遵循接受补偿意愿（WTA）原则，用于分析社会成员为接受这种不利影响所得到补偿的价值。

（3）机会成本原则。项目投入的经济费用的计算应遵循机会成本原则，用于分析项目所占用的所有资源的机会成本。机会成本应按资源的其他最有效利用所产生的最大效益进行计算。

（4）实际价值计算原则。项目经济费用效益分析应对所有费用和效益采用反映资源真实价值的实际价格进行计算，不考虑通货膨胀因素的影响，但应考虑相对价格变动。

（5）多方案比选原则。费用与效益分析应遵循多方案比选原则，通过对各种方案的费用和效益进行比较，选择最优或较好的方案。

7.2.4 费用与效益分析的基本程序

费用与效益分析是通过对项目预期效益和所支付费用的比较，从而判断项目费用的有效性和项目经济合理性的分析方法。国民经济评价中费用效益分析的基本程序如下：

（1）确立项目目标，并将其转化为可量化的效益；

（2）拟定各种可以完成任务（或达到效益）的方案；

（3）识别和计算各方案的费用和效益；

（4）计算评价指标，综合比较，分析各方案的优缺点；

（5）推荐最佳方案或提出优先采用的次序。

7.3 国民经济评价参数

国民经济评价参数是国民经济评价的基础，包括计算、衡量项目经济费用效益的各类计算参数和判定项目经济合理性的判据参数。科学、合理、有效的参数是建设项目经济评价过程中不可缺少的工具之一。

国民经济评价参数体系有两类：一类是通用参数，如社会折现率、影子汇率和影子工资等，这些通用参数由有关专门机构组织测算和发布；另一类是货物影子价格等一般参数，由行业或者项目评价人员测定。

7.3.1　国民经济评价参数的选用

国家有关行政主管部门根据国家与行业的发展战略与发展规划、国家的经济状况、资源供给状况、市场需求状况、各行业投资经济效益、投资风险、资金成本及项目投资者的实际需要，组织测定和发布的建设项目评价参数，有利于促进社会资源的合理配置；有利于实现政府利用信息引导经济；有利于社会信息资源的共享；有利于充分利用各行业专家资源；有利于避免参数测算中的盲目、主观、片面、局部、狭隘、短视、静止等弊端。在选用项目评价参数时，要注意以下问题：

（1）周期性。在项目评价时，对不同种类参数均使用同一时段的数据，以保证计算结论的合理性与可比性。

（2）有效性。项目评价时要使用在有效期内的参数。每个参数均有其自身的有效期，都需要适当进行调整。使用过期的参数不能得出合理的评价结论，而且还会对项目决策者产生误导。

（3）稳妥性。建设项目经济评价工作要在大量预测的基础上进行，存在着各种不确定性；在不能准确估计项目效益时，宁可低估效益；在不能准确估计项目成本时宁可高估成本。

（4）时效性。由于社会经济状况处于不断的发展变化中，不同时期的参数反映不同时期的社会经济状况，因此项目经济评价参数在使用过程中一定要注意其时效性。

综合考虑我国目前参数使用与测算两方面的基本情况，国家有关部门规定通用参数的测算发布周期为一年。社会有关方面每年都有必要进行参数的适应性检查，借助参数定期更新的机会，落实国家及行业规划，落实国家有关政策。

7.3.2　社会折现率

国民经济评价中，应采用动态计算方法计算经济净现值或者经济内部收益率等指标。计算经济净现值指标时，需要使用一个事先确定的折现率；而在使用经济内部收益率指标时，需要用一个事先确定的基准收益率作对比，以判定项目的经济效益是否达到了标准。通常将经济净现值计算中的折现率和作为经济内部收益率判据的基准收益率统一起来，称为社会折现率 i_s。

社会折现率也叫影子利率，表示从国家角度对资金机会成本和资金时间价值的估算。社会折现率在项目国民经济评价中具有双重职能。

7.3.2.1　作为项目费用效益计算时间价值的折算率

社会折现率作为项目费用效益时间价值计算的折算率，它反映了对于社会费用效益价值的时间偏好，代表人们对于现在的社会价值与未来价值之间的权衡。社会费用效益的时间偏好在一定程度上受到社会经济增长的影响，但并非完全由经济增长所决定，还要考虑风险大小、资金的机会成本等因素。

7.3.2.2 作为项目经济效益要求的最低经济收益率

社会折现率作为项目经济效益要求的最低经济收益率，代表着社会投资所要求的最低收益率水平。项目投资产生的社会收益率如果达不到这一最低水平，项目不应当被接受。社会投资所要求的最低收益率，理论上认为应当由社会投资的机会成本决定，也就是社会投资的边际收益率决定。

国家根据宏观调控意图和现实经济状况，制定发布统一的社会折现率，有利于统一评价标准，避免参数选择的随意性。现阶段，相关机构根据影响社会折现率的各主要因素，结合当前经济发展的实际情况，规定社会折现率为8%，并对一些具体情况做出了相应规定和说明。如对于一些特殊项目，主要是水利工程、环境改良工程、稀缺资源的开发利用项目，采取较低的社会折现率，可能会有利于项目的优选和方案的优化。对于受益期长的建设项目，如果远期效益较大，效益实现的风险较小，社会折现率可适当降低，但不应低于6%。对于永久性工程或者受益期超长的项目，如水利设施等大型基础设施和具有长远环境保护效益的工程项目，宜采用低于8%的社会折现率。对于超长期项目，社会折现率可采用按时间分段递减的方法取值。

7.3.3 影子汇率

影子汇率是指不同于官方汇率的、能反映外汇转换为国民经济真实价值的汇率，是项目国民经济评价的重要参数，它体现了从国民经济角度对外汇价值的估量。在项目国民经济评价中使用影子汇率，是为了正确计算外汇的真实经济价值。实际上影子汇率是外汇的机会成本，即项目投入或产出所导致的外汇的减少或增加给国民经济带来的损失或收益。影子汇率在项目的国民经济评价中，除了用于外汇与本国货币之间的换算外，还是经济换汇和经济节汇成本的判据。

影子汇率这一重要经济参数由国家统一制定并定期调整，国家可以利用影子汇率作为杠杆，影响项目投资决策，影响项目方案的选择和项目的取舍。当项目需要引进国外设备或零部件时，都要与国内设备或零部件价格进行对比。因此，影子汇率直接影响进口设备、技术或零部件的影子价格计算，从而影响对比结果。

对于投入物中有较大进口货物的项目，使用进口设备或原材料、与国产设备或原材料比较时，如果影子汇率取值较高，进口设备或原材料的社会成本较高，国产设备或原材料的社会成本相对较低，有利于方案选用国产设备或原材料，即不利于引进设备方案、有利于国产设备的方案；对于那些主要产出物是外贸货物的项目，影子汇率较高，将使得项目收益的外汇经济价值较高，有利于这些项目获得批准实施。

影子汇率发布的形式有两种，一种是直接发布影子汇率；另一种则是将影子汇率与国家外汇牌价挂钩，发布影子汇率换算系数，即影子汇率与国家外汇牌价的比值。目前我国的影子汇率换算系数取值为1.08。

7.3.4 市场定价货物的影子价格

在绝大多数发展中国家，现行价格体系一般都存在着较为严重的扭曲和失真现象，使用现行市场价格无法进行国民经济评价。只有采用那些通过对现行市场价格调整计算而获得的、并能够反映资源真实价值和市场供求关系的价格，即影子价格，来进行国民经济评价，才能保证评价的科学性。

7.3.4.1 外贸货物的影子价格

外贸货物是指生产和使用会直接或间接影响国家进出口水平的货物。外贸货物中的进口品应满足：国内生产成本大于到岸价，否则不应进口；外贸货物中的出口品应满足：国内生产成本小于离岸价，否则不应出口。外贸货物影子价格的确定以口岸价格为基础，按项目各项产出和投入对国民经济的影响，根据口岸、项目所在地、投入物的国内产地、产出物的主要市场所在地以及交通运输条件等方面的差异对流通领域的费用支出进行调整而分别确定。

A 产出物影子价格的确定

对于项目产出物，确定的是出厂影子价格，见式（7-1）。

$$产出物影子价格=离岸价(FOB)\times影子汇率-国内运杂费-贸易费用 \tag{7-1}$$

B 投入物影子价格的确定

对于项目投入物，确定的是到厂影子价格，见式（7-2）。

$$投入物影子价格=到岸价(CIF)\times影子汇率+国内运杂费+贸易费用 \tag{7-2}$$

7.3.4.2 非外贸货物的影子价格

非外贸货物是指生产和使用不影响国家进出口水平的货物。一种货物之所以成为非外贸货物，大多是由于运输费用太高，以致它的出口成本将高于可能的离岸价格；或者运到使用地的进口成本将高于当地的生产成本；也有的是受到国内或国外贸易政策限制的产品；还有一些是边远地区的自给产品和低质产品。所以不同地区非外贸货物的比重也不同，一般越往内地，非外贸货物的比重越大。根据不能外贸的原因，具体分为以下两类：

第一类天然非外贸货物：使用和服务天然地限于国内，如国内建筑物、国内运输等基础设施产品和服务。

第二类非天然非外贸货物：由于经济或政策原因不能进行外贸的货物，如国内生产成本高于离岸价的货物，不应出口；国内生产成本低于到岸价的货物，不应进口。

非贸易货物影子价格确定的原则如下：

（1）若具有市场价格的货物或服务处于竞争性市场环境中，市场价格能够反映支付意愿或机会成本，应采用市场价格作为计算项目投入物或产出物影子价格的依据。即非外贸货物影子价格以市场价格加上或者减去国内运杂费作为影子价格。产出物影子价格为出厂价，投入物影子价格为到厂价。

（2）若项目投入物或产出物的规模很大，项目的实施将足以影响其市场价格，导致“有项目”和“无项目”两种情况下市场价格不一致，在项目国民经济评价中，应取二者的平均值作为测算影子价格的依据。

非贸易货物影子价格确定的方法如下：

（1）产出物的影子价格。

1）增加供应量、满足国内消费的项目产出物的影子价格。若国内市场供求均衡，应采用市场价格定价；若国内市场供不应求，应参照国内市场价格并考虑价格变化的趋势定价，但不应高于质量相同的同类产品的进口价格；对于无法判断供求情况的，应按稳妥原则取上述价格较低者。

2）不增加国内市场供应数量、只是替代其他生产企业的产品、使被替代产品的企业减产或停产的产出物的影子价格。若产品质量与被替代产品相同，应按被替代产品的可变分解成本定价，其中可变分解成本是指某种产品已有一定的富余生产能力，要增加产量，只需要增加投入物和少量的辅助费用，不需要增加固定资产、流动资金、人工费和管理费等固定成本；若产品质量较被替代产品有所提高，应按被替代产品的可变成本再加上因产品质量提高而带来的国民经济效益定价，其中因提高质量而带来的国民经济效益，可近似地按国际市场价格与被替代产品的国内市场价格之差确定。

3）占国内市场份额较大、项目建成后会导致市场价格下跌的项目产出物的影子价格。这类产出物可按照项目建成前的市场价格和项目建成后的市场价格的平均值定价。

（2）投入物的影子价格。

1）项目所需的某种投入物能通过原有企业生产能力挖潜即可满足供应，不必增加新的投资。这说明此种货物原有生产能力过剩，属于长线物资。确定其影子价格时，可对其可变成本进行分解，得到货物的出厂影子价格，加上运输费用和贸易费用，就得到该项目投入物的影子价格。

2）项目所需的某种投入物必须通过投资、扩大生产规模，才能满足拟建项目的需要，说明此种货物的生产能力已充分利用，不属于长线物资。确定其影子价格时，需对其全部成本进行分解，得到货物的出厂影子价格，加上运输费用和贸易费用，就得到该项目投入物的影子价格。

3）项目所需的某种投入物，在项目计算期内，原有生产能力无法得到满足，又不可能新增生产能力，只有通过减少对原有用户的供应量才能得到。确定其影子价格时，应参照国内市场价格、国家统一价格加补贴（若有补贴）和协议价格这三者之中的最高者，再加上运输费用和贸易费用，即得到该项目投入物的影子价格。

7.3.5 政府调控价格货物的影子价格

考虑到效率优先兼顾公平的原则，市场经济条件下有些货物或者服务不能完全由市场机制形成价格，而需由政府调控价格，例如政府为了帮助城市中低收入家庭解决住房问题，对经济适用房和廉租房制定指导价和最高限价。政府调控的货物或者服务的价格不能完全反映其真实价值，确定这些货物或者服务的影子价格的原则是：投入物按机会成本分解定价，产出物按对经济增长的边际贡献率或消费支付意愿定价。下面是以政府调控为主的水、电、铁路运输等作为投入物和产出物时的影子价格的确定方法。

（1）水作为项目投入物的影子价格，按后备水源的边际成本分解定价，或者按恢复水资源存量的成本计算。水作为项目产出物的影子价格，按消费者支付意愿或者消费者承受能力加政府补贴计算。

（2）电力作为项目投入物的影子价格，一般按完全成本分解定价，电力过剩时按可变成本分解定价。电力作为项目产出物的影子价格，可按电力对当地经济边际贡献率定价。

（3）铁路运输作为项目投入物的影子价格，一般按完全成本分解定价，对运能富余的地区，可按可变成本分解定价。铁路运输作为产出物的影子价格，可按铁路运输对国民经济的边际贡献率定价。

7.3.6 特殊投入物的影子价格

7.3.6.1 劳动力的影子价格

在大多数国家中，由于经济的、社会的和传统的原因，劳动者的货币工资常常偏离竞争性劳动市场所决定的工资水平，因而不能真实地反映单位劳动的边际产出价值，进一步产生了劳动市场供求失衡问题。在这种情况下对项目进行国民经济评价时，就不能简单地把项目中的货币工资支付直接视为该项目的劳动成本，而是要通过影子工资来对此劳动成本进行必要的调整。

影子工资是指建设项目使用劳动力资源而使社会付出的代价。在项目的财务评价中，职工工资作为成本的构成内容被看作财务费用；在项目的国民经济评价中，职工工资作为新创造的价值，而被看作经济效益，只是在考虑项目招收职工对国民经济其余部分带来的损失时，才使用影子工资这一费用概念。

影子工资即劳动力的影子价格，包括：劳动力的机会成本；社会为劳动力就业所付出的、而职工又未得到的其他代价，如搬迁、培训费等，计算见式（7-3）。

$$影子工资=财务工资\times影子工资换算系数 \tag{7-3}$$

式中，财务工资为财务评价中的工资及职工福利费之和。

对于技术劳动力，影子工资等于财务工资，即影子工资换算系数为 1；对于非技术劳动力，一般情况下影子工资换算系数为 0.25~0.8。考虑我国现阶段各地经济发展不平衡，劳动的供求关系有一定差别，规定应按当地非技术劳动力资源供给的富余程度调整影子工资换算系数。对于非技术劳动较为富余地区的影子工资换算系数可取较低值，非技术劳动力不太富余的地区可取较高值，中间状况可取 0.5。

7.3.6.2 土地的影子价格

土地是重要的经济资源。项目使用了土地，对国家来说就造成了费用。而国家对建设项目用地实行政府管理，土地使用价格受到土地管理制度的影响，不一定能反映土地的真实价值。因此在项目国民经济评价中要以土地影子价格计算土地费用。

土地影子价格是指建设项目使用土地资源而使社会付出的代价。土地的影子价格包括土地的机会成本；土地用于拟建项目而使社会增加的资源消耗，如拆迁费、劳动力安置费等。土地影子价格确定的原则如下：

（1）若项目占用的土地是没有用处的荒山野岭，其机会成本可视为零；

（2）若项目占用的土地是农业用地，其机会成本为原来的农业净收益和拆迁费用及劳动力安置费之和；

（3）若项目占用的土地是城市用地，应以土地市场价格计算土地的影子价格，主要包括土地出让金、基础设施建设费、拆迁安置补偿费等。

7.3.6.3 自然资源的影子价格

各种自然资源是一种特殊的投入物，项目使用的矿产资源、水资源、森林资源等都是对国家资源的占用和消耗。矿产等不可再生资源的影子价格应按资源的机会成本计算，水和森林等可再生资源的影子价格应按资源再生费计算。

7.3.7 影子价格中流转税的处理

影子价格中的流转税，如消费税、增值税、营业税等，宜根据产品在整个市场中发挥的作用，分别计入或不计入影子价格，具体原则是：

（1）对于产出品，增加供给满足国内市场供应的，影子价格按支付意愿确定，含流转税；顶替原有市场供应的，影子价格按机会成本确定，不含流转税。

（2）对于投入品，以新增供应来满足项目的，影子价格按机会成本确定，不含流转税；挤占原有用户需求来满足项目的，影子价格按支付意愿确定，含流转税。

（3）在不能判断产出或投入是增加供给还是挤占（替代）原有供给的情况下，可以简化处理。处理的原则是产出物的影子价格一般包含实际缴纳的流转税，投入物的影子价格一般不包含实际缴纳的流转税。

【例 7-1】 某工业项目建设期 3 年，生产期 17 年，占用水稻耕地 2000 亩（1 亩 = $666.67m^2$）。占用前 3 年平均亩产为 0.5t，每吨收购价 400 元，出口口岸价预计每吨 180 美元。设该地区的水稻年产量以每年 4%的速度递增，社会折现率为 12%，水稻生产成本按收购价的 50%计算，影子汇率换算系数为 1.08，外汇牌价按 6.1513 元/美元计，贸易费率为 6%，产地至口岸的距离为 500km，运费影子价格 0.035 元/(吨 · 千米)。试求国民经济评价中的土地费用投资额。

【解】 计算土地的机会成本作为国民经济评价中土地费用的投资额：

每吨稻谷按口岸价格计算影子价格，口岸价格 180 美元，折合人民币为：

$$6.1513\times1.08\times180=1195.8(\text{元})$$

贸易费用：400×0.06=24(元)

产地至口岸的运输费用用影子价格计算：0.035×500=17.5(元)

产地影子价格为：1195.8-24-17.5=1154.3(元)

每吨稻谷的生产成本为：400×50%=200(元)

该土地生产每吨稻谷的净效益为：1154.3-200=954.3(元)

20 年内每亩土地净效益的现值 *ENPV* 为：

$$ENPV=\sum_{t=1}^{20}954.3\times0.5\left(\frac{1+4\%}{1+12\%}\right)^t=4756.5(\text{元})$$

2000 亩土地 20 年净效益的现值为：4756.5×2000=951(万元)

因此，在国民经济评价中，应以 951 万元作为土地费用计入固定资产投资额。

【例 7-2】 某建设单位准备以有偿方式取得某城区一宗土地的使用权；该宗土地占地面积 $15000m^2$，土地使用权出让金标准为 4000 元/m^2。根据调查，目前该区域尚有平房住户 60 户，建筑面积总计 $3500m^2$，试对该土地费用进行估价。

【解】 土地使用权出让金=4000×15000=6000(万元)

以同类地区征地拆迁补偿费作为参照，估计单价为 1200 元/m^2，则

土地拆迁补偿费：1200×3500=420(万元)

土地费用：6000+420 = 6420(万元)

【例 7-3】 某工程项目使用进口材料 A，到岸价格为 1000 美元/吨，进口费用为 50 元/吨，影子汇率为 1 美元=6.35 元人民币，试求材料 A 的影子价格。

【解】 材料 A 属直接进口货物，投入物的影子价格为到厂影子价格。根据式（7-2）：

影子价格：1000 美元/吨×6.35 元/美元+50 元/吨=6400 元/吨。

7.4 国民经济费用效益分析

国民经济评价应根据所确定的各项国民经济费用与效益，结合相关经济评价参数，计算建设项目的国民经济评价指标并进行方案比选，编制国民经济评价报表，对建设项目的国民经济效果进行分析，做出建设项目经济上是否合理的结论。

7.4.1 经济费用效益流量表的编制

建设项目的经济费用与经济效益估算出来后，可编制经济费用效益流量表，进一步计算经济净现值、经济内部收益率与经济效益费用比等经济费用效益评价指标。

经济费用效益流量表的编制可以在项目投资现金流量表的基础上，按照经济费用效益识别和计算的原则和方法直接进行；也可以在财务分析的基础上将财务现金流量转化为反映真正资源变动状况的经济费用效益流量。具体形式见表7-1。

表7-1 项目投资经济费用效益流量

序号	项 目	合 计	计 算 期					
			1	2	3	4	…	n
1	效益流量							
1.1	项目直接收益							
1.2	资产余值回收							
1.3	项目间接效益							
2	费用流量							
2.1	建设投资							
2.2	维持运营投资							
2.3	流动资金							
2.4	经营费用							
2.5	项目间接费用							
3	净效益流量（1-2）							

计算指标：
经济内部收益率（$EIRR$）
经济净现值［$ENPV(i_s = \%)$］

7.4.1.1 直接经济费用效益流量的识别和计算

（1）对于项目的各种投入物，应按照机会成本的原则计算其经济价值。

（2）识别项目产出物可能带来的各种影响效果。

（3）对于具有市场价值的产出物，以市场价格为基础计算其经济价值。

（4）对于没有市场价值的产出效果，应按照支付意愿及接受补偿意愿的原则计算其经济价值。

（5）对于难以进行货币量化的产出效果，应尽可能采用其他量纲进行量化。难以量化的，进行定性描述，以全面反映项目的产出效果。

7.4.1.2　在财务分析基础上进行经济费用效益流量的识别和计算

（1）剔除财务现金流量表中的通货膨胀因素，得到以实价表示的财务现金流量。

（2）剔除运营期财务现金流量中不反映真实资源流量变动情况的转移支付因素。

（3）用影子价格和影子汇率调整建设投资各项组成，并剔除费用中的转移支付项目。

（4）调整流动资金，将流动资产和流动负债中不反映实际资源耗费的有关现金、应收、应付、预收、预付款项，从流动资金中剔除。

（5）调整经营费用，用影子价格调整主要原材料、燃料及动力费用、工资及福利费等。

（6）调整营业收入，对于具有市场价格的产出物，以市场价格为基础计算其影子价格；对于没有市场价格的产出物，以支付意愿或接受补偿意愿的原则计算其影子价格。

（7）对于可货币化的外部效果，应将货币化的外部效果计入经济效益费用流量；对于难以进行货币化的外部效果，应尽可能地采用其他量纲进行量化。难以量化的，进行定性描述，以全面反映项目的产出效果。

7.4.2　经济费用效益评价的主要指标

7.4.2.1　经济净现值（*ENPV*）

经济净现值是建设项目按照社会折现率 i_s 将计算期内各年的经济净效益流量折现到建设期初的现值之和，是经济费用效益评价的主要评价指标，其计算见式（7-4）。

$$ENPV = \sum_{t=0}^{n} (B - C)_t (1 + i_s)^{-t} \tag{7-4}$$

式中　B——经济效益流量；

C——经济费用流量；

$(B-C)_t$——第 t 期的经济净效益流量；

n——项目计算期；

i_s——社会折现率。

计算结果的经济净现值等于或大于零表示国家拟建项目付出代价后，可以得到符合社会折现率的社会盈余，或除了得到符合社会折现率的社会盈余外，还可以得到以现值计算的超额社会盈余，说明项目可以达到社会折现率要求的效率水平，可以认为项目从经济资源配置的角度是可以接受的。反之，经济净现值小于零，则认为立足于国家和社会角度，项目不可以接受。

7.4.2.2　经济内部收益率（*EIRR*）

经济内部收益率是项目在计算期内经济净效益流量的现值累计等于0时的折现率，是经济费用效益分析的辅助评价指标，其计算见式（7-5）。

$$\sum_{t=0}^{n} (B - C)_t (1 + EIRR)^{-t} = 0 \tag{7-5}$$

式中　$EIRR$——经济内部收益率；

其他符号意义同上。

如果经济内部收益率等于或者大于社会折现率 i_s，则表明项目资源配置的经济效率达到了可以被接受的水平，项目可以接受；反之，经济内部收益率大于社会折现率 i_s，项目不可接受。

实际国民经济评价中，按分析费用效益的口径不同，可分为整个项目的全投资经济内部收益率和经济净现值、国内投资经济内部收益率和经济净现值。如果项目没有国外投资和国外借款，全投资指标与国内投资指标相同；如果项目有国外资金流入与流出，应以国内投资的经济内部收益率和经济净现值作为项目国民经济评价的决策指标。

7.4.2.3　经济效益费用比（R_{BC}）

经济效益费用比是项目在计算期内效益流量的现值与费用流量的现值的比率，是国民经济费用效益分析的辅助评价指标，其计算见式（7-6）。

$$R_{BC} = \frac{\sum_{t=0}^{n} B_t(1+i_s)^{-t}}{\sum_{t=0}^{n} C_t(1+i_s)^{-t}} \tag{7-6}$$

式中　R_{BC}——经济效益费用比；

其他符号意义同上。

如果经济效益费用比大于或等于 1，表明项目资源配置的经济效率达到了可以被接受的水平，项目可以接受；反之，经济效益费用比小于 1，项目不可接受。

7.4.3　国民经济效果评价的方法

费用与效益分析是项目决策分析与评价的基本方法之一。当项目效益不能或难以货币量化时，或货币量化的效益不是项目目标的主体时，在经济分析中可采用费用-效果分析方法，并将其结论作为项目投资决策的依据。如政府资助的医疗卫生保健、普及教育、气象、地震预报、交通信号设施、军事设施等项目。具体评价方法有以下几种。

7.4.3.1　最小费用法

当项目目标是明确固定的，即效益相同的条件下，选择能够达到效益的各种可能方案中费用最小的方案。这种满足固定效益寻求费用最小方案的方法称为最小费用法，也称固定效益法。如优化一个满足特定标准的教育设施项目，若建设一所学校，其设施要达到的标准和可以容纳的学生人数已事先确定下来，就可以采用最小费用法。

7.4.3.2　最大效益法

将费用固定，追求效益最大化的方法称为最大效益法，也称固定费用法。如用于某一贫困地区扶贫的扶贫资金事先已经固定，效益最大化是应当追求的目标，这时就可以采用最大效益法。

7.4.3.3　增量分析法

当备选方案效益和费用均不固定，且分别具有较大幅度的差异时，应比较两个备选方案之间的费用差额和效益差额，分析获得增量效益所花费的增量费用是否值得，不可盲目选择效益费用比大的方案或者费用效益比小的方案。

采用增量分析法时，需事先确定基准指标，也称截止指标，如 $[E/C]_0$ 或 $[C/E]_0$。如果增量效益超过增量费用，即式（7-7）或式（7-8），可以选择费用高的方案，否则选择费用低的方案。

$$\frac{\Delta E}{\Delta C} \geqslant \left[\frac{E}{C}\right]_0 \tag{7-7}$$

$$\frac{\Delta C}{\Delta E} \leqslant \left[\frac{C}{E}\right]_0 \tag{7-8}$$

式中　E——项目实施效果的量化值；

C——项目经济费用值；

ΔE——费用值大的方案与费用值小的方案实施效果的增量值；

ΔC——费用值大的方案与费用值小的方案费用的增量值。

若项目有两个以上的备选方案，进行增量分析时，应按下列步骤进行选优：

（1）根据方案费用，由小到大进行排序。

（2）从费用最小的两个方案开始比较，通过增量分析选择优胜方案。

（3）将优胜方案与紧后的方案进行增量分析，并选出新的优胜方案。

（4）重复步骤（3），直到最后一个方案，最终被选定的优胜方案即为最佳方案。

【例 7-4】 某市投资新建城市道路项目，要求对第一标段工程进行国民经济评价。该项目第一标段全长约 15km，其中立交桥 8 座，建设标准为 6 车道全封闭城市快速路，快速路的部分特性和高速路相似，该投资项目的主要目的是为了获得较好的社会效益和环境效益。其中投资估算为 110623 万元，分年建设投资见表 7-2。估算初期运营成本为 270 万元，影子价格调整系数为 0.96，以后每年按 5%的速度增长。拟在建成 10 年后安排一次大修，预计大修费用为当年运营成本经济费用的 10 倍。项目建设期为 5 年，运营期为 20 年，社会折现率为 $i_s = 8\%$。运营期第 1 年投入流动资金为 11062 万元，项目结束回收残值为 55312 万元。表 7-3 为预计各年成本节约效益、旅客时间节约效益、减少交通拥堵效益等的总效益值。

表 7-2　建设期各年费用投入值

建设期/年	1	2	3	4	5
费用流量/万元	7521	13328	35492	36574	17708

表 7-3　城市道路项目预计总效益值

运营期/年	1	2	3	4	5	6	7	8	9	10
总效益值/万元	14851	15503	16756	17604	20668	23310	25607	27880	29549	32544
运营期/年	11	12	13	14	15	16	17	18	19	20
总效益值/万元	35284	38633	42619	44912	48316	49784	52299	50766	50591	48360

【解】 用影子价格调整系数计算项目运营成本经济费用：

经济费用=运营成本×影子价格换算系数

分别计算各阶段净效益流量，并运用公式：

$$ENPV = \sum_{t=0}^{n} (B - C)_t (1 + i_s)^{-t}$$

计算得到经济净现值见表 7-4 和表 7-5。

表 7-4　建设期净效益流量

建设期/年	1	2	3	4	5
效益流量/万元	0	0	0	0	0
建设费用/万元	7521	13328	35492	36574	17708
净效益流量/万元	-7521	-13328	-35492	-36574	-17708

表 7-5　运营期净效益流量和费用效益评价指标计算

运营期/年	1	2	3	4	5	6	7	8	9	10
运营费用/万元	259.2	272.2	285.8	300.1	315.1	330.8	347.4	364.7	383.0	402.1
流动资金/万元	11062									
大修费用/万元										4021
总效益值/万元	14851	15503	16756	17604	20668	23310	25607	27880	29549	32544
净效益流量/万元	3530	15231	16470	17304	20353	22979	25260	27515	29166	28121
运营期/年	11	12	13	14	15	16	17	18	19	20
运营费用/万元	422.2	443.3	465.5	488.8	513.2	538.9	565.8	594.1	623.8	655.0
效益流入/万元	35284	38633	42619	44912	48316	49784	52299	50766	50591	48360
回收残值/万元										55312
回收流动资金/万元										11062
净效益流量/万元	34862	38190	42154	44423	47803	49245	51733	50172	49967	114079

计算指标：

经济内部收益率（$EIRR$）= 15.53%；

经济净现值［$ENPV(i_s = 8\%)$］= 105368.9 万元；

效益费用比（R_{BC}）= 2.09。

由计算结果可以看出，项目的经济内部收益率大于 8%的社会折现率，经济净现值大于 0，经济效益费用比大于 1。各项指标表明，项目从资源配置的角度完全可以接受，项目是经济可行的。

【例 7-5】 某地方政府拟实行一个免疫接种计划项目，减少国民的发病率。设计了 A、B、C 三个备选方案，各方案所需费用及减少发病人数的效果见表 7-6。该项目实施效果为减少发病人数，费用为方案实施的全部费用，三个方案实施期和效果预测期相同。根据以往经验，设定基准指标［C/E］$_0$为 400，即每减少一人发病需要花费 400 元现值。要求通过费用效果比的计算，在政府财力许可情况下，决定采用何种方案。

表 7-6　免疫接种计划项目三个方案费用效果值

项目方案	A 方案	B 方案	C 方案
费用/万元	8900	10000	8000
效果/万人	26.5	29.4	18.5

【解】　（1）根据表 7-6 计算该免疫接种项目三个方案的费用效果比，见表 7-7。

表 7-7　免疫接种项目三个方案费用效果比

项　　目	A 方案	B 方案	C 方案
费用/万元	8900	10000	8000
效果/万人	26.5	29.4	18.5
费用效果比/元·人$^{-1}$	336	340	432

（2）根据表 7-7，C 方案费用效果比明显高于基准值，不符合备选方案的条件，应予放弃。

（3）根据表 7-7，A、B 两个方案费用效果比都低于基准值，符合备选方案的条件。计算 A 和 B 两个互斥方案的增量费用效果比：

$$\Delta C/\Delta E = (10000 - 8900)/(29.4 - 26.5) = 379(\text{元}/\text{人})$$

（4）从计算结果看，A 和 B 两个方案费用效果比都低于设定的基准值 400，而且增量费用效果比也低于基准值 400，说明费用高的 B 方案优于 A 方案，在政府财力许可的情况下可选择 B 方案；如果有资金限制，也可以选择 A 方案。

思考题及习题

7-1 项目的国民经济评价的含义是什么，哪些项目应进行国民经济评价？

7-2 项目经济费用和项目经济效益的含义分别是什么，费用和效益的类型有哪几种？

7-3 转移支付的含义是什么，国民经济评价中哪些项目应列入转移支付？

7-4 国民经济评价中，费用效益识别和计算的原则分别是什么？

7-5 国民经济评价的参数有哪些？并作简要说明。

7-6 影子价格的含义是什么，外贸货物的影子价格如何确定？

7-7 社会折现率的含义是什么？

7-8 国民经济评价的主要指标有哪些，分别如何计算？

7-9 国民经济效果评价的方法有哪些？

7-10 已知某出口产品的影子价格为 1480 元/吨，国内的现行市场价格为 1000 元/吨，试求该产品的影子价格换算系数。

7-11 某进口产品的国内现行市场价格为 800 元/吨，其影子价格换算系数为 2.2，国内运费和贸易费用为 120 元/吨，影子汇率为 6.28 元/美元，试求该进口产品的到岸价格。

7-12 某项目建设期 3 年，生产期 17 年，占用玉米耕地 2000 亩（1 亩=666.67m^2），占用前 3 年每亩平均产量为 0.6t，每吨收购价 1000 元，出口口岸价预计每吨 200 美元。设该地区的玉米年产量以 4%的速度递增，社会折现率为 10%，玉米生产成本（调价后）按收购价的 40%计算，影子汇率为 6.28 元/美元，贸易费用为 6%。试计算该项目所占用土地的净效益现值。

8 工程项目不确定性与风险分析

导读： 项目经济分析与评价所采用的数据，大部分来自对未来的预测与估算，客观存在着不确定性和风险，人们对投资项目的分析和预测不可能完全符合未来的情况和结果。因此，为了提高投资决策的可靠性，减少决策时所承担的风险，就必须对投资项目的不确定性进行充分的分析并对其风险进行准确评价。通过本章学习，需要掌握的知识点如下：

（1）了解不确定性产生的原因，熟悉常用的不确定性和风险分析方法；

（2）掌握盈亏平衡的计算和分析方法；

（3）熟悉敏感性分析的步骤，掌握单因素敏感性分析的方法；

（4）掌握风险分析的步骤，熟悉概率树方法的应用。

建设工程方案评价时，技术经济变量（如投资、成本、产量、价格等）受政治、文化、社会因素、经济环境、资源与市场条件、技术发展情况等因素的影响，这些因素随着时间、地点、条件改变而不断变化，这些不确定性因素在未来的变化就构成了项目决策过程的不确定性。由于项目经济评价所采用的数据都带有一定程度的不确定性，加上主观预测能力的局限性，对这些技术经济变量的估算与预测不可避免地会有误差，从而使投资方案经济效果的预期值与实际值之间出现偏差。这种情况称为工程项目的不确定性和风险。产生不确定性因素的原因很多，一般情况下，主要原因有以下几点：

（1）所依据的基本数据不足或者统计偏差。比如说技术方案建设投资和流动资金是技术方案经济效果评价中重要的基础数据，但在实际中，往往会由于各种原因而高估或低估了它的数额，从而影响了技术方案经济效果评价的结果。

（2）预测方法的局限，预测的假设不准确。

（3）未来经济形势的变化。由于有通货膨胀的存在，会产生物价的波动，从而会影响技术方案经济效果评价中所用的价格，进而导致如年营业收入、年经营成本等数据与实际发生偏差；同样，由于市场供求结构的变化，会影响到产品的市场供求状况，进而对某些指标值产生影响。

（4）技术进步。技术进步会引起产品和工艺的更新替代，这样根据现有技术条件和生产水平所估计出的年营业收入、年经营成本等指标就会与实际值发生偏差。

（5）无法以定量来表示的定性因素的影响。

（6）其他外部影响因素。如政府政策的变化，新的法律、法规的颁布，国际政治经济形势的变化等，均会对技术方案的经济效果产生一定的甚至是难以预料的影响。

工程项目的不确定性分析，就是考查建设投资、经营成本、产品售价、销售量、项目寿命等因素变化时，对项目经济评价指标所产生的影响。这种影响越强烈，表明所评价的项目方案对某个或某些因素越敏感。工程项目不确定性分析的方法主要包括盈亏平衡分析法和敏感性分析法。工程项目的风险分析主要涉及风险识别、风险估计、风险决策和风险应对。

8.1 盈亏平衡分析

盈亏平衡分析，也称量、本、利分析，是通过分析产品产量、成本和盈利之间的关系，找出方案盈利和亏损的产量、单价、成本等方面的临界点，以判断不确定性因素对方案经济效果的影响程度，说明方案实施的风险大小。这个临界点被称为盈亏平衡点BEP(breakeven point)。故盈亏平衡分析又称平衡点（临界点、分界点、保本点、转折点）分析，广泛地应用于预测成本、收入、利润，编制利润计划、估计售价、销量、成本水平变动对利润的影响，为各种经营决策提供必要的信息；还可以用于投资项目的不确定性分析。

进行投资方案盈亏平衡分析，通常以以下几条基本假设为前提：

（1）所采用的数据是投资项目在正常年份内所达到设计生产能力时的数据，这里不考虑资金的时间价值及其他因素。

（2）产品品种结构稳定，只生产单一产品；或者生产多种产品，但可以换算为单一产品计算，不同产品生产负荷率的变化应保持一致。因为随着产品品种的结构性变化，收益和成本会相应变化，从而使盈亏平衡点处于不断变化之中，难以进行盈亏平衡分析。

（3）生产量等于销售量，即当年生产的产品（或提供的服务，下同）当年销售出去，实现产销平衡。

常见的盈亏平衡分析有线性盈亏平衡分析、非线性盈亏平衡分析、互斥方案的盈亏平衡分析等。

8.1.1 线性盈亏平衡分析

8.1.1.1 盈亏平衡分析的成本划分

根据成本费用与产量（或工程量，下同）的关系可以将技术方案总成本费用分解为可变成本、固定成本和半可变（或半固定）成本。

A 固定成本

固定成本是指在技术方案一定产量范围内不受产品产量影响的成本，即不随产品产量的增减发生变化的各项成本费用，如工资及福利费（计件工资除外）、折旧费、修理费、无形资产及其他资产摊销费、其他费用等。

B 可变成本

可变成本是随技术方案产品产量的增减而成正比例变化的各项成本，如原材料、燃料、动力费、包装费和计件工资等。

C 半可变（或半固定）成本

半可变（或半固定）成本是指介于固定成本和可变成本之间，随技术方案产量增长而增长，但不成正比例变化的成本，如与生产批量有关的某些消耗性材料费用、工模具费及运输费等。这部分可变成本随产量变动一般是呈阶梯形曲线。半可变（或半固定）成本通常在总成本中所占比例很小，在技术方案经济效果分析中，通常将其进一步分解成固定成本和可变成本。长期借款利息应视为固定成本；流动资金借款和短期借款利息可视为半可变（或半固定）成本，为简化计算，一般也将其作为固定成本。

8.1.1.2　盈亏平衡方程的构建

A　线性盈亏平衡分析的假设条件

线性盈亏平衡分析在盈亏平衡分析的基本前提下，通常假设产品固定生产成本不变，可变生产成本与生产量成正比例变化，总成本是产量的线性函数；产品销售单价不变，销售收入是产量的线性函数。

B　盈亏平衡点及其确定方法

盈亏平衡分析的基本方法是建立总生产成本与产量、营业收入与产量之间的函数关系，通过对这两个函数及其图形的分析，找出盈亏平衡点，如图 8-1 所示。

线性盈亏平衡分析的基本公式见式（8-1）、式（8-2）和式（8-3）。

年营业收入函数：

$$R = (P - T) \cdot Q \tag{8-1}$$

年总成本费用函数：

$$C = F + V \cdot Q \tag{8-2}$$

年利润函数：

$$B = R - C = (P - V - T)Q - F \tag{8-3}$$

式中　R——年总营业收入；

P——单位产品销售价格；

Q——项目设计生产能力或年产量；

C——年总成本费用；

F——年总成本中的固定成本；

V——单位产品变动成本；

T——单位产品营业税金及附加；

B——年利润。

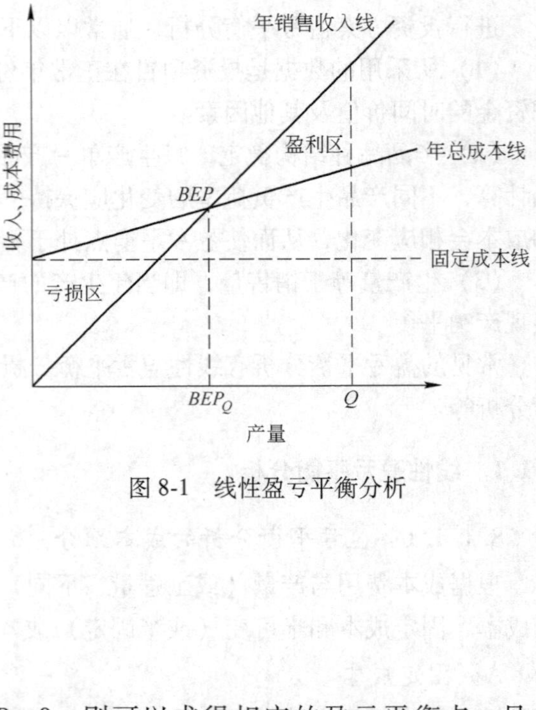

图 8-1　线性盈亏平衡分析

当投资项目实现盈亏平衡时，年利润 $B=0$，则可以求得相应的盈亏平衡点，见式（8-4）~式（8-9）。

年产量的盈亏平衡点：

$$BEP_Q = \frac{F}{P - V - T} \tag{8-4}$$

年营业收入的盈亏平衡点：

$$BEP_R = (P - T)\left(\frac{F}{P - V - T}\right) \tag{8-5}$$

生产能力利用率的盈亏平衡点：

$$BEP_Y = \frac{BEP_Q}{Q} = \frac{F}{(P - V - T) \times Q} \tag{8-6}$$

经营安全率：

$$BEP_S = 1 - BEP_Y \tag{8-7}$$

产品销售价格的盈亏平衡点：

$$BEP_P = \frac{F}{Q} + V + T \tag{8-8}$$

单位产品变动成本的盈亏平衡点：

$$BEP_V = P - T - \frac{F}{Q} \tag{8-9}$$

C 盈亏平衡点的分析

盈亏平衡点反映了技术方案对市场变化的适应能力和抗风险能力。从函数分析和图示分析可以看到，盈亏平衡点越低，达到此点的盈亏平衡产销量就越少，技术方案投产后盈利的可能性越大，适应市场变化的能力越强，抗风险能力也越强。技术方案盈亏平衡点的表达形式有多种，可以用绝对值表示，如以产品产销量、单位产品售价、单位产品的可变成本、年固定总成本以及年销售收入等表示的盈亏平衡点；也可以用相对值表示，如以生产能力利用率表示的盈亏平衡点。其中以产销量和生产能力利用率表示的盈亏平衡点应用最为广泛。一般要求投资项目盈亏平衡点的生产能力利用率不应大于75%，经营安全率一般不应小于25%。

盈利平衡分析虽然能够从市场适应性方面说明技术方案风险的大小，但并不能揭示技术方案风险产生的根源。因此，还需采用其他方法来帮助达到这个目标。

【例 8-1】 某工业项目年设计生产能力为生产某种产品 3 万件，单位产品税后售价 3000 元，总成本费用为 7800 万元，其中固定成本 3000 万元，总可变成本与产品产量成正比例关系，求以产量、生产能力利用率、销售价格、单位产品可变成本表示的盈亏平衡点。

【解】 根据已知条件求出单位产品可变成本：

$$V = \frac{(7800 - 3000) \times 10^4}{3 \times 10^4} = 1600(\text{元/件})$$

盈亏平衡产量：

$$BEP_Q = \frac{3000 \times 10^4}{3000 - 1600} = 21429(\text{元/件})$$

盈亏平衡生产能力利用率：

$$BEP_Y = \frac{21429}{3 \times 10^4} \times 100\% = 71.43\%$$

盈亏平衡销售价格：

$$BEP_P = \frac{3000 \times 10^4}{3 \times 10^4} + 1600 = 2600(\text{元/件})$$

盈亏平衡单位产品可变成本：

$$BEP_V = 3000 - \frac{3000 \times 10^4}{3 \times 10^4} = 2000(\text{元/件})$$

通过以上计算可以分析得到：若未来的产品销售价格及生产成本与预期相同，项目不发生亏损的条件是年销售量不低于 21429 件、生产能力利用率不低于 71.43%；如果按照设计生产能力生产并全部销售，生产成本与预期相同，项目不发生亏损的条件是产品价格不低于 2600 元/件；如果销售量、产品价格与预期值相同，项目不发生亏损的条件是单位产品可变成本不高于 2000 元/件。

8.1.2 非线性盈亏平衡分析

在实际工作中，常常会遇到产品的年总成本与产量不呈线性关系，产品的销售价格会受市场供求变化和批量大小的影响，因而销售收入与产量也不呈线性关系。这时，就要采用非线性盈亏平衡分析法。

造成总生产成本与产量不再保持线性关系的原因有：当生产扩大到某一限度后，用正常价格获得的原料、动力等已不能保证满足供应，必须付出较高的代价才能获得；设备超负荷运行，会带来磨损的加剧、寿命的缩短和维修费用的增加；正常的生产班次已不能完成生产任务，不得不采用加班加点的办法，因而会增大劳务费用。这些情况，都会使年总生产成本 C 与产量 Q 的关系由线性变成非线性关系。

对非线性盈亏平衡分析，首先需要构建总生产成本与产量、销售收入与产量的函数关系式，这些函数关系式可能是二次、三次，甚至多次方程式，构建的基础是通过对历史数据或者市场调查获得的数据进行分析，运用拟合的方法找出最符合成本与产量、收入与产量实际关系的方程式，然后运用数学计算式或图示分析找出对应的盈亏平衡点。此时，对数学方程的求解或对图示分析会获得多个解，且可能大多是有理解，这就需要结合生产企业的实际情况，寻求合理的盈亏区间，并寻求利润最大化的生产产量及生产能力利用率的值。

同时，应用非线性盈亏平衡分析进行多方案选择时应优先选择平衡点较低者，盈亏平衡点越低意味着项目的抗风险能力越强，承受意外因素变动的能力越强。

【例 8-2】 某项目所生产的产品总固定成本为 10 万元，单位产品可变成本为 1000 元，产品销售价格为 $21000Q^{1/2}$元，Q 为产品产销量，试确定该产品的经济规模区和最优规模。

【解】 销售收入 $=21000\sqrt{Q}$

总成本 $=100000+1000Q$

令销售收入 = 总成本

$$21000\sqrt{Q}=100000+1000Q$$

$$Q^2-241Q+10^4=0$$

$$Q=(241\pm\sqrt{241^2-4\times10^4})/2=(241\pm134)/2=\begin{matrix}188\\53\end{matrix}$$

因此经济规模区为：(53，188)

利润方程：$E=21000\sqrt{Q}-1000Q-100000$

对利润方程求导，使导数为零。

$$\mathrm{d}E/\mathrm{d}Q=\mathrm{d}(21000\sqrt{Q}-1000Q-100000)/\mathrm{d}Q=0$$

$$10500\frac{1}{\sqrt{Q}}-1000=0$$

$$1000\sqrt{Q}=10500$$

得到 $Q=110$，所以最优规模为 110，如图 8-2 所示。

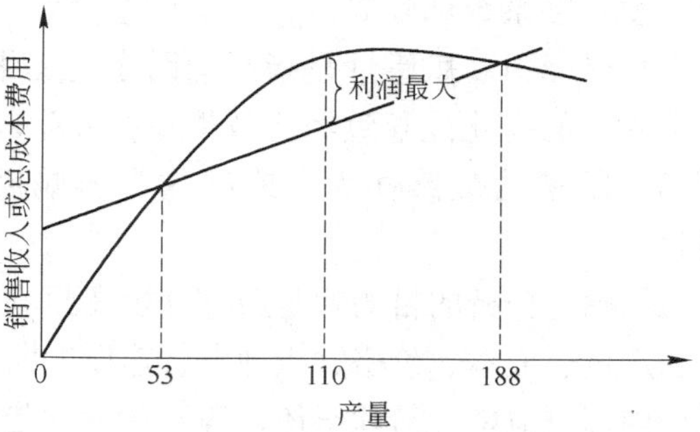

图 8-2　非线性盈亏平衡分析

8.1.3　互斥方案的盈亏平衡分析

单方案的盈亏平衡分析是通过求得盈亏平衡点来分析发生盈利与亏损的可能性。如有某个共同的不确定性因素影响互斥方案的取舍时，可先求出两个方案的盈亏平衡点，再根据盈亏平衡的取值进行取舍。多方案的盈亏平衡分析是盈亏平衡分析方法的延伸，它是将同时影响各方案经济效果指标的共有的不确定因素作为自变量，将各方案的经济效果指标作为因变量，建立各方案经济效果指标与不确定因素之间的函数关系。由于各方案经济效果函数的斜率不同，所以各函数曲线必然会发生交叉，即在不确定因素的不同取值区间内，各方案的经济效果指标高低的排序不同，由此来确定方案的取舍。

【例 8-3】 拟建某工程项目，有三种技术方案可供采纳，每一方案的产品成本见表 8-1，试比较三个方案。

表 8-1　例 8-3 各技术方案成本数据

方　案	A	B	C
产品可变成本/元·件$^{-1}$	50	20	10
产品固定成本/元	1500	4500	16500

【解】 设 Q 为预计产量，各方案的成本费用方程为：

$$C = VQ + F$$
$$C_A = 50Q + 1500$$
$$C_B = 20Q + 4500$$
$$C_C = 10Q + 16500$$

令 $C_A = C_B$，求得 $Q_{AB} = 100$(件)

令 $C_B = C_C$，求得 $Q_{BC} = 1200$(件)

令 $C_A = C_C$，求得 $Q_{AC} = 375$(件)

以横轴表示产量，纵轴表示总生产成本，绘出互斥方案比选盈亏平衡图，如图 8-3 所示。

分析图 8-3 可知，当产量小于 100 件时，A 方案为优选方案；当产量为 100~1200 件时，B 方案为优选方案；当产量大于 1200 件时，C 方案为优选方案。实际决策时可结合市场预测结果及投资条件进行方案取舍。

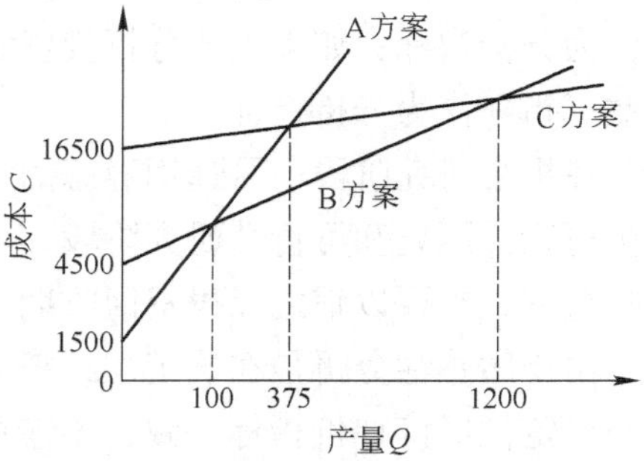

图 8-3　互斥方案比选盈亏平衡分析

8.2　敏感性分析

敏感性分析是分析各种不确定因素发生增减变化时，对财务或经济评价指标的影响，计算敏感度系数和临界点，找出敏感因素，并分析投资项目对不确定因素变化的敏感程度及承受能力。敏感性是指影响因素的变化对投资项目经济效果的影响程度。若影响因素小幅度的变化能导致经济效果指标发生较大的变化，则称投资项目的经济效果指标对不确定因素的敏感性大，或称这类影响因素为敏感性因素；反之，则称为非敏感性因素。

敏感性分析的目的就是通过分析及预测影响工程项目经济评价指标的主要因素（如投资、产量、成本、价格、折现率、建设工期等）发生变化时，这些经济评价指标（如净现值、内部收益率、借款偿还期等）的变化趋势和临界值，从中找出敏感因素，并确定其敏感程度，从而对外部条件发生不利变化时投资方案的承受能力做出判断。

8.2.1 敏感性分析的分类

敏感性分析有单因素敏感性分析和多因素敏感性分析两种。

单因素敏感性分析是对单一不确定因素变化对技术方案经济效果的影响进行分析，即假设各个不确定性因素之间互相独立，每次只考察一个因素变动，其他因素保持不变，以分析这个可变因素对经济效果评价指标的影响程度和敏感程度。为了找出关键的敏感性因素，通常只进行单因素敏感性分析。

多因素敏感性分析是假设两个或两个以上互相独立的不确定因素同时变化，分析这些变化的因素对经济效果评价指标的影响程度和敏感程度。

8.2.2 敏感性分析的步骤

敏感性分析一般按以下步骤进行。

8.2.2.1 确定分析指标

分析指标的确定与进行分析的目标和任务有关，一般是根据项目的特点、不同的研究阶段、实际需求情况和指标的重要程度来选择。

如果主要分析方案状态和参数变化对方案投资回收快慢的影响，则可选用投资回收期作为分析指标；如果主要分析产品价格波动对方案超额净收益的影响，则可选用财务净现值作为分析指标；如果主要分析投资大小对方案资金回收能力的影响，则可选用财务内部收益率指标作为分析指标。

在机会研究阶段，可选用静态的分析指标，常采用的是投资收益率和投资回收期；在初步可行性研究和可行性研究阶段，可选用动态的分析指标，常采用财务净现值、财务内部收益率，也可以辅之以投资回收期。

由于敏感性分析是在确定性经济分析的基础上进行的，一般而言，敏感性分析的指标应与确定性经济评价指标一致，不应超出确定性经济评价指标范围而另立新的分析指标。当确定性经济评价指标较多时，敏感性分析可以围绕其中一个或若干个较为重要的指标进行。

8.2.2.2 选定需要分析的不确定性因素

影响技术方案经济评价指标的因素众多，不可能也没有必要对全部不确定因素逐个进行分析。在选定需要分析的不确定因素时，可从两个方面考虑：第一，这些因素在可能的变化范围内，对投资效果影响较大；第二，这些因素发生变化的可能性较大。通常设定的不确定性因素有：产品价格、产销量、项目总投资、年经营成本、项目寿命期、建设工期及达产期、基准折现率、主要原材料和能源的价格等。

8.2.2.3 分析每个因素的波动范围，并计算因素变动对分析指标影响的数量结果

对选定的不确定因素，应根据实际情况设定这些因素的变动幅度；假定设定的其他不确定因素不变，一次仅变动一个不确定性因素，重复计算各种可能的不确定因素的变化对分析指标影响的具体数值；然后采用敏感性分析计算表或分析图的形式，把不确定因素的变动与分析指标的对应数量关系反映出来，以便于测定敏感因素。

8.2.2.4 确定敏感因素并排序

测定某特定因素是否敏感，可采用两种方式进行。第一种是相对测定法，即设定要分析的因素均从基准值开始变动，且各因素每次变动幅度相同，比较在同一变动幅度下各因素的变动对经济效果指标的影响，就可以判别出各因素的敏感程度。第二种方式是绝对测定法，即设各因素均向降低投资效果的方向变动，并设该因素达到可能的“最坏”值，然后计算在此条件下的经济效果指标，看其是否已达到使项目在经济上不可取的程度。如果项目已不能接受，则该因素就是敏感因素。

敏感性分析通常需要计算敏感度系数。敏感度系数是指项目评价指标变化的百分率与不确定性因素变化的百分率之比。敏感度系数高，表示项目对该不确定性因素敏感程度高，计算见式（8-10）。

$$\beta = \frac{|\Delta A|/A}{|\Delta F|/F} \tag{8-10}$$

式中 β——评价指标 A 对于不确定因素 F 的敏感度系数；

$\frac{|\Delta A|}{A}$——不确定因素 F 发生 $\frac{|\Delta F|}{F}$ 的变化率时，评价指标 A 的相应变化率,%；

$\frac{|\Delta F|}{F}$——不确定因素 F 的变化率,%。

敏感性分析的另一个指标是临界点，临界点是指项目允许不确定因素向不利方向变化的极限值，超过极限，项目的效益指标将不可行。

绝对测定法的一个变通方式是先设定有关经济评价指标为其临界值，如令净现值等于零、内部收益率等于基准折现率等，然后求出分析因素的最大允许变动幅度，并与其可能出现的最大变动幅度相比较。如果某因素可能出现的变动幅度超过最大允许变动幅度，则表明该因素是方案的敏感因素。

8.2.2.5 结合确定性分析进行综合评价，选择可行的比选方案

实践中，通常将敏感度系数和临界点两种方法结合起来确定敏感性因素。根据敏感因素对技术方案评价指标的影响程度，结合确定性分析的结果做进一步的综合评价，寻求对主要不确定因素变化不敏感的可选方案。

在技术方案分析比较中，对主要不确定因素变化不敏感的方案，其抵抗风险能力比较强，获得满意经济效益的潜力比较大，优于敏感方案，应优先考虑接受。对敏感性较强的技术方案，还需要根据敏感性分析的结果，采取必要的风险防范对策。

8.2.3 敏感性分析的方法

8.2.3.1 单因素敏感性分析

单因素敏感性分析是每次只变动某一个不确定因素而假定其他的因素都不发生变化，分别计算各因素对确定性分析指标影响程度的敏感性分析方法。

【例 8-4】 某投资方案预计总投资为 1200 万元，年产量为 10 万台，产品价格为 35 元/台，年经营成本为 120 万元，方案经济寿命期为 10 年，期末设备残值为 80 万元，基准折现率为 10%，试就投资额、产品价格及方案寿命期进行敏感性分析。

【解】 以净现值作为经济评价指标，基准方案的净现值为

$$NPV_0=-1200+(10\times35-120)(P/A,10\%,10)+80(P/F,10\%,10)=244.09(\text{万元})$$

对净现值指标分别以投资额、产品价格和寿命期三个不确定因素作敏感性分析。

设投资额变化率的百分比为 x，分析投资额变化对方案净现值影响的计算公式为：

$$NPV=-1200(1+x)+(10\times35-120)(P/A,10\%,10)+80(P/F,10\%,10)$$

设产品价格变化率的百分比为 y，分析产品价格变动对方案净现值影响的计算公式为：

$$NPV=-1200+[10\times35(1+y)-120](P/A,10\%,10)+80(P/F,10\%,10)$$

设方案寿命期变化率的百分比为 z，分析方案寿命期变动对方案净现值影响的计算公式为：

$$NPV=-1200+(10\times35-120)[P/A,10\%,10(1+z)]+80[P/F,10\%,10(1+z)]$$

对投资额、产品价格及方案寿命期逐一按在基准方案基础上变化±10%、±15%、±20%取值，所对应的方案净现值变化计算结果见表 8-2 和图 8-4。

表 8-2 单因素敏感分析表的计算结果

不确定因素 \ 净现值 \ 变化	-20%	-15%	-10%	0	10%	15%	20%
投资额	484.09	424.09	364.09	244.09	124.09	64.09	4.09
产品价格	-186.03	-78.50	29.03	244.09	459.15	566.68	674.21
寿命期	57.88	107.81	155.42	244.09	324.71	362.22	397.99

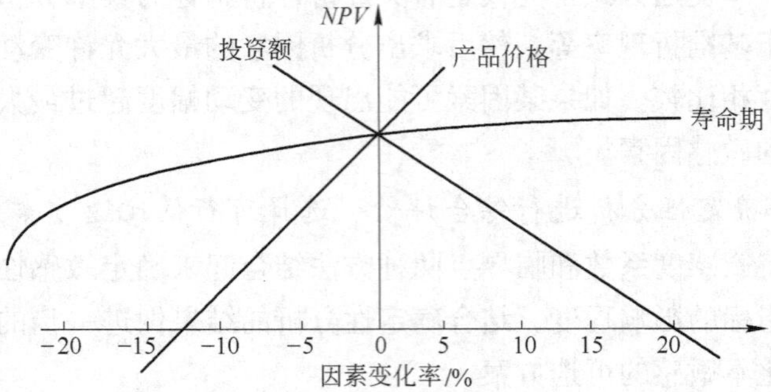

图 8-4 单因素敏感性分析图的计算结果

从敏感性分析表中可以看出，在同样的变动率下，产品价格的变动对方案的净现值影

响最大，其次是投资额的变动，寿命期变动的影响最小；在敏感性分析图中，不同因素变化引起经济评价指标变化的斜率是不一样的，斜率越大，敏感性越强。也即敏感性大小的排序为：产品价格>投资额>寿命期。

如果以 $NPV=0$ 作为方案是否可接受的临界条件，那么从上面的公式中可以算出，当实际投资额超出预计投资额的 20.3%，或者当产品价格下降到比预计价格低 11.3%，或者寿命期比预计寿命期缩短 26.5%时，方案就变得不可接受。这个数据也可以在敏感性分析图中找到，即各条变化值线与横轴的交点，在该点上 $NPV=0$，它们就是相应因素向不利方向变化的极限点，也即临界点。

计算投资方案对各变化因素的敏感度系数：

$$投资额敏感度系数=\frac{|124.09-244.09|\div 244.09}{10\%}=4.92$$

$$产品价格敏感度系数=\frac{|459.15-244.09|\div 244.09}{10\%}=8.81$$

$$方案寿命期敏感度系数=\frac{|324.71-244.09|\div 244.09}{10\%}=3.30$$

根据敏感度系数的排序分析可知，对于本投资方案来说，产品价格是最敏感的因素，应对未来产品价格进行更准确的测算。如果未来产品价格变化的可能性较大，则意味着这一投资方案的风险亦较大。

单因素敏感性分析的方法简单，但其不足之处在于忽略了因素之间的相关性。因此，实际应用中还有多因素敏感性分析，但多因素敏感性分析考虑因素多，相对较复杂，大多借助于计算机分析完成。

8.2.3.2 多因素敏感性分析

在现实中，一个因素的变动往往也伴随着其他因素的同时变动，多因素敏感性分析考虑了这种相关性，因而能反映几个因素同时变动对项目评价指标产生的综合影响，更全面地揭示事物的本质。因此，在对很多项目进行敏感性分析时，除进行单因素敏感性分析外，还应进行多因素敏感性分析。

A 双因素敏感性分析

双因素敏感性分析是考虑两个不确定因素同时变化对项目评价指标所产生的影响。

【例 8-5】 某项目有关数据见表 8-3。如果可变因素为初始投资与年收入，并考虑它们同时发生变化，试通过净年值指标对该项目进行敏感性分析。

表 8-3 例 8-5 已知条件数据

指标	初始投资/元	寿命期/年	年营业收入/元	年经营成本/元	期末残值/元	基准收益率/%
估计值	10000	5	5000	2200	2000	8

【解】 令 x 及 y 分别代表初始投资及年营业收入的变化率，则项目必须满足下式才可行：

$$NAV=-10000(1+x)(A/P, 8\%, 5)+5000(1+y)-2200+2000(A/F, 8\%, 5)\geqslant 0$$

即

$$636.32-2504x+5000y\geqslant 0$$

这是一个直线方程。将其在坐标图上表示出来（见图 8-5），即得到 $NAV\geqslant 0$ 的临界线。在临界线上，$NAV=0$，项目可行；在临界线左上方的区域 $NAV>0$，项目可行；在临界线右下方的区域 $NAV<0$，项目不可行。

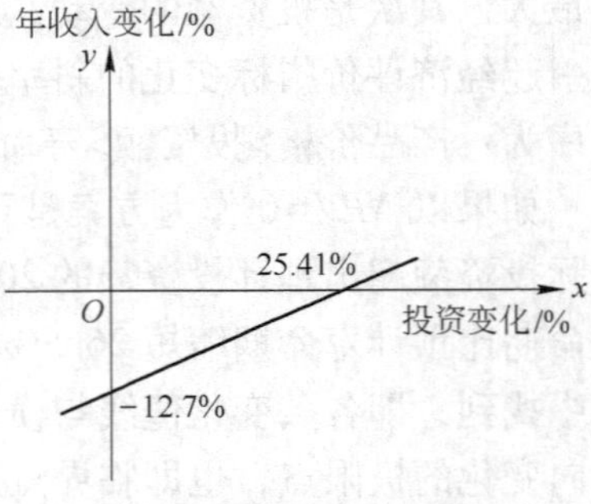

图 8-5　双因素变化敏感性分析

B　三项预测值的敏感性分析

当投资方案同时出现变化的不确定因素较多时，可以借助于不确定因素的三项预测值进行敏感性分析。不确定因素三项预测值是对投资方案的不确定因素给出三个预测值，即最不利的状态 P，最可能的状态 M 和最有利的状态 O，根据三个预测值进行敏感性分析。

【例 8-6】　某企业准备购置新设备，表 8-4 为已知项目投资额、寿命期、年营业收入及经营成本，试就项目寿命期、年营业收入、年经营成本三项因素对净现值指标进行敏感性分析（基准收益率 $i_c=9\%$）。

表 8-4　例 8-6 已知条件数据　　（万元）

	投资额	项目寿命期	年营业收入	年经营成本
最有利状态（O）	15	18	11	2
最可能状态（M）	15	10	7	4.3
最不利状态（P）	15	8	5	5.7

【解】　通过计算，得到表 8-5 所示净现值计算结果。由表 8-5 可以分析出各变化因素所处状态对净现值评价指标的影响，并可分析出本项目方案可行的各因素状态。

表 8-5　三项预测值敏感性分析　　（万元）

		年经营成本								
		O			M			P		
		项目寿命期			项目寿命期			项目寿命期		
		O	M	P	O	M	P	O	M	P
年营业收入	O	63.80	42.76	34.81	43.66	28.00	22.08	31.40	19.01	14.33
	M	28.78	17.09	12.67	8.64	2.33	−0.06	−3.62	−6.66	−7.80
	P	11.27	4.25	1.60	−8.87	−10.51	−11.13	−21.13	−19.49	−18.87

很显然，随着分析因素的增加，计算模型会变得越来越庞大。所以在实际方案评价中，可以首先通过单因素敏感性分析，找到较为敏感的前几个因素，在进一步针对性地进行多因素敏感性分析，以提高评价过程的效率。

8.3　风险分析

8.3.1　风险的概念

风险是指未来发生不利事件的概率或可能性，是相对于预期目标而言，经济主体遭受损失的不确定性。由于项目具有不确定性，会导致项目实施后偏离预期的经济效果，从而产生风险。风险分析就是通过对风险因素的识别，采用定性与定量分析的方法估计各风险因素发生的可能性及对项目的影响程度，揭示影响项目成败的关键风险因素，提出项目风险的预警、预报和相应的对策，为投资决策服务。风险分析的作用是在投资决策阶段，通过信息反馈，改进或优化项目设计方案，起到降低项目风险的作用。风险分析的过程包括风险识别、风险估计、风险评价、风险决策与风险应对。

工程项目的风险主要有以下来源：

（1）市场风险，指由于市场价格的不确定性导致损失的可能性。具体讲，就是由于市场需求量、需求偏好以及市场竞争格局、政治经济等方面的变化导致市场价格有可能发生不利的变化而使工程项目经济效果或企业发展目标达不到预期的水平；比如营业收入、利润或市场占有率等低于期望水平。对于大多数工程项目，市场风险是最直接也是最主要的风险。

（2）技术风险，指高新技术的应用和技术进步使建设项目发生损失的可能性。在项目建设和运营阶段会涉及各种高新技术的应用，由于种种原因，实际的应用效果可能达不到原先预期的水平，从而也就可能使项目的目标无法实现，形成高新技术应用风险。此外，建设项目以外的技术进步会使项目的相对技术水平降低，从而影响项目的竞争力和经济效果。这就构成了技术进步风险。

（3）财产风险，指与项目建设有关的企业和个人所拥有、租赁或使用的财产，面临可能被破坏、被损毁以及被盗窃的风险。财产风险的来源包括火灾、闪电、洪水、地震、飓风、暴雨、偷窃、爆炸、暴乱、冲突，等等。此外，与财产风险有关的可能损失还包括停产停业的损失、采取补救措施的费用和不能履行合同对他人造成的损失等。

（4）责任风险，指承担法律责任后对受损一方进行补偿而使自己蒙受损失的可能性。随着法律制度的逐步健全和执法力度的加强，工程建设过程中，个人和组织越来越多地通过诉诸法律要求补偿自己受到的损失。司法裁决可能对受害一方进行经济补偿，同时惩罚与责任有关的个人或组织。即使被告最终免除了责任，辩护案子的费用也是必不可少的。因此，经济主体必须谨慎识别那些可能对自己造成影响的责任风险。

（5）信用风险，指由于有关行为主体不能做到重合同、守信用而导致目标损失的可能性。在工程项目的建设和生产营运过程中，合同行为作为市场经济运行的基本单元具有普遍性和经常性，如工程承发包合同、分包合同、设备材料采购合同、贷款合同、租赁合同、销售合同，等等。这些合同规范了诸多合作方的行为，是使工程建设顺利进行的基础。但如果有行为主体钻合同的空子损害另一方当事人的利益或者单方面无故违反承诺，则毫无疑问，建设项目将受到损失，从而产生信用风险。

8.3.2 风险识别

风险识别，是指采用系统论的观点对项目全面考察、综合分析，找出潜在的各种风险因素，并对各种风险进行比较、分类，确定各因素间的相关性与独立性，判断其发生的可能性及对项目的影响程度，据此可对风险因素的重要性进行排序，或赋予权重。风险识别是风险分析和管理的一项基础性工作，其主要任务是明确风险存在的可能性，为风险估计、风险评价和风险应对奠定基础。

风险识别是风险管理的重要工作，要求风险分析人员拥有较强的洞察能力、分析能力以及丰富的实践经验。风险识别的一般步骤是：

（1）明确所要实现的目标；

（2）找出影响目标值的全部因素；

（3）分析各因素对目标的相对影响程度；

（4）根据各因素向不利方向变化的可能性进行分析、判断，并确定主要风险因素。

工程项目投资规模大、建设周期长，涉及因素多，因此，也可以按项目的不同阶段进行风险识别，而且随着建设项目寿命周期建设阶段的推移，当一种风险因素的重要性下降时，另一种风险因素的重要性则可能会上升。

8.3.3　风险估计

风险估计，是指采用主观概率和客观概率分析方法，确定风险因素的概率分布，并运用数理统计分析方法，计算项目评价指标相应的概率分布或累计概率、期望值、标准差及离散系数，根据计算结果，估计风险的大小，预测风险程度的可接受性。

估计风险大小不仅要考虑损失或负偏离发生的大小范围，更要综合考虑各种损失或负偏离发生的可能性大小，即概率。估计工程建设项目的风险可用项目某一经济效益指标的负偏离（如 $NPV \leqslant 0$，$IRR \leqslant i_c$）发生的概率来度量。发生负偏差概率越小，表明方案风险越小；反之，则风险越大。

8.3.3.1　投资方案经济效果的概率描述

严格说来，影响方案经济效果的大多数因素都是随机变量。我们可以预测其未来可能的取值范围，估计各种取值或值域发生的概率，但不可能肯定地预知它们取什么值。投资方案的现金流量序列是由这些因素的取值所决定的，所以，实际上方案的现金流量序列也是随机变量。

要完整地描述一个随机变量，需要确定其概率分布的类型和参数。在经济分析与决策中使用最普遍的是均匀分布与正态分布。

8.3.3.2　经济效果指标的期望值

投资方案经济效果指标的期望值是指参数在一定概率分布下投资效果所能达到的概率平均值，其一般计算式见式（8-11）。

$$E(x) = \sum_{i=1}^{n} x_i p_i \tag{8-11}$$

式中　$E(x)$ ——变量的期望值；

p_i ——变量 x_i 出现不同状态的概率。

【例 8-7】　表 8-6 为已知某投资方案可能出现的净现值结果及对应的概率，试计算该方案净现值的期望值。

表 8-6　例 8-7 已知条件数据

净现值/万元	23.5	26.2	32.4	38.7	42	46.8
概率	0.1	0.2	0.3	0.2	0.1	0.1

【解】 $E(NPV) = 23.5\times0.1+26.2\times0.2+32.4\times0.3+38.7\times0.2+42\times0.1+46.8\times0.1$
$=33.93$（万元）

即这一投资方案净现值概率期望值为 33.93 万元。

8.3.3.3 经济效果指标的标准差

标准差反映了一个随机变量实际值与其期望值偏离的程度。这种偏离在一定意义上反映了投资方案风险的大小。标准差的一般计算见式（8-12）。

$$\sigma(x) = \sqrt{\sum_{i=1}^{n} p_i [x_i - E(x)]^2} \tag{8-12}$$

式中 $\sigma(x)$——变量 x_i 的标准差。

【例 8-8】 利用例 8-1 中的数据，试计算投资方案净现值的标准差。

【解】

$$\sigma = [0.1\times(23.5-33.93)^2+0.2\times(26.2-33.93)^2+0.3\times(32.4-33.93)^2+0.2\times(38.7-33.93)^2+0.1\times(42-33.93)^2+0.1\times(46.8-33.93)^2]^{1/2}$$
$$=7.152\text{（万元）}$$

8.3.3.4 经济效果指标的离散系数

标准差虽然可以反映随机变量的离散程度，但它是一个绝对量，其大小与变量的数值及期望大小有关。一般而言，变量的期望值越大，其标准差也越大，特别是需要对不同方案的风险程度进行比较时，标准差往往不能够准确反映风险程度的差异。为此，引入另一个指标——离散系数 C，它是标准差与期望值之比，即式（8-13）。

$$C = \frac{\sigma(x)}{E(x)} \tag{8-13}$$

离散系数是一个相对数，不受变量和期望值绝对值大小的影响，能更好地反映投资方案的风险程度。对不同投资方案进行比选时，如果期望值相同，则标准差较小的方案风险更低；如果两个方案的期望值与标准差均不相同，则离散系数较小的方案风险更低。

8.3.3.5 概率树分析

概率树是将投资方案各种可能发生状态的概率和对应的评价指标以树状图进行描述，然后应用期望值等计算公式进行风险估计相关指标计算的一种分析工具。概率树分析的一般步骤如下：

（1）列出要考虑的各种风险因素，如投资、经营成本、销售价格等。

（2）设想各种风险因素可能发生的状态，即确定其可能表现的数值。

（3）分别确定各种状态可能出现的概率，并使可能发生状态概率之和等于 1。

（4）分别求出各种风险因素发生变化时，方案净现金流量各状态发生的概率和相应状态下的净现值 $NPV^{(i)}$ 及其他经济评价指标。

（5）求方案净现值及其他经济评价指标的期望值 $E(NPV)$，见式（8-14）。

$$E(NPV) = \sum_{i=1}^{k} NPV^{(i)} \times P_i \tag{8-14}$$

式中 P_i——第 i 种状态出现的概率；

k——可能出现的状态数。

（6）求出方案经济评价指标可行的累计概率。

（7）对概率分析结果作说明。

【例 8-9】　某商品住宅小区开发项目现金流量的估计值见表 8-7，根据经验推断，营业收入和开发成本为离散型随机变量，其值在估计值的基础上可能发生的变化的状态和对应概率见表 8-8（设基准收益率 $i_c = 12\%$）。试确定该项目净现值大于零及大于或等于 3000 万元的概率值。

表 8-7　例 8-9 已知条件数据　（万元）

年　份	1	2	3
营业收入	857	7143	8800
开发成本	5888	4873	6900
其他税费	56	464	1196
净现金流量	-5087	1806	704

表 8-8　不确定性因素发生变化的范围和概率

概率　变化幅度 / 不确定因素	-20%	0	+20%
营业收入	0.2	0.6	0.2
开发成本	0.1	0.3	0.6

【解】　（1）根据营业收入、开发成本可能发生变动的概率，计算项目净现金流量未来可能发生的 9 种状态概率和净现值指标值，作出概率树分析表，见表 8-9。

表 8-9　例 8-9 概率树分析表

	销售收入状态概率	开发成本状态概率	可能状态（i）	状态概率（P_i）	$NPV^{(i)}$	$P_i \times NPV^{(i)}$
不确定因素可能出现状态	0.2	0.6	1	0.12	3123.3	374.8
		0.3	2	0.06	5690.4	341.4
		0.1	3	0.02	8257.6	165.2
	0.6	0.6	4	0.36	-141.3	-50.9
		0.3	5	0.18	2425.9	436.7
		0.1	6	0.06	4993.0	299.6
	0.2	0.6	7	0.12	-1767.0	-212.0
		0.3	8	0.06	-838.7	-50.3
		0.1	9	0.02	1728.5	34.6
			合计	1		1339.1

其中，项目净现金流量各种状态的概率 $P_i(i = 1, 2, \cdots, 9)$：

$$P_1 = 0.2 \times 0.6 = 0.12$$

$$P_2 = 0.2 \times 0.3 = 0.06$$

$$P_3 = 0.2 \times 0.1 = 0.02$$

……

开发项目各状态下的净现值 $NPV^{(i)}$ $(i = 1, 2, \cdots, 9)$：

$$NPV^{(1)} = \sum_{t=1}^{3}(CI - CO)_t^{(1)}(1 + 12\%)^{-t} = 3123.2(\text{万元})$$

$$NPV^{(2)} = \sum_{t=1}^{3}(CI - CO)_t^{(2)}(1 + 12\%)^{-t} = 5690.4(\text{万元})$$

$$NPV^{(3)} = \sum_{t=1}^{3}(CI - CO)_t^{(3)}(1 + 12\%)^{-t} = 8257.6(\text{万元})$$

……

（2）根据概率树分析图，计算项目净现值的期望值：

$$\begin{aligned}E(NPV) &= \sum_{i=1}^{k} NPV^{(i)} \times P_i \\ &= 0.12 \times 3123.2 + 0.06 \times 5690.4 + 0.02 \times 8257.6 + 0.36 \times (-141.3) + \\ &\quad 0.18 \times 2425.9 + 0.06 \times 4993.0 + 0.12 \times (-1767) + 0.06 \times (-838.7) + \\ &\quad 0.02 \times 1728.5 = 1339.1(\text{万元})\end{aligned}$$

（3）计算净现值大于等于零的累计概率：

$$P(NPV \geqslant 0) = 1 - 0.36 - 0.12 - 0.06 = 0.46$$

（4）计算净现值大于等于 3000 万元的累计概率：

$$P(NPV \geqslant 3000) = 0.12 + 0.06 + 0.02 + 0.06 = 0.26$$

结论：该开发项目净现值的期望值大于零，是可行的。但净现值大于零的概率不够大，说明开发项目存在一定的风险；净现值大于等于 3000 万元的累计概率只有 0.26，说明开发项目取得很高利润的可能性不大。

8.3.3.6 蒙特卡洛模拟分析

风险估计中若遇到随机变量较多且概率分布是连续型的，采用概率树分析法将变得十分复杂，而蒙特卡洛方法却能较方便地解决此类问题。

蒙特卡洛模拟法，是用随机抽样的方法抽取一组符合变动因素概率分布特征的数值，输入这组变量的数值计算项目经济评价指标，通过多次抽样计算可获得评价指标的概率分布及累计概率分布、期望值、方差、标准差，并计算项目可行或不可行的概率，从而估计投资项目所承担的风险。蒙特卡洛模拟法一般实施步骤为：

（1）通过敏感性分析，确定风险随机变量；

（2）确定风险随机变量的概率分布；

（3）通过随机数表或计算机求出随机数，根据风险随机变量的概率分布模拟输入变量；

（4）选取经济评价指标，如净现值、内部收益率等；

（5）根据基础数据计算评价指标值；

（6）整理模拟结果所得评价指标的期望值、方差、标准差和它的概率分布及累计概率，绘制累计概率图，计算投资项目可行或不可行的概率。

8.3.4 风险评价

风险评价是指根据风险识别和风险估计的结果，依据项目风险判别标准，找出影响项目成败的关键风险因素。项目风险大小的评价标准应根据风险因素发生的可能性及其造成的损失来确定，一般采用评价指标的概率分布或累计概率、期望值、标准差作为判别标准，也可采用综合风险等级作为判别标准。

8.3.4.1 以评价指标作为判别标准

（1）财务（经济）净现值大于等于零的累计概率值越大，风险越小；标准差越小，风险越小。

（2）财务（经济）内部收益率大于等于基准收益率（社会折现率）的累计概率值越大，风险越小；标准差越小，风险越小。

8.3.4.2 以综合风险等级作判别标准

根据风险因素发生的可能性及其造成损失的程度，建立综合风险等级的矩阵，将综合风险分为风险很强的K（kill）级、风险强的M（modify）级、风险较强的T（trigger）级、风险适度的R（review and reconsider）级和风险弱的I（ignore）级。综合风险等级分类表见表8-10。

表8-10 综合风险等级分类

综合风险等级		风险发生对指标影响的程度			
		严重	较大	适度	低
风险发生的可能性	高	K	M	R	R
	较高	M	M	R	R
	适度	T	T	R	I
	低	T	T	R	I

8.3.5 风险决策

人是决策的主体，在风险条件下决策行为取决于决策者的风险态度，对同一风险决策问题，风险态度不同的人决策的结果通常有较大的差异。典型的风险态度有三种表现形式：风险厌恶、风险中性和风险偏爱。与风险态度相对应，风险决策人可有以下决策准则：满意度准则、最小方差准则、期望值准则和期望方差准则。

8.3.5.1 满意度准则

在工程实践中由于决策人收集资料的有限性和时空的限制，既不可能找到一切方案，也不可能比较一切方案，并非人们不喜欢“最优”，而是取得“最优”的代价太高。因此，最优准则只存在于纯粹的逻辑推理中。在实践中只能遵循满意度准则进行决策。

满意度准则既可以是决策人想要达到的收益水平，也可以是决策人想要避免的损失水平，因此它对风险厌恶和风险偏爱决策人都适用。当选择最优方案花费过高或在没有得到其他方案的有关资料之前就必须决策的情况下应采用满意度准则决策。

【例 8-10】 设有表 8-11 所示的决策问题。表 8-11 中的数据除各种自然状态的概率外，还有指标的损益值，正的为收益，负的为损失。如果满意度准则如下：(1) 可能有机会获得收益至少等于 5；(2) 可能损失不大于-1。试选择最佳方案。

表 8-11 例 8-10 已知条件数据

损益值 \ 自然状态概率 P_i \ 方案	P_1	P_2	P_3	P_4
	(0.5)	(0.1)	(0.1)	(0.3)
Ⅰ	3	−1	1	1
Ⅱ	4	0	−4	6
Ⅲ	5	−2	0	2

【解】 按准则 (1) 选择方案时，方案Ⅱ和方案Ⅲ有等于或大于 5 的可能收益，但方案Ⅲ取得收益 5 的概率更大一些，应选择方案Ⅲ。

按准则 (2) 选择方案时，只有方案Ⅰ可能的损失不超过-1，所以应选择方案Ⅰ。

8.3.5.2 期望值准则

期望值准则是根据各备选方案指标损益值的期望值大小进行决策，如果指标为越大越好的损益值，则应选择期望值最大的方案；如果指标为越小越好的损益值，则选择期望值最小的方案。由于不考虑方案的风险，实际上隐含了风险中性的假设。因此，该原则对决策者风险态度为中性时更为适用。

【例 8-11】 对例 8-10 的决策问题应用期望值原则进行决策。

【解】 用期望值准则决策的结果见表 8-12。

表 8-12 例 8-11 期望值准则风险决策结果

方案	各方案期望值
Ⅰ	3×0.5−1×0.1+1×0.1+1×0.3=1.8
Ⅱ	4×0.5+0×0.1−4×0.1+6×0.3=3.4
Ⅲ	5×0.5−2×0.1+0×0.1+2×0.3=2.9

应选期望值最大的方案Ⅱ。

8.3.5.3 最小方差准则

一般而言，方案指标值的方差越大则方案的风险就越大。所以，风险厌恶型的决策人有时倾向于用这一原则选择风险较小的方案。这是一种避免最大损失而不是追求最大收益的准则，具有过于保守的特点。

方差 D 的计算见式 (8-15)。

$$D = \sum_{i=1}^{n} x_i{}^2 p_i - \left[\sum_{i=1}^{n} x_i\, p_i \right]^2 \tag{8-15}$$

【例 8-12】 对例 8-10 的决策问题应用最小方差原则进行决策。

【解】 用最小方差准则决策的结果见表 8-13。

表 8-13 例 8-12 最小方差准则风险决策结果

方 案	各方案方差
Ⅰ	$3^2 \times 0.5+(-1)^2 \times 0.1+1^2 \times 0.1+1^2 \times 0.3-(1.8)^2=1.76$
Ⅱ	$4^2 \times 0.5+0^2 \times 0.1+(-4)^2 \times 0.1+6^2 \times 0.3-(3.4)^2=8.84$
Ⅲ	$5^2 \times 0.5+(-2)^2 \times 0.1+0^2 \times 0.1+2^2 \times 0.3-(2.9)^2=5.69$

应选择方差最小的方案Ⅰ。

8.3.5.4 期望值方差准则

期望值方差准则是将期望值和方差通过风险厌恶系数 A 化为一个标准 Q 来决策的准则，见式（8-16）。

$$Q=\sum_{i=1}^{n} x_i p_i - A\sqrt{D} \tag{8-16}$$

式中 A——风险厌恶系数，取值范围为 0~1，越厌恶风险，取值越大；

Q——期望值方差准则决策值，一般倾向于选取 Q 值大的方案。通过 A 取值范围的调整，可以使 Q 值适合于任何风险偏好的决策者。

【例 8-13】 对例 8-10 的决策问题应用期望值方差准则进行决策。

【解】 取风险厌恶系数 A 为 0.7，用期望值方差准则决策的结果见表 8-14。

表 8-14 例 8-13 期望值方差准则风险决策结果

方 案	各方案的 Q 值
Ⅰ	$1.8-0.7\sqrt{1.76}=0.87$
Ⅱ	$3.4-0.7\sqrt{8.84}=1.32$
Ⅲ	$2.9-0.7\sqrt{5.69}=1.23$

应选 Q 值最大的方案Ⅱ。

比较可见，对同一个决策问题，采用不同的决策准则，决策结果是不一样的，这正是风险决策的最显著特点。

8.3.6 风险应对

风险应对是指根据风险决策的结果，研究规避、控制与防范风险的措施，为项目全过程风险管理提供依据。风险应对的四种基本方法是风险回避、损失控制、风险转移和风险保留。

8.3.6.1 风险回避

风险回避是投资主体有意识地放弃风险行为，完全避免特定的损失风险。在这个意义上，风险规避也可以说是投资主体将损失机会降低到零。例如，在货物采购合同中业主可以推迟承担货物接受的责任，即让供货商承担货物进入业主仓库之前的所有损失风险；业主回避了货物采购运转过程中的风险。

简单的风险回避是一种最消极的风险处理办法，因为投资者在放弃风险行为的同时，往往也放弃了潜在的目标收益。所以一般只有在以下情况下才会采用这种方法：

（1）当出现 K 级很强的风险时；

（2）投资主体对风险极端厌恶；

（3）存在可实现同样目标的其他方案，其风险更低；

（4）投资主体无能力消除或转移风险；

（5）投资主体无能力承担该风险，或承担风险得不到足够的补偿。

8.3.6.2 损失控制

当特定的风险不能避免时，可以采取行动降低风险有关的损失，这种处理风险的方法就是损失控制。显然损失控制不是放弃风险行为，而是制订计划和采取措施降低损失的可能性或者是减少实际损失。如存在 M 级强风险时，就应修正拟采用的方案，通过改变设计或采取补偿措施等控制风险；当存在 T 级较强风险时，可设定某些指标的临界值，指标一旦达到临界值，就要变更设计或对负面影响采取补偿措施来控制风险。

损失控制在安全生产过程中经常使用，控制的阶段包括事前、事中和事后三个阶段。事前控制的目的主要是为了降低损失的概率，事中和事后的控制主要是为了减少实际发生的损失。为了减少控制管理的费用，在每个阶段又应把握控制重点，如将控制措施集中在事故高发区和安全隐患集中的区域。

8.3.6.3 风险转移

风险转移，是指通过契约，将让渡人的风险转移给受让人承担的行为。当存在 R 级适度风险时，通过风险转移可大大降低经济主体的风险程度，因为风险转移可使更多的人共同承担风险，或者受让人预测和控制损失的能力比风险让渡人大得多。风险转移的主要形式是合同和保险。

（1）合同转移。通过签订合同，经济主体可以将一部分或全部风险转移给一个或多个其他参与者。例如，在建设工程发包阶段，业主可以与设计、采购、施工联合体签订交钥匙工程合同，并在合同中规定相应的违约条款，从而将一部分风险转移给了设计、采购和施工承包商。

（2）保险转移。保险是使用最为广泛的风险转移方式，凡是属于保险公司可保的险种，都可以通过投保把风险全部或部分转移给保险公司。

8.3.6.4 风险保留

风险应对的第四种方法是风险保留，即风险承担。也就是说，如果损失发生，经济主体将以当时可利用的任何资金进行支付。当存在 R 级适度风险或 I 级弱风险时，项目业主可进行风险保留。风险保留包括无计划自留、有计划自我保险。

（1）无计划自留。指风险损失发生后从收入中补偿，而不是在损失前做出资金安排。当经济主体没有意识到风险并认为损失不会发生时，或将意识到的风险有关的最大可能损失显著低估时，就会采用无计划保留方式承担风险。一般来说，无计划保留应当谨慎使用，因为如果实际总损失远远大于预计损失，将引起投资者资金周转困难。

（2）有计划自我保险。指在可能的损失发生前，通过做出各种资金安排以确保损失出现后能及时获得资金以补偿损失。有计划自我保险主要是通过建立风险预留基金的方式来实现。

思考题及习题

8-1 常见的不确定性产生的原因有哪些？

8-2 盈亏平衡分析的基本思路是什么？
8-3 盈亏平衡点的高低与生产方的风险是什么关系？
8-4 敏感性分析的目的是什么？
8-5 敏感性分析的步骤是什么？
8-6 敏感性分析如何选取分析指标？
8-7 敏感度系数的含义是什么，如何分析？
8-8 临界点的含义是什么，如何分析？
8-9 工程项目风险的主要根源有哪些？
8-10 风险管理的流程是怎样的？
8-11 概率树分析的步骤是怎样的？
8-12 蒙特卡洛模拟分析的步骤是怎样的？
8-13 风险等级是如何划分的？
8-14 风险决策的准则有哪些，如何应用？
8-15 哪些情况应采用风险回避的方法？
8-16 风险转移的方法有哪些？
8-17 某公司投资一项目生产某种产品。设计生产能力为年产量 100 万件，单位产品售价预计为 20 元/件，每年的固定成本为 400 万元，单位产品变动成本为 12 元/件。试分别计算以年产量、生产能力利用率、单位产品售价表示的盈亏平衡点。
8-18 某家具制造厂生产一种书柜，售价 150 元，年固定费用为 19 万元，每件书柜的材料为 52 元，工资是 20 元，其他变动费用为 8 元，请做出如下决策：
（1）要使工厂不亏本，每年至少要生产多少件书柜？
（2）如果该工厂第一年投产期只能生产 2000 件书柜，按这一产量进行生产，企业能获利吗？如果要求第一年按允许亏损 3 万元以下进行生产，企业该如何操作？
（3）如果企业要获得 10 万元/年的利润，至少应该生产多少件书柜？
（4）如果企业达产后最大生产能力为 5 万台/年，那么企业最高可得多少利润？
8-19 某企业生产一种配件，有两种加工方法可供选择，一为手工安装，每件成本为 1.2 元，还需分摊年设备费用 300 元；一种为机械生产，需投资 4500 元购置机械，寿命为 9 年，预计残值为 150 元，每个配件需人工配合，费用 0.5 元，维护设备年成本为 180 元，如果其他费用相同，基准收益为 10%，试以配件产量为变量进行加工方法决策。
8-20 某工程钢筋加工有现场制作和外包加工两个方案，现场制作方案的固定费用为 12 万元，每吨加工费用为 150 元；外包加工每吨加工费用为 250 元，则仅从经济上考虑时，现场制作方案适用的钢筋总加工量为多少？
8-21 某项目采用净现值指标进行敏感性分析，有关数据见表 8-15，则各因素的敏感度系数是多少？敏感程度由大到小的顺序是怎样的？

表 8-15 净现值敏感度分析数据表

净现值 / 变化幅度 / 因素	−10%	0	+10%
建设投资/万元	623	564	505
营业收入/万元	393	564	735
经营成本/万元	612	564	516

8-22 某建设项目选定项目投资、产品价格、产品成本和产量四个不确定性因素，各按±10%的变化幅度分析其对项目总投资收益率的影响，分析数据见表 8-16。

表 8-16　因素变化对财务内部收益率的影响

总投资收益率（%）　变化幅度 不确定因素	-10%	基本方案	+5%
项目投资	27.71	25	22.11
产品价格	16.62	25	33.18
产品成本	30.18	25	19.12
产量	22.50	25	29.50

用敏感性方法判定，4 个不确定性因素敏感程度从大到小的排序是怎样的？为什么？

8-23 根据图 8-6 分析投资额、产品价格、经营成本三个不确定性因素对方案评价指标的影响程度由低到高的排序是怎样的？各不确定因素变动的临界点分别是多少？

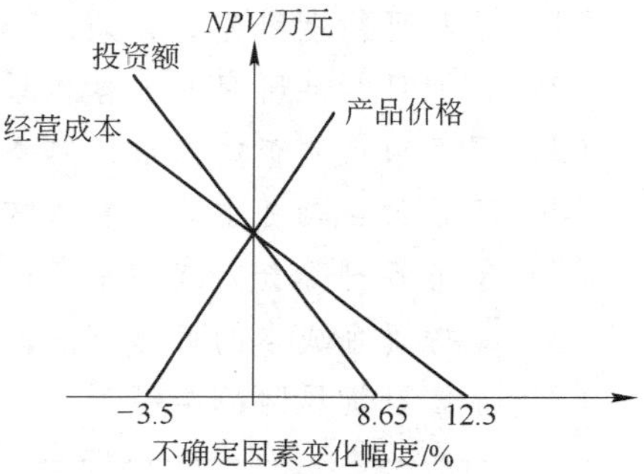

图 8-6　单因素敏感性分析

8-24 某方案需投资 25000 元，预期寿命为 5 年，残值为 0。每年净现金流量为随机变量，其可能发生的三种状态的概率及变量值如下：（1）现金流量 5000 元，$P=0.3$；（2）现金流量 10000 元，$P=0.5$；（3）现金流量 12000 元，$P=0.2$。若基准收益率为 12%，试计算净现值的期望值与标准差。

8-25 某投资项目有两个方案，一个是建大厂，另一个建小厂。建大厂需投资 300 万元，建小厂需投资 160 万元，使用年限为 10 年，估计在此期间产品销路好的概率是 0.7，销路差的概率是 0.3，基准收益率为 10%，两方案年净收益见表 8-17。

按前 3 年和后 7 年两期考虑。若建小厂，投入生产 3 年后产品销路好，则增加投资 160 万元再生产 7 年，每年净收益与建大厂方案相同，估计后 7 年产品销路好的概率为 0.9，销路差的概率为 0.1。如果前 3 年销路不好，后 7 年的销路也不会好。试用概率树分析法进行分析，并做出决策。

表 8-17　两方案净收益

自然状态	前 3 年市场状况概率	后 7 年市场状况概率	大厂方案损益值/万元	小厂方案损益值/万元
销路好	0.7	0.9	100	40
销路不好	0.3	0.1	-20	10

9 工程项目可行性研究与融资方案

导读：可行性研究是提供建设项目决策依据的重要工作，要对项目实施的可能性、有效性、如何实施等相关技术方案及财务效果进行具体、深入、细致的论证和评价，在此基础上，综合论证项目建设的必要性、财务的盈利性、经济上的合理性、技术上的先进性和适应性以及建设条件的可能性和可行性，是项目建设论证、审查、决策的重要依据，也是以后筹集资金或者申请资金的一个重要依据。通过本章的学习，需要掌握的知识点如下：

（1）了解可行性研究的含义，熟悉可行性研究的工作程序；

（2）掌握可行性研究的内容和深度要求；

（3）了解市场调查的方法，熟悉市场预测的方法；

（4）了解项目融资主体，熟悉常用的融资方式；

（5）掌握各种筹资方式的特点；

（6）掌握资金成本的计算方法；

（7）了解融资风险的类型。

9.1 可行性研究概述

9.1.1 可行性研究的含义

所谓可行性研究（feasibility study），是运用多种科学手段（包括技术科学、社会学、经济学及系统工程学等）对一项工程项目的必要性、可行性、合理性进行技术经济论证的综合科学。其基本任务是通过广泛的调查研究，综合论证一个工程项目在技术上是否先进、实用和可靠，在经济上是否合理，在财务上是否盈利，为投资决策提供科学的依据。同时，可行性研究还能为银行贷款、合作者签约、工程设计等提供依据和基础资料，它是决策科学化的必要步骤和手段。

可行性研究需要回答的问题有：为什么要进行这个项目？项目的建设条件是否具备？项目的产品或劳务市场的前景如何？项目的规模多大？项目厂址选在何处？项目所需的各种原材料、燃料及动力供应条件怎样？项目所采用的设备和工艺技术是否先进可靠？项目的筹资方式、融资渠道、盈利水平以及风险程度如何等。可行性研究从项目选择、立项、建设到生产经营的全过程来考察分析项目的可行性，为投资者的最终决策提供直接的依据。

9.1.2 可行性研究的基本工作程序

一个建设项目要经历建设前期、勘察设计期、建设期及运营期四个时期。建设前期是决定工程项目经济效果的关键时期，是研究和控制的重点。如果在项目实施中才发现工程费用过高，投资不足，或原材料不能保证等问题，将会给投资者造成巨大损失。因此，无论是发达国家还是发展中国家，都把可行性研究视为工程顺利进展的首要环节。投资者为了排除盲目性，减少风险，在竞争中取得最大利润，宁肯在投资前花费一定的代价，也要进行投资项目的可行性研究，以提高投资获利的可靠程度。

可行性研究的基本工作程序大致可以概括为：（1）签订委托协议；（2）组建工作小组；（3）制订工作计划；（4）市场调查与预测；（5）方案研制与优化；（6）项目评价；（7）编写可行性研究报告，与委托单位交换意见，并提交可行性研究报告，如图 9-1 所示。

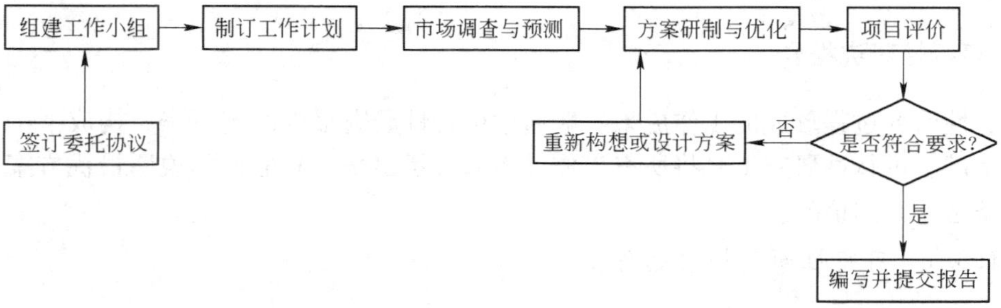

图 9-1　可行性研究的基本工作步骤

9.1.2.1　签订委托协议

可行性研究编制单位与委托单位应就项目可行性研究工作的范围、内容、重点、深度等要求以及完成时间、经费预算和质量要求交换意见，并签订委托协议，据以开展可行性研究各阶段的工作。具备条件和能力的建设单位也可以在机构内部委托职能部门开展可行性研究工作。

9.1.2.2　组建工作小组

根据委托项目可行性研究的范围、内容、技术难度、工作量、时间要求等组建项目可行性研究小组。一般工业项目和交通运输项目可分为市场组、工艺技术组、设备组、工程组、总图运输及公用工程组、环保组、技术经济组等专业组。各专业组的工作一般应由项目负责人统筹协调。

9.1.2.3　制订工作计划

内容包括各项研究工作开展的步骤、方式、进度安排、人员配备、工作保证条件、工作质量评定标准和费用预算，并与委托单位交换意见。

9.1.2.4　市场调查与预测

市场调查的范围包括地区及国内外市场、有关企事业单位和行业主管部门等，主要搜集项目建设、生产运营等各方面所必需的信息资料和数据。市场预测主要是利用市场调查所获得的信息资料，对项目产品未来市场供应和需求信息进行定性与定量分析。

9.1.2.5　方案设计与优化

在调查研究、搜集资料的基础上，针对项目的建设规模、产品规格、场址、工艺、设备、总图运输、原材料供应、环境保护、公用工程和辅助工程、组织机构设置、实施进度等，提出备选方案。进行方案论证比选优化后，提出推荐方案及排序。

9.1.2.6　项目评价

对推荐方案进行财务评价、国民经济评价、环境评价及风险分析等，以判别项目的环境可行性、经济合理性和抗风险能力。当有关评价指标结论不足以支持项目方案成立时，应重新构想方案或对原设计方案进行调整，有时甚至可能完全否定该项目。

9.1.2.7　编写并提交可行性研究报告

项目可行性研究各专业方案，经过技术经济论证和优化之后，由各专业组分工编写。经项目负责人衔接、协调综合汇总，提出可行性研究报告初稿。与委托单位交换意见，修改完善后，向委托方提交正式的可行性研究报告。

9.1.3　可行性研究报告

可行性研究过程形成的工作成果一般通过可行性研究报告固定下来，构成下一步研究工作的基础。可行性研究不必将所有工作过程都展示出来，只需详细说明最优方案，而简述其他备选方案的情况。

9.1.3.1　可行性研究报告的作用

A　作为投资主体决策的依据

可行性研究对与建设项目有关的各个方面都进行了调查研究和分析，并以大量数据论证了项目的必要性、可实现性以及实现后的结果，项目投资者或政府主管部门正是根据项目可行性研究的评价结果，并结合国家财政经济条件和国民经济长远发展的需要，才能做出是否应该投资和如何进行投资的决定。

B　作为筹集资金和向银行申请贷款的依据

银行通过审查项目可行性研究报告，确认了项目的经济效益水平、偿债能力和风险状况，才能做出是否同意贷款的决定。

C　作为编制科研试验计划和新技术、新设备需用计划以及大型专用设备生产与安排的依据

项目拟采用的重大新技术、新设备必须经过周密慎重的技术经济论证，确认可行的，方能拟定研究和制造计划。

D　作为从国外引进技术、设备以及与国外厂商谈判签约的依据

利用外资项目，不论是申请国外银行贷款，还是与合资、合作方进行技术谈判和商务谈判，编制可行性研究报告都是一项至关重要的基础工作，可决定谈判的成败。

E　作为与项目协作单位签订经济合同的依据

根据批准的可行性研究报告，项目法人可以与有关协作单位签订原材料、燃料、动力、运输、土建工程、安装工程、设备购置等方面的意向或协议；并可委托招标代理公司组织招标。

F 作为向当地政府、规划部门、环境保护部门申请有关建设许可文件的依据

可行性研究报告经审查，符合市政当局的规定或经济立法，对污染处理得当，不造成环境污染时，方能取得有关部门的许可。

G 作为该项目工程建设的基础资料

建设项目的可行性研究报告，是项目工程建设的重要基础资料。项目建设过程中的任何技术性和经济性更改，都可以在原可行性研究报告的基础上通过认真分析得出项目经济效益指标变动程度的信息。

H 作为项目科研试验、机构设置、职工培训、生产组织的依据

根据批准的可行性研究报告，进行与建设项目有关的生产组织工作，包括设置相适应的组织机构，进行职工培训，合理地组织生产等工作安排。

I 作为对项目考核和后评价的依据

工程项目竣工、正式投产后的生产考核，应以可行性研究所制定的生产纲领、技术标准以及经济效果指标作为考核标准。

9.1.3.2 可行性研究报告的编制依据

A 国民经济中长期发展规划和产业政策

国家和地方国民经济和社会发展规划是一个时期国民经济发展的纲领性文件，对项目建设具有指导作用，另外，产业发展规划也同样可作为项目建设的依据，例如，国家关于一定时期内优先发展产业的相关政策、国家为缩小地区差别确立的地区开发战略，以及国家为加强民族团结而确定的地区发展规划等。

B 项目建议书

项目建议书是工程项目投资决策前的总体设想，主要论证项目的必要性，同时初步分析项目建设的可能性，它是进行各项投资准备工作的主要依据。基础性项目和公益性项目只有经国家主管部门核准，并列入建设工作计划后，方可开展可行性研究的各项工作。可行性研究确定的项目规模和标准原则上不应突破项目建议书相应的指标。

C 委托方的要求

可行性研究的承担单位应根据委托协议书明确的建设项目背景、需求、设想，以及委托方对项目市场情况、资金来源、协作单位、建设工期、工作范围等要求的说明，进行可行性研究报告的编制。

D 有关的基础资料

进行厂址选择、工程设计、技术经济分析需要可靠的自然、地理、气象、水文、地质、经济、社会等基础资料和数据。对于基础资料不全的，还应进行地形勘测、地质勘探、工程试验等补充工作。

E 有关的技术经济规范、标准、定额等指标

例如，钢铁联合企业单位生产能力投资指标、饭店单位客房投资指标等，都是进行技术经济分析的重要依据。

F 有关经济评价的基本参数和指标

例如，基准收益率、社会折现率、基准投资回收期、汇率等，这些参数和指标都是对

工程项目经济评价结果进行衡量的重要依据。

9.1.3.3 可行性研究的内容

根据建设项目的性质和条件的不同，可行性研究的重点应有所区别，但基本内容大致相同。因此，就一般工业投资项目来说，作为项目投资前评估、论证的可行性研究，通常包括下列内容。

A 项目兴建理由与目标

项目兴建理由与目标的研究，是根据已确定的初步可行性研究报告（或者项目建议书），从总体上进一步论证项目提出的依据、背景、理由和预期目标，即进行项目建设必要性分析；与此同时，分析论证项目建设和生产运营必备的基本条件及其获利的可能性，即进行项目建设可能性分析。对于确实必要又有可能建设的项目，继续进行可行性研究，开展技术、工程、经济、环境等方案的论证、比选和优化工作。

B 市场预测

在市场调查的基础上，对项目的产品和所需要的主要投入物的市场容量、价格、竞争力以及市场风险进行分析预测，为确定项目建设规模与产品方案提供依据。市场预测的研究内容主要有市场现状调查、产品供应与需求预测、产品价格预测、目标市场与市场竞争力分析以及市场风险分析。

C 资源条件评价

资源条件评价主要是对拟开发项目资源开发的合理性、资源可利用量、资源自然品质、资源赋存条件和资源开发价值等进行评价。

D 建设规模与产品方案

建设规模与产品方案研究是在市场预测和资源评价（资源开发项目）的基础上，论证比选拟建项目的建设规模和产品方案（包括主要产品和辅助产品及其组合），作为确定项目技术方案、设备方案、工程方案、原材料燃料供应方案及投资估算的依据。

E 场址选择

工程选址一般要进行工程条件和经济性条件两个方面的比较：

工程条件比较的主要内容为占用土地种类及面积、地形地貌气候条件、地质条件、地震情况、征地拆迁及移民安置条件、社会依托条件、环境条件、交通运输条件、施工条件等。

经济性条件比较的内容分为两类：一是建设投资比较，如土地购置费、场地平整费、基础工程费、场外运输投资等场址方案建设费用的比较；二是运营费用比较，如原材料与燃料运输费、产品运输费、动力费、排污费等场址方案运营费用的比较。

F 技术方案、设备方案和工程方案

项目的建设规模与产品方案确定后，应进行技术方案、设备方案和工程方案的具体研究论证工作。

技术方案选择的内容分为两个方面：一是生产方法选择；二是工艺流程方案选择。

主要设备方案选择是在研究和初步确定技术方案的基础上，对所需主要设备的规格、型号、数量、来源、价格等进行研究比选。

工程方案选择是在已选定项目建设规模、技术方案和设备方案的基础上，研究论证主要建筑物、构筑物的建造方案。

G 原材料燃料供应

在建设规模、产品方案和技术方案确定后，应对所需主要材料的品种、规格、质量、数量、价格、来源、供应方式和运输方式进行研究确定。对主要原材料、燃料供应方案应进行多方案比选。比选的主要内容为满足生产要求的程度、采购来源的可靠程度，以及价格和运输费用是否经济合理等。

H 总图运输与公用辅助工程

总图运输与公用辅助工程是在已选定的场址范围内，研究生产系统、公用工程、辅助工程及运输设施的平面和竖向布置以及相应的工程方案。

I 环境影响评价

建设项目一般会引起项目所在地自然环境、社会环境和生态环境的变化，对环境状况、环境质量产生不同程度的影响。环境影响评价是在研究确定场址方案和技术方案的过程中，调查研究环境条件，识别和分析拟建项目影响环境的因素，提出治理和保护环境的措施，比选和优化环境保护方案。

J 劳动安全卫生与消防

拟建项目劳动安全卫生与消防的研究是在已确定的技术方案和工程方案的基础上，分析论证在建设和生产过程中存在的对劳动者和财产可能产生威胁的不安全因素（如工伤和职业病、火灾隐患等），并提出相应的防范措施。

K 组织机构与人力资源配置

拟建项目的可行性研究，应对项目的组织机构设置、人力资源配置、员工培训等内容进行研究，比选和优化方案。

L 项目实施进度

工程建设方案确定后，应研究提出项目的建设工期和实施进度方案。

M 投资估算

投资估算是在对项目的建设规模、技术方案、设备方案、工程方案及项目实施进度等进行研究并基本确定的基础上，估算项目投入总资金（包括建设投资和流动资金），并测算建设期内分年资金需要量，作为制定融资方案、进行经济评价以及编制初步设计概算的依据。

N 融资方案

融资方案是在投资估算的基础上，研究拟建项目的资金渠道、融资形式、融资结构、融资成本和融资风险，比选推荐项目的融资方案，并以此研究资金筹措方案和进行财务评价。

O 财务评价

财务评价是在国家现行财税制度和市场价格体系下，从项目微观角度出发，分析预测项目的财务效益与费用，计算财务评价指标，考察拟建项目的盈利能力和清偿能力，从而评价项目投资在财务上的可行性和合理性。

P 国民经济评价

国民经济评价是按资源合理配置的原则，采用影子价格、社会折现率等国民经济评价参数，从国民经济宏观角度，考察项目所耗费的社会资源和对社会的贡献，从而评价项目投资的经济合理性和宏观可行性。

Q　社会评价

社会评价是分析拟建项目对当地社会的影响和当地社会对项目的适应性和可接受程度，从而评价项目的社会可接受性。社会评价研究内容包括项目的社会影响分析，项目与所在地区的互适性分析和社会风险分析。

R　风险分析

风险分析是在市场预测、技术方案、工程方案、融资方案、财务评价和社会评价等论证中已进行初步风险分析的基础上，进一步综合分析识别拟建项目在建设和运营中潜在的主要风险因素，揭示风险来源，判别风险程度，提出规避风险对策，降低风险损失，为决策提供依据。

S　研究结论与建议

在上述各项研究论证的基础上，择优提出推荐方案，并对推荐方案的主要内容和论证结果进行总体描述。在肯定推荐方案优点的同时，还应指出其可能存在的问题和可能遇到的主要风险，并作出项目及推荐方案是否可行的明确结论。

9.1.3.4　可行性研究报告的深度要求

（1）可行性研究报告应能充分反映项目可行性研究工作的成果，内容齐全、结论明确、数据准确、论据充分，满足决策者确定方案和进行项目决策的要求。

（2）可行性研究报告选用主要设备的规格、参数应能满足预订货的要求。引进技术设备的资料应能满足合同谈判的要求。

（3）可行性研究报告中的重大技术、经济方案，应有两个以上方案的比选。

（4）可行性研究报告中确定的主要工程技术数据，应能满足项目初步设计的要求。

（5）可行性研究报告中构造的融资方案，应能满足银行等金融部门信贷决策的需要。

（6）可行性研究报告中应反映可行性研究过程中出现的某些方案的重大分歧及未被采纳的理由，以供委托单位或投资者权衡利弊进行决策。

（7）可行性研究报告应附有评估、决策（审批）所必需的合同、协议、意向书、主管部门批文等附件内容。

总之，可行性研究报告的基本内容可概括为三大部分：市场研究、技术研究、经济评价。这三部分构成了可行性研究的三大支柱。首先是市场研究，包括产品的市场调查与预测研究，这是建设项目成立的重要前提，其主要任务是要解决工程项目建设的“必要性”问题。第二是技术研究，即技术方案和建设条件研究，从资源投入、场址、技术、设备和生产组织等问题入手，对工程项目的技术方案和建设条件进行研究，这是可行性研究的技术基础，它要解决建设项目在技术上的“可行性”问题。第三是效益研究，即经济评价，这是决策项目是否投资的关键，是项目可行性研究的核心部分，它要解决工程项目在经济上的“合理性”问题。

9.2　市场调查与市场预测

9.2.1　市场调查方法

市场调查是运用适当的方法，有目的、系统地收集整理市场信息资料，分析市场的客观实际情况。市场调查是市场预测的基础，是工程项目可行性研究的起点。市场调查收集信息可以通过间接或直接的方法。

9.2.1.1　间接收集信息法

间接收集信息法，是指调研人员通过各种媒体（互联网、报纸、杂志、统计年鉴、电视、广播、咨询公司的公益性信息等），对现有信息资料进行收集、分析、研究和利用的活动。间接收集信息法一般包括查找、索讨、购买、交换、接收等具体的手段。

间接收集信息法的特点是获取资料速度快、费用省，并能举一反三，缺点是针对性较差、深度不够、准确性不高，需要采用适当的方法进行二次处理和验证。

间接收集信息法应遵循先易后难、由近至远、先内后外的原则。

9.2.1.2　直接访问收集信息法

直接访问收集信息法，就是将拟调查的事项，以面谈、电话或书面形式向被调查者提问，以获得所需资料信息的调查方法。

直接访问法按具体访问方式的不同分为面谈调查、电话调查、问卷调查、街头访问调查等。

9.2.1.3　直接观察收集信息法

直接观察收集信息法的特点是，被调查者并未察觉时，调查工作已完成。因为这种调查方法是调查人员在调查现场，从旁观察其行动的一种调查方法。直接观察收集信息法常应用在交通流量观察、售房量观察、商品销售量观察等几个方面。

观察法的优点是因被调查者没有意识到自己正在接受调查，一切状况均保持自然，故准确性较高。观察法的缺点是：观察不到内在因素，有时需要作长时间的观察才能求得结果。

9.2.2　市场预测方法

可行性研究中往往需要对产品的寿命周期、销售量和投入物、产出物的市场价格、未来各种市场行情发生的概率等进行预测。市场预测是在市场调查的基础上，通过对市场资料的分析研究，运用科学的方法和手段推测市场未来的前景。市场预测的方法如图 9-2 所示。

- 市场预测方法
  - 专家判断法
    - 个人判断法
    - 专家会议法
    - 德尔菲法
  - 时间序列分析法
    - 移动平均法
    - 指数平滑法
    - 季节因素分析法
    - 趋势曲线拟合法
      - 多项式曲线
      - 简单指数曲线
      - 修正指数曲线
      - 双指数曲线
      - 威布尔分布函数曲线
      - 龚泊资曲线
      - 逻辑曲线
    - 马尔克夫链法
  - 因果分析法
    - 回归分析法
    - 投入产出分析法

图 9-2　市场预测方法

下面介绍三种较为常用的市场预测方法。

9.2.2.1 德尔菲法（Delphi）

A 德尔菲法的特点和应用范围

德尔菲法是在专家个人判断法和专家会议法基础上发展起来的一种专家调查法，它是以不记名方式多轮交叉循环征询专家意见，最终得出预测结果的一种集体经验判断法。德尔菲法的主要特点是匿名性、反馈性和收敛性。

应用德尔菲法，一般视项目的大小和对市场预测的要求，选择20~50位对预测问题有深入研究、知识渊博、经验丰富、具有创造力和洞察力，并且参与性强的专家。征询专家意见采用“背靠背”的函询方式进行，一般进行3~4轮。

德尔菲法简便易行，用途广泛，据报道，专家会议法和德尔菲法的使用在各类预测工作中所占比重约为1/4。对某些长期的复杂的社会、经济、技术问题的预测，对某些无先例事件和突发事件的预测等，数学模型往往无能为力，只能使用德尔菲法等这一类专家预测方法。

B 德尔菲法调查结果的处理

当预测结果需要用数量（含时间）表示时，一般用“中位数”进行数据处理，即分别求出预测结果的中位数、上四分位数和下四分位数。

设参加预测的专家数为n，对某一问题各专家回答的定量值为x_i（$i=1, 2, \cdots, n$），将x_i由小到大或由前至后顺序排列，即$x_1 \leqslant x_2 \leqslant \cdots \leqslant x_n$，则调查结果的中位数结果见式（9-1）。

$$\bar{x} = \begin{cases} x_{\frac{n+1}{2}} & (n \text{ 为奇数}) \\ \dfrac{1}{2}\left(x_{\frac{n}{2}} + x_{\frac{n+2}{2}}\right) & (n \text{ 为偶数}) \end{cases} \tag{9-1}$$

中位数可看作是调查结果的期望值。在不大于$\bar{x}$的定量值中再取中位数，即为调查结果的下四分位数，在不小于$\bar{x}$的定量值中再取中位数，即为调查结果的上四分位数。上下四分位数之间的区域为四分位区间。四分位区间大小反映专家意见的离散程度。区间越小，说明意见越集中。函询过程中，调查人员可根据四分位区间的大小确定是否需要进行下一轮函询。

9.2.2.2 移动平均法

移动平均法是用分段逐点推移的平均方法对时间序列数据进行处理，找出预测对象的历史变动规律，并据此建立预测模型的一种时间序列预测方法。

A 一次移动平均值的计算

设实际的预测对象时间序列数据为$y_t(t=1, 2, \cdots, m)$，一次移动平均值的计算见式（9-2）。

$$\begin{aligned} M_{t-1}^{[1]} &= \frac{1}{n}(y_{t-1} + y_{t-2} + \cdots + y_{t-n}) \\ M_t^{[1]} &= \frac{1}{n}(y_t + y_{t-1} + \cdots + y_{t-n+1}) \\ &= M_{t-1}^{[1]} + \frac{1}{n}(y_t - y_{t-n}) \end{aligned} \tag{9-2}$$

式中 $M_t^{[1]}$ ——第 t 周期的一次移动平均值；

n ——计算移动平均值所取的数据个数，$n<m$。

采取移动平均法作预测，关键在于选取用来求平均数的时期数 n 。n 值越小，表明对近期观测值在预测中的作用越为重视，预测值对数据变化的反映速度也越快，但预测的修匀程度较低。反之，n 值越大，预测值的修匀程度越高，但对数据变化的反映程度较慢。一般对始终围绕一条水平线上下波动的数据，n 值的选取较为随意；对于具有向上或向下趋势特点的数据，为提高预测值对数据变化的反映速度，n 值宜取得小一些；同时，n 的取值还应考虑预测对象时间序列数据点的多少及预测限期的长短。通常 n 的取值范围可在3~20之间。

移动平均法优点是：简单易行，容易掌握。缺点是：n 值的选取没有统一的规则，事实上，不同 n 值的选择对所计算的平均数有较大的影响。

B 二次移动平均值的计算

二次移动平均值要在一次移动平均值序列的基础上进行，其计算见式（9-3）。

$$M_t^{[2]} = \frac{1}{n}(M_t^{[1]} + M_{t-1}^{[1]} + \cdots + M_{t-n+1}^{[1]}) = M_{t-1}^{[2]} + \frac{1}{n}(M_t^{[1]} - M_{t-1}^{[1]}) \tag{9-3}$$

式中 $M_t^{[2]}$ ——第 t 周期的二次移动平均值。

C 利用移动平均值序列作预测

预测模型见式（9-4）。

$$\hat{y}_{t+T} = a_t + b_t \cdot T \tag{9-4}$$

式中 t ——目前的周期序号；

T ——由目前到预测周期的周期间隔数；

$\hat{y}_{t+T}$ ——第 $t+T$ 周期的预测值；

a_t ——线性预测模型的截距，见式（9-5）；

b_t ——线性预测模型的斜率，即每周期预测值的变化量，见式（9-6）。

$$a_t = 2M_t^{[1]} - M_t^{[2]} \tag{9-5}$$

$$b_t = \frac{2}{n-1}(M_t^{[1]} - M_t^{[2]}) \tag{9-6}$$

9.2.2.3 回归分析法

回归分析预测法，是根据预测变量（因变量）与相关因素（自变量）之间存在的因果关系，借助数理统计中的回归分析原理确定因果关系，建立回归模型并进行预测的一种定量预测方法。回归分析分为一元回归模型和多元回归模型，下面是采用一元线性回归模型预测的过程。

A 建立一元线性回归方程

一元线性回归方程见式（9-7）。

$$y = a + bx \tag{9-7}$$

式中 y ——因变量，即拟进行预测的变量；

x——自变量，即引起因变量 y 变化的变量；

a，b——回归系数，即表示 x 与 y 之间关系的系数。

B 用最小二乘法拟合回归曲线

利用普通最小二乘法对回归系数 a、b 进行估计，即式（9-8）和式（9-9）。

$$b=\frac{n\sum xy-\sum x\sum y}{n\sum x^2-\left(\sum x\right)^2} \tag{9-8}$$

$$a=\frac{1}{n}\left(\sum y-b\sum x\right) \tag{9-9}$$

式中 n——样本数目，一般最好大于 20。

C 计算相关系数 γ，进行相关检验

γ 的计算见式（9-10）。

$$\gamma=\frac{n\sum xy-\sum x\sum y}{\sqrt{\left[n\sum x^2-\left(\sum x\right)^2\right]\cdot\left[n\sum y^2-\left(\sum y\right)^2\right]}} \tag{9-10}$$

$0\leqslant|\gamma|\leqslant1$，$|\gamma|$ 愈接近 1，说明 x 与 y 的相关性愈大，预测结果可信度愈高。一般可用计算出的相关系数 γ 与相关系数临界值 γ_c 相比较，γ_c 是由样本数 n 和显著性水平 a 两个参数决定的，可由相关系数临界值表中查出。只有当 $|\gamma|>\gamma_c$ 时，用回归方程描述 x 与 y 的关系才有意义。

D 求置信区间

由于回归方程中自变量 x 与因变量 y 之间的关系并不是确定的，对于任意的 x_0，无法确切地知道相应的 y_0，只能通过求置信区间判定在给予概率下 y_0 实际值的取值范围。当置信度为 95%时，y_0 的置信区间近似为 $\hat{y}_0\pm2\hat{\sigma}$，这意味着 y_0 的实际值发生在（$\hat{y}_0-2\hat{\sigma}$，$\hat{y}_0+2\hat{\sigma}$）区间的概率为 95%。当置信度为 99%时，y_0 的置信区间近似为 $\hat{y}_0\pm3\hat{\sigma}$。$\hat{y}_0$ 是与 x_0 相对应的根据回归方程计算的 y_0 的估计值，$\hat{\sigma}$ 为标准差的估计值，$\hat{\sigma}$ 的计算见式（9-11）。

$$\hat{\sigma}=\sqrt{\frac{\sum\left(y_i-\hat{y}_i\right)^2}{n-2}} \tag{9-11}$$

9.3 融资主体及融资方式

对投资者来说，在具备了一定的资金基础以后，都会考虑通过资本市场筹集资金，以扩大投资规模，提高自身投资的收益率。不同的融资方式会产生不同的资金成本，也会对使用者产生不同的风险。融资方式有不同的分类方法。

如按是否通过金融机构进行融资，项目资金筹措可以分为直接融资和间接融资。直接融资（direct financing）是指不经过银行等金融机构，直接从资金占有者手中筹措资金。发行股票、债券、票据等都属于直接融资方式；间接融资（indirect financing）是指借助于银行等金融机构进行的融资，如银行借款、融资租赁、保险、信托等融资方式。

如按照资金的使用期限，可以分为长期资金融资和短期资金融资。长期资金是指使用

期限在 1 年以上的资金。可通过吸收直接投资、发行股票、发行长期债券、长期借款、融资租赁等方式取得；短期资金是指使用期限在 1 年以内的资金。一般可通过短期借款、商业信用等方式取得。

如按照不同的融资主体，可分为既有法人融资主体和新设法人融资主体两类。项目的融资主体是指进行融资活动并承担融资责任和风险的项目法人单位。

9.3.1 既有法人融资方式

既有法人融资是指建设项目所需的资金来源于既有法人内部融资、新增资本金和新增债务资金。新增债务资金依靠既有法人整体的盈利能力来偿还，并以既有法人整体的资产和信用承担债务担保。采用这种方式的建设项目，既可以是改扩建项目，也可以是非独立法人的新建项目。

9.3.1.1 既有法人项目投资资金来源

既有法人项目投资资金来源如图 9-3 所示。

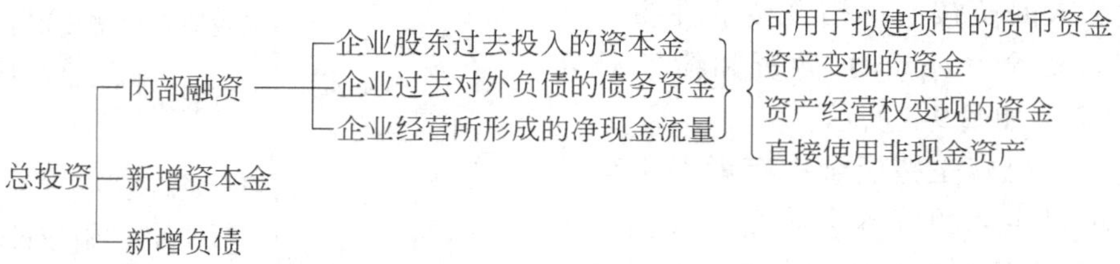

图 9-3 既有法人项目投资资金来源

（1）可用于项目建设的货币资金包括既有法人现有的货币资金和未来经营活动中可能获得的盈余现金。现有的货币资金是指现有的库存现金和银行存款，这些资金扣除必要的日常经营所需的货币资金额后，可用于拟建项目。未来经营活动中可能获得的盈余现金是指在拟建项目的建设期内，企业在经营活动中获得的净现金结余，这些资金可抽出一部分用于项目建设。

（2）资产变现资金包括转让长期投资、提高流动资产使用效率、出售固定资产而获得的资金。企业的长期投资包括长期股权投资和长期债权投资，一般都可以通过转让而变现。存货和应收账款对流动资金需要量影响较大，企业可以通过加强财务管理，提高流动资产周转率，减少存货、应收账款等流动资产占用而取得现金，也可以出让有价证券取得现金。企业的固定资产中，有些由于产品方案调整而被闲置，有些由于技术更新而被替换，都可以出售变现。

（3）资产经营权变现的资金是指既有法人可以将其所属资产经营权的一部分或全部转让，取得现金用于项目建设。例如某公司将其已建成的一条高速公路的 30% 的经营权转让给另一家公司，转让价格为未来 30 年这条高速公路收益的 30%，将取得的资金用于建设另一条高速公路。

（4）非现金资产包括实物、工业产权、非专利技术、土地使用权等，当这些资产适用于拟建项目时，经资产评估可直接用于项目建设。

9.3.1.2 既有法人融资适用条件

一般在下列情况下，应以既有法人为融资主体：

(1) 既有法人为扩大生产能力而兴建的扩建项目或原有生产线的技术改造项目；

(2) 既有法人为新增生产经营所需水、电、气等动力供应及环境保护设施而兴建的项目；

(3) 拟建项目与既有法人的资产以及经营活动联系密切；

(4) 既有法人具有为项目进行融资和承担全部融资责任的经济实力；

(5) 拟建项目盈利能力较差，但项目对整个企业的持续发展具有重要作用，需要利用既有法人的整体资信获得债务资金。

9.3.2 新设法人融资方式

新设法人融资是指由项目发起人（企业或政府）发起组建新的具有独立法人资格的项目公司，由新组建的项目公司承担融资责任和风险，依靠项目自身的盈利能力来偿还债务，以项目投资形成的资产、未来收益或权益作为融资担保的基础。

9.3.2.1 新设法人项目投资资金来源

新设法人融资按所筹措资金的性质，可以分为权益资金（equity）融资和债务资金（debt）融资，如图 9-4 所示。

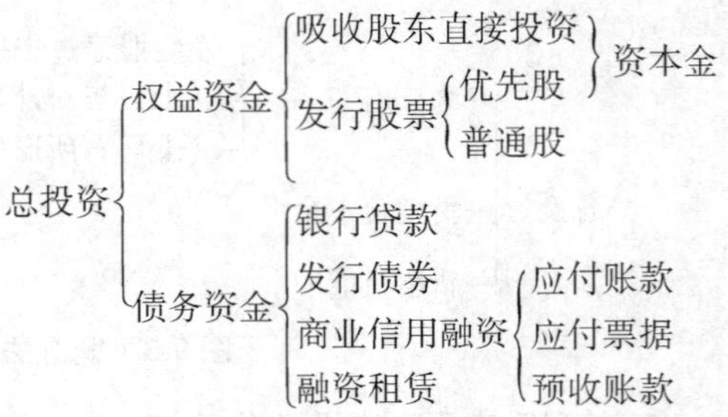

图 9-4 新设法人项目投资的资金来源

权益资金融资是指资金占有者以所有者身份投入项目主体的资本金或股东权益。权益资金一般不用还本，又称之为自有资金。相对于负债资金而言，权益资金的财务风险小，但付出的资金成本较高。权益资金可以通过吸收股东直接投资、发行股票等方式筹措。

债务资金融资是指项目主体以负债方式向资金占有者融通的各种债务资金。债务资金到期要还本付息，因而称为借入资金。一般来说，债务资金的财务风险高于权益资金，但付出的资金成本较低。债务资金可以通过银行贷款、发行债券、商业信用融资、融资租赁等方式筹措。

新设法人项目公司债务资金的融资能力取决于股东能对项目公司借款提供多大程度的担保。实力雄厚的股东为项目公司借款提供完全的担保，可以使项目公司取得低成本资金，降低项目的融资风险；但担保额度过高会使项目公司承担过高的担保费，从而增加项目公司的费用支出。

9.3.2.2 新设法人融资适用条件

一般在下列情况下，应以新设法人为融资主体：

(1) 项目发起人希望拟建项目的生产经营活动相对独立，且拟建项目与既有法人的经营活动联系不密切；

(2) 拟建项目的投资规模较大，既有法人财务状况较差，不具有为项目进行融资和承担全部融资责任的经济实力，需要新设法人募集股本金；

(3) 拟建项目自身具有较强的盈利能力，依靠项目自身未来的现金流量可以按期偿还债务。

9.4 项目资本金的筹集

项目资本金是指在项目总投资中，由投资者认缴的出资额，这部分资金对项目的法人而言属非债务资金，投资者可以转让其出资，但不能以任何方式抽回。我国除了主要由中央和地方政府用财政预算投资建设的公益性项目等部分特殊项目外，大部分投资项目都应实行资本金制度。

项目资本金可以用货币出资，也可以用实物、工业产权、非专利技术、土地使用权、资源开采权等作价出资。作价出资的实物、工业产权、非专利技术、土地使用权和资源开采权，必须经过有资格的资产评估机构依照法律法规评估作价。其中以工业产权、非专利技术作价出资的比例不得超过资本金总额的20%，但经特别批准，部分高新技术企业可以达到35%。

国家将根据经济形势发展和宏观调控需要，适时调整固定资产投资项目最低资本金比例。除了项目审批部门对项目资本金有要求以外，提供贷款的银行或其他金融机构在选择项目为其提供贷款时，也要考虑资本金的比例，因为项目投资者的资本金是金融机构的安全保障，投资者的资本金比例越大，金融机构承担的风险越小。

9.4.1 项目资本金的来源

根据《国务院关于固定资产投资项目试行资本金制度的通知》的要求，项目资本金的来源可以是中央和地方各级政府预算内资金；国家批准的各项专项建设资金；“拨改贷”和经营性基本建设项目回收的本息；土地批租收入；国有企业产权转让收入；地方政府按国家有关规定收取的各种税费及其他预算外资金；国家授权的投资机构及企业法人的所有者权益（包括资本金、资本公积金、盈余公积金、未分配利润、股票上市收益等）；企业折旧基金以及投资者按照国家规定从资本市场上筹措的资金；经批准发行股票或可转换债券取得的资金以及国家规定的其他可用作项目资本金的资金。

9.4.2 项目资本金的筹措

筹措资本金可以采用以下几种方式。

9.4.2.1 股东直接投资

股东直接投资包括政府授权投资机构入股资金、国内外企业入股资金、社会团体和个人入股的资金以及基金投资公司入股的资金，分别构成国家资本金、法人资本金、个人资本金和外商资本金。

既有法人融资项目，股东直接投资表现为扩充既有企业的资本金，包括原有股东增资扩股和吸收新股东投资。新设法人融资项目，股东直接投资表现为投资者为项目提供资本金。合资经营公司的资本金由企业的股东按股权比例认缴，合作经营公司的资本金由合作投资方按预先约定的金额投入。

9.4.2.2 股票融资

股票融资是股份有限公司筹措资本金的方式。无论是既有法人项目还是新设法人项目，凡符合规定条件的，均可以通过发行股票在资本市场募集股本资金。股票融资可以采取公募和私募两种形式。公募又称公开发行，是在证券市场上向不特定的社会公众公开发行股票。为了保证广大投资者的利益，国家对公开发行股票有严格的要求，发行股票的企业要符合证券监管部门规定的各项发行条件，并获得证券监管部门的批准后方可发行。私募又称为不公开发行或内部发行，是指将股票直接出售给少数特定的投资者。

股票融资具有下列特点：

(1) 股票融资所筹资金是项目的股本资金，可作为其他筹资方式的基础，可增强融资主体的举债能力。

(2) 股票融资所筹资金没有到期偿还的问题，投资者一旦购买便不得退股。

(3) 普通股股利的支付，可视融资主体的经营好坏和经营需要而定，融资风险较小。

(4) 股票融资的资金成本较高，因为股利需从税后利润支付，不具有抵税作用，而且发行费用较高。

(5) 上市公开发行股票，必须公开披露信息，接受投资者和社会公众的监督。

9.4.2.3 政府投资

政府投资资金，包括各级政府的财政预算内资金、国家批准的各种专项建设基金、统借国外贷款、土地批租收入、地方政府按规定收取的各种费用及其他预算外资金等。

政府投资主要用于关系国家安全和市场不能有效配置资源的经济和社会领域，包括加强公益性和公共基础设施建设，保护和改善生态环境，促进欠发达地区的经济和社会发展，推进科技进步和高新技术产业化。政府投资主要用于基础性项目和公益性项目，如三峡工程、青藏铁路等。

政府投资资金根据资金来源、项目性质和调控需要，分别采取直接投资、资本金注入、投资补助、转贷和贴息等方式投入，并按项目安排使用。在项目评价中，对投入的政府投资资金，应根据资金投入的不同情况进行不同的处理：

(1) 全部使用政府直接投资的项目，一般为非经营性项目，不需要进行融资方案的分析。

(2) 以资本金注入方式投入的政府投资资金，在项目评价中应视为权益资金。

(3) 以投资补贴、贷款贴息等方式投入的政府投资资金，对具体项目来说，既不属于权益资金，也不属于债务资金，在项目评价中应视为一般现金流入（补贴收入）。

(4) 以转贷方式投入的政府投资资金（统借国外贷款），在项目评价中应视为债务资金。

9.5 项目债务资金的筹集

9.5.1 国内债务资金的筹资

国内借入资金的来源渠道如图 9-5 所示。

- 国内债务筹资
  - 国家政策性银行贷款
    - 国家开发银行
    - 农业发展银行
    - 进出口信贷银行
  - 商业银行贷款
    - 中国建设银行
    - 中国工商银行
    - 中国农业银行
    - 中国银行
  - 股份制商业银行贷款
    - 交通银行
    - 光大银行
    - 招商银行
    - 中信实业银行
    - 城市合作银行
  - 非银行金融机构贷款
    - 信托投资公司
    - 财务公司
    - 保险公司
    - 发行债券
    - 融资租赁

图 9-5 国内借入资金来源

9.5.1.1 国家政策性银行贷款

为了支持一些特殊的生产、贸易、基础设施建设项目，国家政策性银行可以提供政策性银行贷款。政策性银行是指由政府创立、参股或保证的，专门为贯彻和配合政府特定的社会经济政策或意图，直接或间接地从事某种特殊政策性融资活动的金融机构。目前我国的政策性银行有国家开发银行、中国进出口信贷银行和中国农业发展银行。政策性银行贷款的特点是贷款期限长、利率低，但对申请贷款的企业或项目有比较严格的要求。

国家开发银行主要提供基础设施建设及重要的生产性建设项目的长期贷款，一般贷款期限较长。进出口银行主要为产品出口提供贷款支持，进出口银行提供的出口信贷通常利率低于一般的商业贷款利率。农业发展银行主要为农业、农村发展项目提供贷款，贷款利率通常较低。

9.5.1.2 商业银行贷款

商业银行贷款是我国建设项目筹集债务资金的重要渠道。具体分为国内商业银行贷款和国际商业银行贷款。

国内商业银行有中国工商银行、中国农业银行、中国建设银行、中国银行、交通银行、中信实业银行、光大银行、华夏银行及招商银行、深圳发展银行、广东发展银行、福建兴业银行、浦东发展银行等。国内商业银行贷款手续简单、成本较低，适用于有偿还能力的建设项目。

目前已有国际商业银行在我国获得批准设立分行，或者设立合资或独资的子银行，我国境内的外资商业银行将逐步开展外汇及人民币贷款业务。因此，国际商业银行贷款也是我国建设项目负债资金的来源之一。国际商业银行贷款的提供方式有两种：一种是小额贷款，由一家商业银行独自贷款；另一种是金额较大由几家甚至几十家商业银行组成银团贷款，又称“辛迪加贷款”。

商业银行贷款具有筹资手续简单、速度较快、筹资成本较低等特点；一般应对贷款期、提款期、宽限期和还款期做出明确的规定；贷款金额由借款人在申请贷款时提出，银行核定。

9.5.1.3 国内非银行金融机构贷款

非银行金融机构主要有信托投资公司、财务公司和保险公司等。

A 信托投资公司贷款

信托贷款是信托投资公司运用吸收的信托存款、自有资金和筹集的其他资金对审定的贷款对象和工程项目发放的贷款。与商业银行贷款相比，信托贷款具有以下几个特点：

（1）银行贷款由于现行信贷制度的限制，无法对一些企业特殊但合理的资金需求予以满足，信托贷款恰好可以满足企业这些特殊的资金需求。

（2）银行贷款按贷款的对象、期限、用途不同，有不同的利率，但不能浮动。信托贷款的利率则相对比较灵活，可在一定范围内浮动。

信托贷款主要有技术改造信托贷款、补偿贸易信托贷款、单位住房信托贷款、联营投资信托贷款和专项信托贷款等。

B 财务公司贷款

财务公司是由企业集团成员单位组建又为集团成员单位提供中长期金融业务服务为主的非银行金融机构。财务公司贷款有短期贷款和中长期贷款。短期贷款一般为 1 年、6 个月、3 个月以及 3 个月以下不定期限的临时贷款；中长期贷款一般为 1~3 年、3~5 年以及 5 年以上的贷款。

C 保险公司贷款

虽然我国目前不论是法律法规的规定，还是现实的操作，保险公司尚不能对工程项目直接提供贷款，但从西方经济发达国家的实践来看，保险公司的资金不但可以进入证券市场，用于购买各种股票和债券，而且可向工程项目提供贷款，特别是向有稳定市场和收益的基础设施项目提供贷款。

9.5.2 国外债务资金的来源

国外贷款资金来源渠道主要有外国政府贷款、外国银行贷款、出口信贷、国际金融机构贷款等，如图 9-6 所示。

- 国外债务资金
  - 外国政府贷款
  - 外国银行贷款
  - 出口信贷
    - 卖方信贷
    - 买方信贷
  - 混合贷款、联合贷款
  - 银团贷款（辛迪加贷款）
  - 国际金融机构贷款
    - 世界性开发金融机构
      - 国际复兴开发银行
      - 国际开发协会
      - 国际金融公司
    - 区域性国际开发金融机构
      - 亚洲开发银行
      - 欧洲开发银行
      - 泛美银行
    - 国际货币基金组织

图 9-6 国外债务资金来源

9.5.2.1 外国政府贷款

外国政府贷款是指一国政府利用财政资金向另一国政府提供的援助性贷款。外国政府贷款的特点是期限长、利率低、指定用途、数量有限。

政府间贷款是友好国家经济交往的重要形式，具有优惠的性质。目前，尽管政府贷款在国际间投资中不占主导地位，但其独特的作用和优势是其他国际间接投资形式所无法替代的。但同时也应当看到，投资国的政府贷款也是其实现对外政治经济目标的重要工具。政府贷款除要求贷以现汇（即可自由兑换外汇）外，有时还要附加一些其他条件。

9.5.2.2 外国银行贷款

外国银行贷款也称商业信贷，是指从国际金融市场上的外国银行借入的资金。外国政府贷款和国际金融机构贷款条件优惠，但不易争取，且数量有限。因此吸收国外银行贷款已成为各国利用国外间接投资的主要形式。目前，我国接受的国外贷款以银行贷款为主。

外国商业信贷的利率水平取决于世界经济中的平均利润率和国际金融市场上的借贷供求关系，处于不断变化之中。从实际运行情况来看，国际间的银行贷款利率比政府贷款和国际金融机构贷款的利率要高，依据贷款国别、贷款币种、贷款期限的不同而又有所差异。

外国银行在提供中长期贷款时，除收取利息外，还要收取一些其他费用，包括管理费、代理费、承担费和杂费（如差旅费、律师费、宴请费等）。

9.5.2.3 出口信贷

出口信贷亦称长期贸易信贷，是指商品出口国的官方金融机构或商业银行以优惠利率向本国出口商、进口方银行或进口商提供的一种贴补性贷款，是争夺国际市场的一种筹资手段。出口信贷主要有卖方信贷和买方信贷。

卖方信贷是指在大型设备出口时，为便于出口商以延期付款的方式出口设备，由出口商本国的银行向出口商提供的信贷。买方信贷是由出口方银行直接向进口商或进口方银行提供的信贷。

9.5.2.4 混合贷款、联合贷款和银团贷款

混合贷款也称政府混合贷款，它是指政府贷款、出口信贷和商业银行贷款混合组成的一种优惠贷款形式。目前各国政府向发展中国家提供的贷款，大都采用这种形式。此种贷款的特点是：政府出资必须占有一定比重；有指定用途，利率比较优惠；贷款期比较长，贷款手续也比较复杂；对项目的选择和评估都有一套特定的程序和要求。

联合贷款是指商业银行与世界性、区域性国际金融组织以及各国的发展基金、对外援助机构共同联合起来，向某一国家提供资金的一种形式。此种贷款比一般贷款更具有灵活性和优惠性，其特点是政府与商业金融机构共同经营；援助与筹资互相结合，利率比较低，贷款期比较长；有指定用途。

银团贷款也叫辛迪加贷款，它是指由一家或几家银行牵头，多家国际商业银行参加，共同向一国政府、企业的某个项目（一般是大型的基础设施项目）提供金额较大、期限较长的一种贷款。此种贷款的特点是：必须有一家牵头银行，该银行与借款人共同议定一切贷款的初步条件和相关文件，然后再由其安排参加银行，协商确定贷款额，达成正式协议后，再把下一步工作移交代理银行；必须有一个代理银行，代表银团严格按照贷款协议履

行其权利和义务，并按各行出资份额比例提款、计息和分配收回的贷款等一系列事宜；贷款管理十分严密；贷款利率比较优惠，贷款期限也比较长，并且没有指定用途。

9.5.2.5 国际金融机构贷款

国际金融机构包括世界性开发金融机构、区域性国际开发金融机构以及国际货币基金组织等覆盖全球的机构。其中世界性开发金融机构一般指世界银行集团五个成员机构中的三个金融机构，包括国际复兴开发银行（IBRD）、国际开发协会（IDA）和国际金融公司（IFC）；区域性国际开发金融机构指亚洲开发银行、欧洲开发银行、泛美开发银行等。在这些国际金融机构中，可以为中国提供项目贷款的包括世界银行集团的三个国际金融机构和亚洲开发银行。虽然国际金融机构筹资的数量有限，程序也较复杂，但这些机构所提供的项目贷款一般利率较低、期限较长。所以项目如果符合国际金融机构的贷款条件，应尽量争取从这些机构筹资。

9.5.3 融资租赁

融资租赁亦称金融租赁或资本租赁，是指不带维修条件的设备租赁业务。融资租赁与分期付款购入设备相类似，实质上是承租者通过设备租赁公司筹集设备投资的一种方式。

在融资租赁方式下，设备（即租赁物件）是由出租人完全按照承租人的要求选定的，所以出租人对设备的性能、物理性质、老化风险以及维修保养不负任何责任。在大多数情况下，出租人在租期内分期回收全部成本、利息和利润，租赁期满后，出租人通过收取名义货价的形式，将租赁物件的所有权转移给承租人。

9.5.3.1 融资租赁的特点

（1）一般由承租人向出租人提出正式申请，由出租人融通资金引进用户所需设备，然后再租给用户使用。

（2）租期较长。融资租赁的租期一般为租赁资产寿命的一半以上。

（3）租赁合同比较稳定。租赁期内，承租人不得中途退租，否则要承担很高的罚款额。

（4）在租赁期间内，出租人一般不提供维修和保养设备方面的服务。

（5）服务租赁期满后，可选择以下办法处理租赁财产：将设备作价转让给承租人；由出租人收回；延长租期续租。

9.5.3.2 融资租赁的方式

（1）自营租赁。自营租赁亦称直接租赁，其一般程序为：用户根据自己所需设备，先向制造厂家或经销商洽谈供货条件；然后向租赁公司申请租赁预约，经租赁公司审查合格后，双方签订租赁合同，由租赁公司支付全部设备款，并让供货者直接向承租人供货。租赁期自货物经验收并开始使用开始，承租人根据合同规定向租赁公司分期交付租金，并负责租赁设备的安装、维修和保养。

（2）回租租赁。回租租赁亦称售出与回租，是先由租赁公司买下企业正在使用的设备，然后再将原设备租赁给该企业的租赁方式。

（3）转租赁。转租赁是指国内租赁公司在国内用户与国外厂商签订设备买卖合同的基础上，选定一家国外租赁公司或厂商，以承租人身份与其签订租赁合同，然后再以出租人身份将该设备转租给国内用户，并收取租金转付给国外租赁公司的一种租赁方式。

9.5.4 发行债券

债券是借款单位为筹集资金而发行的一种信用凭证，它证明持券人有权按期取得固定利息并到期收回本金。

9.5.4.1 债券的种类

债券的种类很多，主要分类见表9-1。

表9-1 发行债券的种类

划分标准	种类
按发行方式分类	记名债券、无记名债券
按还本期限分类	短期债券、中期债券、长期债券
按发行条件分类	抵押债券、信用债券
按可否转换为公司股票分类	可转换债券、不可转换债券
按偿还方式分类	定期偿还债券、随时偿还债券
按发行主体分类	国家债券、地方政府债券、企业债券、金融债券

9.5.4.2 债券筹资的特点

发行债券筹资具有以下特点：

（1）支出固定。对不可转换债券而言，不论企业将来盈利如何，它只需付给持券人固定的债券利息。

（2）股东控制权不变。一般而言，债券持有者无公司经营的参与权和决策权，因此原有股东的控制权不因发行债券而受到影响。

（3）少纳所得税。债券利息可计入成本，实际上等于政府为企业负担了部分债券利息。

（4）提高股东投资回报。如果项目投资回报率高于债券利息率，由于财务杠杆作用，发行债券筹资可提高股东投资回报率。

（5）提高企业负债比率。发行债券会降低企业的财务信誉，增加企业财务风险。

9.6 项目融资

9.6.1 项目融资及其特点

所谓项目融资，指以项目的资产、收益作抵押来取得资金使用权的一种筹资方式。项目融资本质上是资金提供方对项目的发起人无追索权或有限追索权（无担保或有限担保）的融资贷款。它的一个重要特点是，贷款方在决定是否发放贷款时，通常不把项目发起方现存的信用能力作为重要因素来考虑。如果项目本身有潜力，即使项目发起方现存的资产少，收益情况不理想，项目融资也完全可以成功；相反，如果项目本身发展前景不好，即使项目发起方现在的规模再大，资产再多，项目融资也不一定成功。

项目融资过程中，银行以项目本身的经济强度作为决定是否贷款的依据，进一步说，贷款银行主要依靠项目本身的资产和未来的现金流量作为贷款偿还保证，而原则上对项目公司之外的资产没有追索权或仅有有限追索权。只要银行认为项目有希望，贷款比例可达到60%~75%，甚至达到100%。如果项目公司将来无力偿还贷款，则贷款银行只能获得项目本身的收入与资产，但对项目发起方的资产却基本上无权染指。

9.6.1.1 项目融资的特点

项目融资具有如下特点：

（1）至少有项目发起方、项目公司、贷款方三方参与；

（2）项目发起方以股东身份组建项目公司，该项目公司为独立法人，从法律上与股东分离；

（3）程序复杂，参加者众多，合作谈判成本高；

（4）政府的控制较严格；

（5）增加项目最终用户的负担；

（6）项目风险增加融资成本。

9.6.1.2 项目融资的适用范围

项目融资一般运用于资源开发类项目，如石油、天然气、煤炭、铀等开发项目；基础设施建设项目，如城市轨道交通、高速公路建设等；以及未来收益可以预见的制造业，如飞机、大型轮船制造等。

这些项目共同特点是项目本身有收益，且未来收益有所保证。

9.6.2 项目融资的主要模式

项目融资主要有以下几种模式。

9.6.2.1 以“设施使用协议”为基础的项目融资模式

国际上，一些项目融资是围绕着一个服务性设施或工业设施的使用协议作为主体安排的。这种设施使用协议（tolling agreement）是指在某种服务性设施或工业设施的提供者和这种设施的使用者之间达成的一种具有“无论提货与否均需付款”性质的协议。项目公司以“设施使用协议”为基础安排项目融资，主要应用于一些带有服务性质的项目，例如石油、天然气管道、发电设施、某种专门产品的运输系统以及港口、铁路设施等。以“设施使用协议”为基础安排的项目融资具有以下特点：

（1）投资结构的选择比较灵活，既可以根据项目的性质、项目投资和设施使用者的类型等采用公司型合资结构，也可以采用非公司型合资结构、合伙制结构或者信托基金结构。

（2）具有“无论提货与否均需付款”性质的“设施使用协议”是项目融资不可缺少的组成部分。这种项目“设施使用协议”在使用费的确定上至少需要考虑到项目投资在三方面的回收，即生产经营成本、融资成本和投资者收益。

9.6.2.2 以“产品支付”为基础的项目融资模式

“产品支付（production payment）”是在石油、天然气和矿产品项目中常使用的无追索权或有限追索权的融资方式，是项目融资的早期形式，起源于20世纪50年代美国石油天然气开发项目的融资模式以项目收益作为项目融资的主要偿债资金来源，即贷款得到偿还之前，贷款银行拥有项目的部分或全部产品。当然这并不是说贷款银行真的要储存几亿桶石油或足以满足一座城市需要的电力，在绝大多数情况下，产品支付只是产权的转移，而非产品本身的转移。通常贷款银行要求项目公司重新购回他们的产品或充当他们的代理人来销售这些产品。以“产品支付”为基础的项目融资模式，在具体操作上有以下基本特征：

（1）融资模式是建立在由贷款银行购买某一特定资源产品的全部或部分营业收入权益的基础上的，它是通过让贷款银行直接拥有项目产品的所有权来融资，而不是通过抵押或权益转让的方式来实现融资的信用保证。

（2）融资期限一般应小于项目预期的经济寿命期。即如果一个资源开发项目具有20年的开采期，那么，产品支付融资的贷款期限应该大大短于20年，以保证项目在还本付息之外还能实现一定的收益。

（3）贷款银行一般只为项目建设投资提供融资，而不承担项目生产费用的融资。并且，贷款银行还要求项目发起人提供项目最低产量、最低产品质量等的担保。

（4）一般要成立一个“融资中介机构”，即所谓的专设公司，专门负责从项目公司中购买一定比例的产品，在市场上直接销售或委托项目公司作为代理人销售，并负责归集产品的销售收入和偿还贷款。

9.6.2.3 BOT项目融资方式

BOT是Build—Operate—Transfer的缩写，即建设—经营—移交，它是指政府将一个工程项目的特许经营权授予承包商（一般为国际财团），承包商在特许期内负责项目设计、融资、建设和运营，并回收成本、偿还债务、赚取利润，特许经营期结束后将项目所有权再移交给政府的一种项目融资模式。实质上，BOT融资模式是政府与承包商合作经营项目的一种特殊运作模式，从20世纪80年代产生以来，越来越受到各国政府的重视，成为各国基础设施建设及资源开发等大型项目融资中较受欢迎的一种融资模式。

9.6.2.4 TOT项目融资方式

TOT是Transfer—Operate—Transfer三个英文单词的缩写，即移交—经营—移交，它是BOT项目融资方式的新发展，指用私人资本或资金购买某项目资产（一般是公益性资产）的产权和经营权，购买者在约定的时间内通过经营收回全部投资和得到合理的回报后，再将项目产权和经营权无偿移交给原产权所有人。这种模式已逐渐应用到我国的项目融资领域中。TOT方式有着其他项目融资方式所不具备的优势：

（1）积极盘活国有资产，推进国有企业转型和发展；

（2）为拟建项目引进资金，为建成项目引进新的更有效的管理模式；

（3）只涉及经营权让渡，不存在产权、股权问题，可以避免许多争议；

（4）投资者可以尽快从高速发展的中国经济中获得利益。

另外，由于TOT的风险比BOT小很多，金融机构、基金组织、私人资本等都有机会参与投资，这也增加了项目的资金来源。

9.6.2.5 ABS项目融资模式

ABS是英文Asset-backed Securitization的缩写，即资产支持资产证券化，简称资产证券化。资产证券化是指将缺乏流动性，但能够产生可预见的、稳定的现金流量的资产归集起来，通过一定的结构安排，对资产中风险与收益要素进行分离与重组，进而转换为在金融市场上可以出售和流通的证券的过程。

ABS项目融资方式适用于房地产、水、电、道路、桥梁、铁路等收入安全、持续、稳定的项目。一些出于某些原因不宜采用BOT方式融资的与国计民生密切相关的重大项目也可以考虑采用ABS方式进行融资。

9.6.2.6 以“杠杆租赁”为基础的项目融资

以“杠杆租赁”为基础的项目融资模式，是指在项目投资者的要求和安排下，由有两个或两个以上的专业租赁公司、银行以及其他金融机构等以合伙制形式组成的合伙制金融租赁公司作为出租人，融资购买项目的资产，然后租赁给作为承租人的项目公司的一种融资模式。合伙制金融租赁公司和贷款银行的收入及信用保证来自税收优惠、租赁费用、项目的资产以及对项目现金流量的控制。当租赁公司的成本全部收回并且获得了相应的回报后，项目公司只需交纳很少的租金，在租赁期满后，项目发起人的一个相关公司可以将项目资产以事先商定的价格购买回去，或者由项目公司以代理人的身份代理租赁公司把资产以其可以接受的价格卖掉，售价大部分在扣除代销手续费后由租赁公司返还给项目公司。以“杠杆租赁”为基础的项目融资具有以下特点：

（1）融资方式较复杂。由于杠杆租赁融资结构中涉及的参与者数目较多，相关问题也比一般项目融资模式复杂，造成组织这种项目融资方式所花费的时间要相对长一些，法律结构以及文件也相对复杂一些，因而比较适合于大型工程项目的融资安排。

（2）融资成本较低。杠杆租赁由于充分利用了项目的税收优惠，所以降低了投资者的融资成本和投资成本，同时也增加了融资结构中债务偿还的灵活性。利用税务扣减一般可以偿还项目全部融资总额的30%~50%。

（3）可实现百分之百的融资。在这种模式中，由金融租赁公司的部分股本资金加上银行贷款，就可解决项目所需资金或设备，项目发起人可以不需要再进行任何股本投资。

（4）应用范围比较广泛。既可以作为一项大型工程项目的项目融资安排，也可以为项目的一部分建设工程安排融资，如用于购置项目的某一专项大型设备。

9.7 资金成本的计算和分析

在初步确定工程项目的资金筹措方式和资金来源后，应进一步对融资方案进行分析，以降低融资成本和融资风险。

9.7.1 资金成本的含义和作用

9.7.1.1 资金成本的含义

资金是一种资源，筹集和使用资金要付出代价，资金成本就是投资者在工程项目实施中，为筹集和使用资金而付出的代价。资金成本由两部分组成，即资金筹集成本和资金使用成本。

资金筹集成本是指投资者在资金筹措过程中支付的各项费用。主要包括向银行借款的手续费；发行股票、债券而支付的各项代理发行费用，如印刷费、手续费、公证费、担保费和广告费等。资金筹集成本一般属于一次性费用，筹资次数越多，资金筹集成本也就越大。

资金使用成本又称资金占用费，它主要包括支付给股东的各种股利、向债权人支付的贷款利息以及支付给其他债权人的各种利息费用等。资金使用成本一般与所筹资金的多少以及所筹资金使用时间的长短有关，具有经常性、定期支付的特点，是资金成本的主要内容。

9.7.1.2 资金成本的作用

（1）资金成本是选择资金来源和筹资方式的重要依据。企业筹集资金的方式多种多样，如发行股票、债券、银行借款等，不同的筹资方式，其资金成本也不尽相同。资金成本的高低可以作为比较各种筹资方式优缺点的一项依据。

（2）资金成本是投资者进行资金结构决策的基本依据。如上所述，一个工程项目的资金结构一般是由借入资金与自有资金组合而成，这种组合有多种方案，需要寻求两者间的最佳组合，一般可计算综合资金成本并以此作为项目筹资决策的依据。

（3）资金成本是评价各种工程项目是否可行的一个重要尺度。国际上通常将资金成本视为工程项目的“最低收益率”和是否接受工程项目的“取舍率”，在评价投资方案是否可行的标准上，一般要以项目本身的投资收益率与其资金成本进行比较。如果项目的预期投资收益率小于其资金成本，则项目不可行。

9.7.2 资金成本的计算

资金成本可用绝对数表示，也可用相对数表示。为便于分析比较，资金成本一般用相对数表示，称之为资金成本率，其计算见式（9-12）。

$$K = \frac{D}{P - F} \quad 或 \quad K = \frac{D}{P(1 - f)} \tag{9-12}$$

式中 K——资金成本率（一般统称为资金成本）；

D——资金占用费；

P——筹集资金总额；

F——筹资费；

f——筹资费费率（即筹资费占筹集资金总额的比率）。

对各种不同的资金来源资金成本有相应的计算方法。

9.7.2.1 银行借款的资金成本

（1）不考虑资金筹集成本时的资金成本见式（9-13）。

$$K_d = (1 - T) \times R \tag{9-13}$$

式中 K_d——银行借款的资金成本；

T——所得税税率；

R——银行借款利率。

（2）对项目贷款实行担保时的资金成本见式（9-14）。

$$K_d = (1 - T) \times (R + V_d) \tag{9-14}$$

式中 V_d ——担保费率，$V_d = \frac{V}{P \times n} \times 100\%$；

V ——担保费总额；

P ——项目借款总额；

n ——担保年限。

(3) 考虑资金筹集成本且实行担保时的资金成本见式（9-15）。

$$K_d = \frac{(1 - T) \times (R + V_d)}{1 - f} \tag{9-15}$$

式中各符号含义同前。

【例 9-1】 某企业为某建设项目申请银行长期贷款 1000 万元，年利率为 10%，每年付息一次，到期一次还本，贷款管理费及手续费率为 0.5%。企业所得税税率 25%，试计算该项目长期借款的资金成本。

【解】 根据式（9-15），该项目长期借款的资金成本为：

$$K_d = \frac{(1 - T) \times R}{1 - f} = \frac{(1 - 25\%) \times 10\%}{1 - 0.5\%} = 7.54\%$$

9.7.2.2 发行债券的资金成本

发行债券的成本主要是指债券利息和筹资费用。债券利息与长期借款利息相同，应以税后的债务成本为计算依据。债券的筹资费用一般比较高，不可在计算融资成本时省略。发行债券资金成本的计算公式见式（9-16）。

$$K_b = \frac{I_b(1 - T)}{B(1 - f_b)} \tag{9-16}$$

式中 K_b ——发行债券的资金成本；

B ——债券筹资额，对溢价或折价发行的债券，应以实际发行价格计算筹资额；

f_b ——债券筹资费率；

I_b ——债券年利息。

【例 9-2】 假定某公司发行面值为 500 万元的 10 年期债券，票面利率 8%，发行手续费率 5%，发行价格 550 万元，公司所得税税率为 25%，试计算该公司发行债券的资金成本。如果公司以 350 万元发行这批债券，则资金成本又为多少？

【解】 (1) 根据式（9-16），以 550 万元价格发行债券时的资金成本为：

$$K_b = \frac{I_b(1 - T)}{B(1 - f_b)} = \frac{500 \times 8\% \times (1 - 25\%)}{550 \times (1 - 5\%)} = 5.74\%$$

(2) 以 350 万元价格发行债券时的资金成本为：

$$K_b = \frac{I_b(1 - T)}{B(1 - f_b)} = \frac{500 \times 8\% \times (1 - 25\%)}{350 \times (1 - 5\%)} = 9.02\%$$

9.7.2.3 发行优先股的资金成本

与负债利息的支付不同，优先股的股利不能在税前扣除，因而在计算优先股的资金成本时无需扣除所得税。优先股资金成本的计算公式见式（9-17）。

$$K_p = \frac{D_p}{P_p(1 - f_p)} \quad 或 \quad K_p = \frac{P_p \times i}{P_p(1 - f_p)} = \frac{i}{1 - f_p} \tag{9-17}$$

式中 K_p——发行优先股的资金成本；
D_p——优先股每年股息；
P_p——优先股股票面值；
f_p——优先股筹资费率；
i——优先股股息率。

【例 9-3】 某公司为某项目筹资发行优先股股票，票面额按正常市价计算为 200 万元，筹资费率为 4%，股息年利率为 14%，试求资金成本。

【解】 根据式（9-17）得：

$$K_p = \frac{i}{1 - f_p} = \frac{14\%}{1 - 4\%} = 14.58\%$$

9.7.2.4 发行普通股的资金成本

普通股筹集的资金属权益资金。权益资金的资金占用费是向股东分派的股利，而股利是以所得税后净利润支付的，不能抵减所得税。计算普通股资金成本，常用的方法有“评价法”和“资本资产定价模型法”。

（1）评价法。按“评价法”计算发行普通股的资金成本见式（9-18）。

$$K_c = \frac{D_c}{P_c(1 - f_c)} + G \tag{9-18}$$

式中 K_c——发行普通股的资金成本；
D_c——预期年股利额；
P_c——普通股筹资额；
f_c——普通股筹资费率；
G——普通股股利年增长率。

【例 9-4】 某公司发行普通股正常市价为 300 万元，筹资费率为 4%，第一年的股利率为 10%，以后每年增长 5%，试求其资金成本率。

【解】 根据式（9-18）计算：

$$K_c = \frac{D_c}{P_c(1 - f_c)} + G = \frac{300 \times 10\%}{300 \times (1 - 4\%)} + 5\% = 15.4\%$$

（2）资本资产定价模型法。按“资本资产定价模型法”计算发行普通股的资金成本见式（9-19）。

$$K_c = R_f + \beta(R_m - R_f) \tag{9-19}$$

式中 R_f——无风险报酬率；
R_m——平均风险股票必要报酬率；
β——股票的风险校正系数。

【例 9-5】 某证券市场无风险报酬率为 11%，平均风险股票必要报酬率为 15%，某一股份公司普通股 β 值为 1.15，试计算该普通股的资金成本。

【解】 根据式（9-19）计算：

$$K_c = R_f + \beta(R_m - R_f) = 11\% + 1.15 \times (15\% - 11\%) = 15.6\%$$

9.7.2.5 融资租赁的资金成本

企业租入某项资产，获得其使用权，要定期支付租金，并且租金列入企业成本，可以减少应付所得税。融资租赁取得资金的资金成本率见式（9-20）。

$$K_L = \frac{E}{P_L} \times (1 - T) \tag{9-20}$$

式中 K_L——融资租赁的资金成本；

E——年租金额；

P_L——租赁资产价值。

9.7.2.6 留存盈余资金成本

留存盈余是指企业未以股利等形式发放给投资者而保留在企业的那部分盈利，即经营所得净收益的积余，包括盈余公积和未分配利润。

留存盈余是所得税后形成的，其所有权属于股东，实质上相当于股东对公司的追加投资。股东将留存盈余留用于公司，目的是从中获取投资报酬，所以留存盈余也有资金成本，即股东失去的向外投资的机会成本。它与普通股资金成本的计算基本相同，只是不考虑筹资费用。

9.7.2.7 加权平均资金成本

工程项目的资金筹集一般采用多种融资方式，不同来源的资金，其成本各不相同。由于条件制约，项目不可能只从某种低成本的来源筹集资金，而是各种筹资方案的有机组合。因此，为了对整个项目的融资方案进行筹资决策，在计算各种融资方式个别资金成本的基础上，还要计算整个融资方案的加权平均融资成本，以反映工程项目的整个融资方案的融资成本状况，其计算见式（9-21）。

$$K_W = \sum_{j=1}^{n} K_j \times W_j \tag{9-21}$$

式中 K_W——加权平均资金成本；

K_j——第 j 种融资渠道的资金成本；

W_j——第 j 种融资渠道筹集的资金占全部资金的比重（权数）。

9.7.3 融资风险分析

融资方案的实施经常会受到各种风险因素的影响。融资风险分析就是对可能影响融资方案的风险因素进行识别和预测。按照项目风险的表现形式划分，风险的类型有以下几种。

9.7.3.1 信用风险

一个融资项目涉及的当事人很多，任何一方的当事人不能按时履行其付款的义务，均可能导致整个项目的失败或至少导致财政上的超支或时间上的延误。

项目有关参与方能否按合同文件要求履行各自的职责及其承担对项目的信用保证责任，构成了项目融资的信用风险。信用风险贯穿于项目始终。

9.7.3.2 完工风险

完工风险是项目融资的主要核心风险之一。完工风险对项目而言意味着项目建设成本增加、贷款利息负担增加、贷款偿还期限延长和市场机会错过等。根据已有的统计资料，无论是在发展中国家还是在发达国家，项目建设期出现完工风险的概率都是比较高的。

为了限制和转移项目的完工风险，贷款银行通常要求投资者或工程公司等其他项目参与者提供相应的完工担保作为保证。

9.7.3.3　生产风险

这是在项目试生产阶段和生产经营阶段存在的技术、资源储量、能源和原材料供应、生产经营、劳动力状况等风险因素的总称，是项目融资的另一个主要的核心风险。与完工风险不同，贷款银行愿意更多地依靠项目现金流量作为偿还债务的主要来源，即在项目风险分析的假设前提下与投资者共同分担一部分生产风险。

9.7.3.4　市场风险

项目最终产品的市场风险包含价格和市场销售量两个要素。降低项目市场风险的方法主要是签订长期的产品销售协议。这种协议的合同买方可以是项目投资者本身，也可以是对项目产品有兴趣的具有一定资信的第三方。通过这种协议安排，合同买方对项目融资承担了一种间接的财务保证义务。

9.7.3.5　金融风险

在项目融资中，项目发起人与贷款人必须对自身难以控制的金融市场上可能出现的变化认真地加以分析和预测，如汇率波动、利率上涨、通货膨胀和国际贸易政策的趋向等，这些因素会引发项目的金融风险。

9.7.3.6　政治风险

项目政治风险可能表现为项目所在国的政治环境发生变化而导致的项目失败、项目信用结构改变、项目债务偿还能力改变等。项目的政治风险可以分为两大类：一类是国家风险。如借款人所在国现存政治体制的崩溃，对项目产品实行禁运、联合抵制、终止债务的偿还等。另一类是国家政治、经济政策稳定性风险。如税收制度的变更、关税及非关税贸易壁垒的调整、外汇管理法规的变化等。

9.7.3.7　环境保护风险

环境保护风险是指由于满足环保法规要求而增加的新资产投入或迫使项目停产等风险。随着公众越来越关注工业化进程对自然环境的影响，许多国家颁布了日益严厉的法令来控制辐射物、废弃物、有害物的运输及低效使用能源和不可再生资源的利用。“污染者承担环境债务”的原则已被广泛接受，因此，项目融资期内可能出现的任何环境保护方面的风险都不容忽视。

思考题及习题

9-1 简述可行性研究的基本工作程序。

9-2 可行性研究的编制依据有哪些？

9-3 可行性研究报告的内容有哪些？

9-4 德尔菲法的特点有哪些？

9-5 回归分析预测的工作过程是怎样的？

9-6 既有法人融资和新设法人融资有什么区别？

9-7 什么是项目资本金，项目资本金的来源渠道有哪些？

9-8 国内、国外负债融资有哪些主要渠道？

9-9 项目融资有哪几种模式，各有何特点？

9-10 什么是资金成本，各种不同来源的资金成本如何计算？

9-11 融资风险有哪些表现形式？

9-12 假设某房地产开发企业 2003~2012 年的统计资料见表 9-2。试建立一元线性回归方程，并预测当开发面积 X 为 $5.1\mathrm{km}^2$ 时的销售收入可能是多少？

表 9-2　2003~2012 年某房地产开发企业商品房销售情况

年　份	2003	2004	2005	2006	2007	2008	2009	2010	2011	2012	总和
开发面积 X/km^2	0.65	0.76	1.03	1.01	0.88	1.27	1.90	3.65	3.75	4.86	19.76
销售收入 Y/百万元	101	110	148	164	202	244	450	856	1019	1320	4614

9-13 某公司为购买新设备，发行了一批新债券。每张债券票面值为 10000 元，年利率 8%，一年分 4 次支付利息，15 年期满。每张债券发行时市价 9500 元。如果所得税率为 25%，试计算公司新发行债券的资金成本。

9-14 A 公司从银行取得一笔长期借款 1000 万元，手续费 0.1%，年利率为 5%，期限 3 年，每年结息一次，到期一次还本，企业所得税率为 25%，则这笔借款的资金成本率为多少？

9-15 A 公司现有长期资本总额为 10000 万元，其中长期借款 2000 万元，长期债券 5000 万元，普通股 3000 万元，各种长期资金成本率分别为 5%、6% 和 10%，该公司综合资金成本率为多少？

9-16 某公司发行票面总额为 500 万元的优先股股票，筹资费费率为 5%，年股息率为 15%，公司所得税税率为 25%，则该筹资方案的资金成本率为多少？

9-17 某企业发行普通股正常市价为 20 元，估计年增长率为 10%，第一年预计发放股利 1 元，筹资费用率为股票市价的 12%，则新发行普通股的资金成本率为多少？

10 价值工程

导读：价值工程作为一种致力于研究产品功能与成本比值的思想方法和管理技术，自20世纪40年代产生以来，在工业产品的研发和设计以及建筑产品的规划和设计方面得到了广泛的应用。价值工程以功能分析为核心，考虑项目全寿命周期的成本，是技术与经济相结合的研究成果。因此，价值工程也是工程经济学习中的重要内容之一。本章主要介绍价值工程的有关概念和特点，并详细说明它在工程经济应用中的工作步骤和内容，分别说明价值工程在准备阶段、分析阶段、创新阶段以及实施阶段的工作方法及应用。通过本章学习，需要掌握的知识点如下：

（1）掌握价值工程的概念和特点；

（2）熟悉提高价值的途径；

（3）熟悉价值工程的工作程序和步骤；

（4）熟悉价值构成对象选择的方法；

（5）掌握价值工程功能分析与评价的主要方法；

（6）熟悉价值工程在实际工程中的应用方法。

10.1 价值工程的概念及特点

10.1.1 价值工程的概念

价值工程是以提高产品（或作业）价值和有效利用资源为目的，通过有组织的创造性工作，寻求用最低的寿命周期成本，可靠地实现使用者所需功能，以获得最佳的综合效益的一种管理技术。价值工程中“工程”的含义是指为实现提高价值的目标，所进行的一系列分析研究的活动。价值工程中所述的“价值”也是一个相对的概念，是指作为某种产品（或作业）所具有的功能与获得该功能的全部费用的比值。它不是对象的使用价值，也不是对象的交换价值，而是对象的比较价值，是作为评价事物有效程度的一种尺度。

价值工程的目的在于“以最低寿命周期成本可靠地实现必要功能”。既不片面强调功能的完善，也不过分突出成本的降低，而是立足于功能与成本的关系，把功能与成本有机统一起来进行系统分析研究。基于创新来改善功能与成本联系，创造价值是其最本质的思想。

价值工程的着眼点是产品的功能，而不是产品本身。这是价值工程的突出特点。生产经营者向用户提供某种产品，其实质是向用户提供蕴藏于产品内部以不同形态表现出来的产品的某些具体功能。价值工程抓住事物的本质，着眼于功能分析，不再局限于产品自身。

价值工程的定义中涉及三个核心概念：价值、功能和寿命周期成本。

10.1.1.1 价值

价值工程中的"价值"是指作为某种产品（或作业）所具有的功能与获得该功能的全部费用的比值，可以表示为一个数学公式，见式（10-1）。

$$V = \frac{F}{C} \tag{10-1}$$

式中 V——价值；

F——研究对象的功能，广义上是指产品或作业的功用和用途；

C——成本，即寿命周期成本。

定义中的"产品"泛指以实物形态存在的各种产品，如材料、制成品、设备、建设工程等；"作业"是指提供一定功能的工艺、工序、作业、活动等。

10.1.1.2 功能

功能是指产品所具有的特定用途，即产品能满足人们某种需要的属性。由于产品的功能只有在使用过程中才能最终体现出来，所以某一产品功能的大小是由用户来确定的。对某一特定产品功能的要求，并不是越高越好，而是要视用户的要求而定。

10.1.1.3 寿命周期成本

价值工程中为实现产品功能所消耗的成本，是指寿命周期成本，即产品从科研、设计、试验、试制、生产、销售、使用、维修直至报废所花费的全部成本费用总和。寿命周期成本由产品生产成本 C_1 和使用成本 C_2 构成。产品生产成本是指发生在生产企业内部的成本，也是用户购买产品的费用，包括产品在研究开发、设计制造、生产销售、运输施工、安装调试过程中所花费的费用及税金等；产品使用成本是指用户在使用过程中支付的各种费用的总和，包括产品的能耗、维护、保养、管理等方面的费用，有时还包括报废拆除所需费用（扣除残值），如图 10-1 所示。

在一定范围内，产品的生产成本与使用成本存在此消彼长的关系。随着产品功能水平的提高，产品的生产成本 C_1 增加，使用成本 C_2 降低；反之，产品功能水平降低，产品的生产成本 C_1 降低，使用成本 C_2 增加。因此，寿命周期成本 C 随产品功能水平的逐步提高，呈马鞍形变化，如图 10-2 所示。显然，寿命周期成本具有一个最小值 C_{min}。在这一点上，

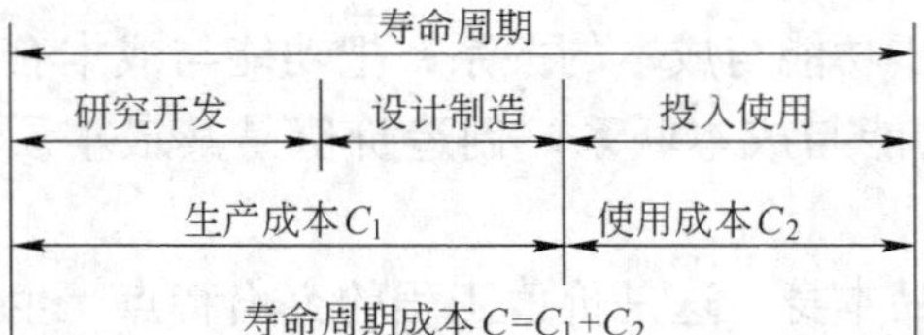

图 10-1 产品寿命周期成本的组成

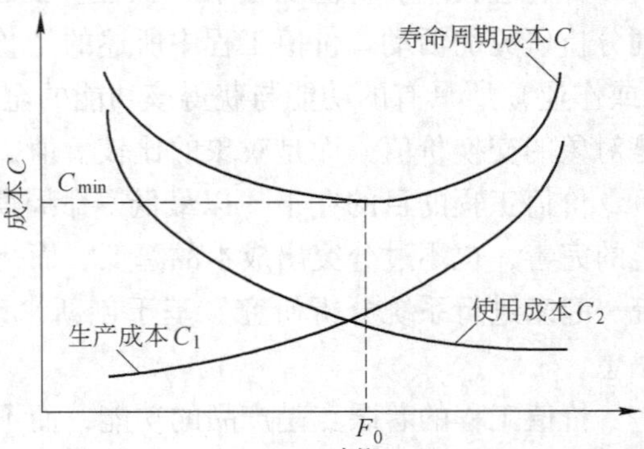

图 10-2 产品寿命周期成本与功能关系

产品的功能达到适当的水平 F_0，既满足用户的需求，寿命周期成本也最小，体现了比较理想的功能与成本的关系。

价值工程研究的目的，就是要使产品具有一个适当的功能水平，从而确保产品的寿命周期成本最低。实际上，在对有些产品进行价值分析时，往往一次找不到最低的寿命周期成本值，可反复应用价值工程，确定最终的功能与寿命周期成本的最佳匹配点，使产品最优满足用户的要求。

10.1.2 价值工程的特点

同其他管理技术相比，价值工程有一些独到的特点。认识到这些特点，有利于抓住实质，明确要求，合理有效地对价值工程加以组织运用。

（1）价值工程的目标着眼于提高价值，是以最低的寿命周期成本实现必要功能的创造性活动。价值工程不同于传统的质量管理单纯地改进功能，提高质量；也不同于传统的成本管理单方面地控制消耗，降低成本。它是把功能的提高和成本的降低有机地结合起来，致力于功能和成本的匹配和价值的提高。正是这两方面的有机结合，才能真正实现合理提高质量，有效降低成本，达到企业经济效益提高的目的。

（2）价值工程的核心是对产品进行功能分析，即在开展价值工程活动中，应以使用者的功能需求为出发点，获得用户所期望的功能。脱离用户的实际需求，盲目追求功能数量越多越好、功能水平越高越好、使用寿命越长越好、安全系数越大越好的想法是不符合价值工程原理的，势必带来成本的增加和价值的降低。

（3）价值工程将产品价值、功能和成本作为一个整体同时来考虑。如同现实生活中人们对产品“性价比”的要求，价值工程对于价值、功能、成本的考虑并不是片面和孤立的，而是在确保产品功能的基础上综合考虑生产成本和使用成本，兼顾生产者和用户的利益，创造出总体价值最高的产品。

（4）价值工程强调不断改革和创新。只有不断开拓新构思和新途径，获得新方案，创造新功能载体，才能简化产品结构，节约原材料，提高产品的技术经济效益。

（5）价值工程要求将功能定量化，即将功能转化为与成本直接相比的量化值。

（6）价值工程是以集体智慧开展的有领导、有计划、有步骤、有组织的管理活动。

价值工程工作涉及产品的整个寿命周期，同时涉及企业外部的用户、协作企业等多个方面，需广泛收集企业内外各种有关的情报信息，要求技术人员、经济管理人员和有经验的工作人员共同研究，集思广益。整个过程庞大、复杂，需要有领导、有计划、有步骤、有组织地进行。

10.1.3 价值工程的产生与发展

价值工程产生于20世纪40年代后期的美国，创始人是美国通用电气公司负责采购工作的电气工程师麦尔斯（L. D. Miles）。在第二次世界大战中，美国为了保证战争的需要，大量的军火生产消耗了大量有限的资源和资金，造成美国军用资源的严重短缺。为了缓解这种资源短缺的尖锐矛盾，寻找代用资源便成为当时亟待解决的重要问题。主持采购工作的麦尔斯，开始在采购中努力寻求与短缺材料具有相同功能的代用品。当采购不到石棉板时，他对为什么要采购石棉板，石棉板的主要功能是什么，是否可以使用其他材料代替石棉板，既保持石棉板原有的防火功能，又降低采购成本等问题进行分析。终于，他发现一种与石棉板具有同样防火功能的不燃烧纸，用它替代石棉板，还可大幅度降低生产成本。不仅缓解了材料供应的紧张局面，节约了大量的开支，而且使他从原材料的相互代用中得到启发：用户购买和使用的是物品的功能。后来麦尔斯把以最低的费用向用户提供所需要的功能作为产品设计的依据，把技术设计和经济分析结合起来考虑问题，用技术与经济价值统一对比的标准衡量问题，又进一步把这种分析思想和方法推广到研究产品开发、设计、制造及经营管理等方面，逐渐总结出一套比较系统和科学的方法。1947 年，麦尔斯以《价值分析程序》为题发表了研究成果，标志着价值工程正式产生。麦尔斯从分析功能、满足功能入手，找出不必要的工作环节，努力降低成本，取得了良好的效果。通用电气公司在开发价值工程技术上投入了 80 多万美元，但在应用价值工程的前十几年中就节约了 2 亿美元。

麦尔斯提出了价值分析（value analysis）以后，其新颖的管理理念和有效的创新管理方法立刻引起了理论界和管理界的高度关注。美国国防部采用后，将其命名为价值工程。1955 年，价值工程被引入到日本，他们将价值工程与质量管理（quality control）、工业管理工程（industrial engineering）三者结合起来应用，从产品设计、工艺改进、材料代用、取消不必要成本等各方面都取得了很大的收获。价值工程在各国的成功应用，使麦尔斯获得了各项殊荣，麦尔斯也由此被称为价值工程之父。如今，价值工程已成为当今技术经济管理中重要的理论和方法，它的价值观和创新观深刻地影响着各国公司的管理理念和创新意识。

我国推广运用价值工程是从 20 世纪 70 年代末开始的。1984 年国家经济贸易委员会将价值工程作为 18 种现代化管理方法之一向全国推广。1987 年国家标准局颁布了第一个价值工程标准《价值工程基本术语和一般工作程序》。经过几十年的发展，不仅价值工程理论成为经济管理学习的基本知识，而且价值工程应用的领域也推广到生产企业、建筑企业等所有行业。

价值工程是既能提高产品功能、又能降低产品成本的一种管理技术，价值工程的应用有着以下重要意义：

（1）应用价值工程能够提高经济效益，促进企业管理。价值工程能够帮助企业将产品定位，在保证产品必要功能的基础上，摒弃产品不必要的功能，使产品的成本最低。另外，结合工业管理工程和质量管理的方法，使企业的管理进一步加强，在保证和提高产品质量的过程中，降低企业各环节的成本，人尽其才，物尽其用，在加强全面质量管理和全面经济核算的同时，搞好综合管理，带动各方面管理水平的提高。

（2）应用价值工程能够推动企业技术与经济协调发展。技术与经济是既有区别、又有联系的统一体。但在实际应用中，许多企业往往将这二者分裂开来。有时提高产品的质量，讲究技术上的先进性，却忽视了产品成本和价格；有时降低产品成本，却又忽视了产品质量。这些片面的做法，都会影响经济效益的提高。而价值工程则强调要对产品的技术方案进行经济效益的评价，既要考虑技术上的先进性和可行性，又要考虑经济上的合理性和现实性，从而避免由片面性带来的不良后果。

（3）应用价值工程能够为企业经营和发展决策提供依据。价值工程坚持用户第一的指导思想，通过市场调查，随时掌握市场动态，不断开发新产品，改进老产品，寻求以最低的总成本来满足用户对产品功能的需求，使自己的产品适销对路，取得最佳的经济效益，从而为企业做出正确的经营决策和寻求良好的发展方向打下基础。

10.2 价值工程的应用

价值工程的应用主要是基于价值工程的思想方法，寻找提高价值的途径；价值工程的应用要求按照价值工程自身的内在规律，以一定的程序实施。

10.2.1 提高价值的途径

价值工程的基本原理公式 $V=F/C$，反映出价值取决于功能和成本两个因素。因此提高价值的途径有以下五种：

（1）双向型——在提高产品功能的同时降低产品成本，可以大幅度提高价值。即$\frac{F\uparrow}{C\downarrow}=V\uparrow\uparrow$。这是提高产品价值最理想的途径，也是对资源最有效的利用。但对生产者要求较高，往往需要运用高新技术，进行产品创新才能实现。例如：重庆轻轨较新线一期工程，根据自身的城市特点，引进跨座式单轨技术。其轨梁一体化的构造，决定了施工要求的高精度，产生易造成工程返工甚至预制轨道梁报废的难题。在国外长期以来均采用“先墩后梁”的模式组织建设，缺点是建设周期太长。为实现建设目标，重庆轻轨在项目上打破常规，成功运用了“墩梁并举”的技术与管理模式。大幅缩减了工期（仅用 4 年工期，远少于常规 7~10 年的工期）；各项精度水平均有大幅提高，确保了建设质量；减少了资金积压时间，降低了工程融资成本，降低了工程总造价；同时，减少了占用城市道路施工的时间，方便了市民出行，减少了堵车，既节省宝贵的资源，又降低了环境污染。

（2）改进型——在保持产品成本不变的前提下，通过改进设计，提高产品的功能，以提高利用资源的成果或产品的效用（如产品性能、可靠性、寿命、维修性），增加某些用户希望的功能，从而提高产品的价值。即$\frac{F\uparrow}{C\rightarrow}=V\uparrow$。例如：住宅小区的人防工程，若仅仅考虑战时能发挥隐蔽功能，平时闲置不用，将投入大量的人力、财力予以维护。若在设计时考虑平时利用为地下商城、地下停车场等多种功能，便可以大大提高人防工程的功能，同时增加经济效益。

（3）节约型——在保持产品功能不变的前提下，降低产品成本，以提高产品的价值。即$\frac{F\rightarrow}{C\downarrow}=V\uparrow$。科学技术水平以及劳动生产率的不断提高，使消耗在某种功能水平上的生产费用不断降低。例如：某市的电影院，由于夏季气温高，需设计空调系统降温，以满足人们舒适度的要求，经过相关人员的价值分析，决定采用人防地道风降温系统代替机械制冷系统，在满足舒适度的条件下，降低了造价，同时节约了运行费和维修费。

（4）投资型——产品功能有较大幅度提高，产品成本有较少提高，从而使产品价值提高。即$\frac{F\uparrow\uparrow}{C\uparrow}=V\uparrow$。例如：电视塔的主要功能为发射电视和广播信号，定期需要对塔及内部设备进行维护和更新，若只考虑单一功能，经济效益差。但若利用塔的高度，在塔上部设置综合利用机房，就可为气象、环保、交通等部门服务；若增加观景厅和旋转餐厅，还能使每年的综合服务和游览收入显著增加，既可加快投资回收，又可实现“以塔养塔”。

（5）牺牲型——在不影响产品主要功能的前提下，适当降低一些次要功能，从而大幅度降低产品成本，提高产品价值。即$\frac{F\downarrow}{C\downarrow\downarrow}=V\uparrow$。例如：开发老年人手机，在保证接听拨打电话这一基本功能的基础上，根据老年人的实际需求，采用保留或增加有别于普通手机的大字体、大按键、大音量等功能，减少普通手机娱乐办公等功能，总体上看降低了功能，但仍能满足老年顾客的特定需求，而且使生产成本大大降低。在实际应用中，对这种牺牲型途径要慎重对待。

总之，在产品形成的各个阶段都可以应用价值工程，但不同阶段其经济效果的提高幅度却大不相同。对于建设工程，应用价值工程的重点是在规划和设计阶段，因为这两个阶段是提高技术方案经济效果的关键环节。

10.2.2　价值工程的工作程序

价值工程的工作程序实质上就是针对工程产品（或作业）的功能和成本提出问题、分析问题、解决问题的过程。其具体工作步骤见表10-1。

表10-1　价值工程工作程序

工作阶段	工作程序	工作步骤		对应问题
		基本步骤	详细步骤	
准备阶段	制订工作计划	确定目标	（1）选择工作对象 （2）收集信息资料	（1）价值工程的研究对象是什么？
分析阶段	功能分析与评价	功能定义	（3）功能分类 （4）功能定义	（2）价值工程对象的功能是什么？ （3）价值工程对象的成本是多少？ （4）价值工程对象的价值是多少？
		功能整理	（5）功能整理	
		功能评价	（6）功能成本分析 （7）功能评价 （8）确定改进范围	
创新阶段	初步设计	制定创新方案	（9）方案创造	（5）有无其他方法实现同样功能？ （6）新方案的成本是多少？ （7）新方案能满足功能要求吗？
	评价、改进优化方案		（10）概略评价 （11）调整完善 （12）详细评价	
	确定方案		（13）提出方案	
实施阶段	检查实施情况并评价活动成果	方案实施与成果评价	（14）方案审批 （15）方案实施与检查 （16）成果评价	（8）怎样保证新方案的实施？ （9）偏离目标了吗？

10.3　对象选择与信息资料收集

价值工程准备阶段的主要工作是研究对象选择与信息资料收集，目的是明确价值工程的研究对象是什么。

10.3.1　价值工程对象选择的原则

在工程建设中，并不需要对所有的产品（或作业）都进行价值分析，而是根据企业的发展方向、市场预测、用户反馈、存在问题、薄弱环节以及提高劳动生产率、提高质量、降低成本等方面的要求来选择分析对象。一般来说，应按以下几个原则进行价值工程对象的选择。

（1）从设计方面看，对结构复杂、性能和技术指标差、体积和质量大的工程产品进行价值工程活动，可使产品结构、性能、技术水平得到优化，从而提高产品价值。

（2）从施工生产方面看，对量大面广、工序烦琐、工艺复杂、原材料和能源消耗高、质量难以保证的工程产品，进行价值工程活动可以以最低的寿命周期成本可靠地实现必要功能。

（3）从市场方面看，选择用户意见多和竞争力差的工程产品进行价值工程活动。一般来说，这类产品不是其功能不能满足用户的需要，就是使用成本过高，对这类产品进行价值工程活动，可以较大幅度地提高产品价值，以赢得消费者的认同，占领更大的市场份额。

（4）从成本方面看，选择成本高或成本比重大的工程产品进行价值工程活动，可有效降低工程产品成本。

10.3.2　价值工程对象选择的方法

价值工程选择对象的方法有很多种，不同方法适宜于不同的价值工程对象，根据企业条件选用适宜的方法，就可以取得较好的效果。常用的选择方法有因素分析法、ABC 分析法、强制确定法、百分比分析法、价值指数法等。

10.3.2.1　因素分析法

因素分析法也称经验分析法，是一种定性分析法，根据经验运用智慧对各种影响因素进行综合分析，区分主次与轻重，充分考虑所选对象的必要性和可能性，尽可能准确地选择出价值工程改善的对象。

该方法简便易行，考虑问题比较全面，不需要对有关人员进行特殊培训，特别是在时间紧迫或企业资料不完善的情况下，效果明显。但此方法缺乏定量分析，准确程度较差，对象选择是否适当，主要取决于分析人员的经验、知识和责任心。所以，经验分析法要求发挥集体的智慧，共同确定改善对象，以弥补准确性较差的缺陷。

10.3.2.2　ABC 分析法

ABC 分析法，又称重点选择法或不均匀分布定律法，是指应用数理统计分析的方法来选择对象。这种方法起源于意大利经济学家帕累托对社会财富分布状况的分析，他发现80%的社会财富集中在 20%的人手中，其分布是不均匀的，被称为不均匀分布定律。而 ABC 分析法的基本原理为“关键的少数和次要的多数”，抓住关键的少数可以解决问题的大部分。在价值工程应用中，该方法的基本思路为：首先将一个产品的各种部件（或企业各种产品）按成本的大小由高到低排列，然后绘制成费用累计分布图，如图 10-3 所示。将占产品总成本 70%～80%而占零部件总数 10%～20%的零部件划为 A 类；将占总成本

5%~10%而占零部件总数60%~70%的零部件划为C类；其余为B类。其中A类零部件是价值工程的主要研究对象。

ABC分析法的优点是能抓住重点，实现对零部件的分类控制，把数量少而成本高的零部件或工序选为价值工程对象，有利于集中精力，重点突破，取得较好效果，因此，广泛为人们所采用。但有时由于成本分布不合理，造成成本比重不大但用户认为功能重要的对象可能被漏选或排序推后。ABC分析法的这一缺点可以通过因素分析法、强制确定法等方法补充修正。

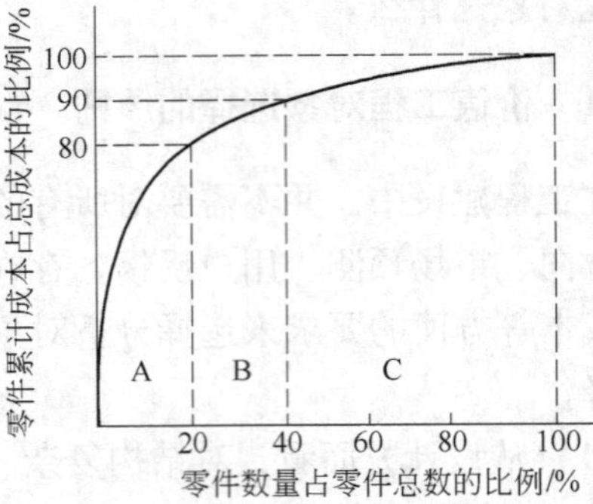

图10-3　ABC分析法原理

10.3.2.3　强制确定法

强制确定法是以功能重要程度作为选择价值工程对象的一种分析方法，求出分析对象的成本系数、功能系数，进而得出价值系数来反映分析对象的功能与成本之间是否相匹配。如果不相匹配，则价值系数低的被选为价值工程的研究对象。这种方法还可用来进行功能评价和方案评价。强制确定法的应用步骤如下：

（1）将构成产品的零部件顺序排列出来。

（2）将各零部件逐一进行比较、打分，重要的多得分，不重要的少得分或不得分。

（3）将每个零部件所得的分数除以各零部件的总和分数，求出每个零部件的功能评价系数，见式（10-2）。

$$\text{功能评价系数} = \frac{\text{各零部件的功能得分}}{\text{全部零部件功能总得分}} \tag{10-2}$$

（4）将每个零部件的目前成本除以全部零部件的总目前成本，求出每个零部件的成本系数，见式（10-3）。

$$\text{成本系数} = \frac{\text{各零部件目前成本}}{\text{全部零部件目前成本之和}} \tag{10-3}$$

（5）将每个零部件功能评价系数除以成本系数，得出各零部件的价值系数，见式（10-4）。

$$\text{价值系数} = \frac{\text{功能评价系数}}{\text{成本系数}} \tag{10-4}$$

（6）当零部件价值系数小于1，即功能评价系数小于成本系数，说明该零部件不太重要，却占用了较多的目前成本；当零部件价值系数大于1，即功能评价系数大于成本系数，说明该零部件功能较为重要，花费的成本却并不多。对前者可考虑降低其成本，对后者可考虑优化其功能，进行改进。价值系数偏离1的程度越高，上述情况越显著，就越应当被选为价值工程的对象。而当价值系数等于1时，则表示该零部件的功能和成本匹配恰当。通常，对价值系数等于1或略大于、略小于1时的零部件都不选择作为价值工程的研究对象。

在对各零部件逐一进行比较、打分时，通常采用0-1打分法和0-4打分法两种方法。

1）0-1打分法：这种打分法是将零部件排列起来后，就其功能的重要性逐一进行相互比较，重要的得 1 分，不重要的得 0 分，为防止出现功能评价系数为 0 的情况，在汇总得分时统一加“1”予以修正。然后，将每个零部件所得的分数除以各零部件得分总和，求出各自的功能评价系数，见表 10-2。

表 10-2 0-1 打分法的功能评价系数计算表

零部件名称	A	B	C	D	E	F	G	H	得分	修正得分	功能评价系数
A	×	1	1	0	1	1	1	1	6	7	0.194
B	0	×	1	0	1	1	1	1	5	6	0.167
C	0	0	×	0	1	1	1	0	3	4	0.111
D	1	1	1	×	1	1	1	1	7	8	0.222
E	0	0	0	0	×	0	1	0	1	2	0.056
F	0	0	0	0	1	×	1	0	2	3	0.083
G	0	0	0	0	0	0	×	0	0	1	0.028
H	0	0	1	0	1	1	1	×	4	5	0.139
合计									28	36	1.000

功能评价系数的大小说明该零部件在全部零部件中的重要程度，系数越大越重要。对功能进行打分时应有 10 个人左右参加，这样可减少个体误差，使评出的结果更加符合实际情况。

0-1 打分法简单、易行、实用，应用的范围很广。但由于 0-1 打分法在对零部件重要性比较时只能给出“0、1”两种结果，而在实际应用中功能往往并不是非此即彼；同时，0-1 打分法中会出现某个零部件的得分为零，而这个零部件并不一定是没有存在的必要。为了克服这些不足，可采用 0-4 打分法。

2）0-4 打分法：0-4 打分法的使用规则与 0-1 打分法基本相同，只是在对零部件逐一进行比较时，将比较打分的距离拉大，即将重要程度融入了重要性比较中。若两个零部件的重要性相差很大，则重要的打 4 分，不重要的打 0 分；若两个零部件的重要性相差不是很大，则重要的打 3 分，不重要的打 1 分；若两个零部件的重要性无甚差别，则可分别打 2 分，见表 10-3。

表 10-3 0-4 打分法的功能评价系数计算表

零部件名称	A	B	C	D	E	得分	功能评价系数
A	×	4	2	3	0	9	0.225
B	0	×	1	2	2	5	0.125
C	2	3	×	0	3	8	0.200
D	1	2	4	×	4	11	0.275
E	4	2	1	0	×	7	0.175
合 计						40	1.000

0-4 打分法避免了 0-1 打分法造成的非此即彼、无法表示程度的不足，使得所确定的

零部件功能评价系数及其价值系数能够更加接近实际。对于更加复杂的零部件功能评价系数和价值系数的求取，有时可依 0-4 打分法的规则加以扩充，采用多比例打分法。

10.3.2.4 百分比法

百分比法是通过分析产品对两个或两个以上经济指标的影响程度（百分比）来确定价值工程对象的方法。

【例 10-1】 某金属结构制品公司有 6 种产品，它们各自的年成本和年利润占公司年总成本和年利润总额的百分比见表 10-4。目前公司急需提高利润水平，试确定可能的价值工程对象。

【解】 该公司各产品成本和利润百分比计算结果见表 10-4。由表 10-4 可见，产品 D 的成本占年总成本的 17.3%，而其利润仅占年利润总额的 6.6%，显然产品 D 应作为价值工程的重点分析对象。

表 10-4 某企业各产品成本和利润的百分比

产品种类	A	B	C	D	E	F	合计
各产品年成本/万元	565	65	35	160	55	45	925
各产品年成本占年总成本的百分比/%	61.1	7.0	3.8	17.3	5.9	4.9	100
各产品年利润/万元	185	25	15	20	35	25	305
各产品年利润占年利润总额的百分比/%	60.6	8.2	4.9	6.6	11.5	8.2	100
各产品年利润百分比/年成本百分比	0.99	1.17	1.29	0.38	1.95	1.67	
价值工程对象选择的排序	2	3	4	1	6	5	

百分比法的优点是，当企业在一定时期要提高某些经济指标且拟选择对象数目不多时，表现出较强的针对性和有效性。缺点是不够系统和全面，有时为了更全面、更综合地选择对象，百分比法可与经验分析法结合使用。

10.3.2.5 价值指数法

价值指数法又称同量纲价值比较法，是在产品成本已经确定的情况下，将一个产品的零部件或工程结构的组成部分功能定量化，计算出每个零部件的价值，然后选择价值小的零部件作为价值工程分析对象。

功能定量化有许多方法，其中之一是产品功能的参数化，即用某个主要的、具有一定量纲的产品功能参数定量表示功能水平的高低。将功能参数化后计算出具有一定量纲的价值指数。如单位成本载重量、单位成本容量、单位成本功率、单位成本建筑面积等。一定量纲的价值指数计算公式见式（10-5）。

$$价值指数=\frac{产品某个主要功能参数}{产品成本} \tag{10-5}$$

价值指数法的应用包括以下几个步骤：

（1）把同类产品的功能参数值由小到大排序；

（2）计算各产品的价值指数；

（3）观察同量纲价值指数的数值是否随产品功能参数值递增而递增；

（4）将价值指数与功能参数值不相适应的产品选为价值工程改善对象。

【例 10-2】 某建筑机械厂生产三种型号的混凝土搅拌机，各种型号混凝土搅拌机的主要功能参数、生产成本见表 10-5。要求应用价值指数法找出价值工程的重点研究对象。

表 10-5 混凝土搅拌机的主要功能参数和生产成本

产品型号	甲搅拌机	乙搅拌机	丙搅拌机
功能参数 /$m^3 \cdot h^{-1}$	5	7	12
生产成本/万元	0.65	0.85	2.25

【解】 根据式（10-5）计算各型号搅拌机的价值指数，见表 10-6。

表 10-6 混凝土搅拌机的价值指数

产品型号	甲搅拌机	乙搅拌机	丙搅拌机
价值指数/$m^3 \cdot h^{-1} \cdot 万元^{-1}$	7.692	8.235	5.333

由表 10−6 可以看出，甲型和乙型混凝土搅拌机的价值指数随着功能参数值递增而递增，属正常；而丙型混凝土搅拌机的价值指数却随着功能参数值递增而减少，表明丙型混凝土搅拌机的价值指数与功能参数值不相适应，应把丙型混凝土搅拌机作为价值工程的研究对象，找出其存在的问题，提高其价值。

价值指数法一般适用于产品功能可以定量化，功能单一，产品结构和生产特点具有可比性的系列产品的对象选择。

10.3.3 信息资料收集

当价值工程活动的对象选定之后，就要进一步开展收集信息资料的工作，这是价值工程不可缺少的重要环节。通过资料、信息的收集、整理和汇总、分析，使人们开阔思路，发现差距，掌握依据，开拓创新，使价值工程活动加快速度、提高效率、减少费用、增大收益。

10.3.3.1 信息资料收集的要点

（1）信息资料收集要广泛。应掌握全面的信息，以便从全局去观察、研究和分析问题，避免得出片面的结论。同时要注重所收集的信息资料应是可靠无误的。

（2）收集信息资料的目的必须明确，力求避免盲目性。

（3）收集信息资料前，要了解对象和明确范围，只有对对象的功能及寿命周期有足够的了解，才能透过现象弄清本质，与用户的真正要求作比较，有效地进行研究分析。

（4）要注意时间的重要性，错过时机无可挽回，因而收集信息要及时，才能适应国民经济迅速发展、市场需求瞬息万变、竞争日趋激烈的需要。

10.3.3.2 信息资料收集的内容

价值工程所需的信息资料应视具体情况而定。对于一般工程产品（或作业）分析来说，应收集以下几方面的信息资料：

（1）用户方面的信息资料。如用户性质、经济能力；使用产品的目的、使用环境、使用条件；所要求的功能和性能；对产品外观要求；对产品价格、交货期、构配件供应、技术服务等方面的要求等。用户方面的信息资料对价值改善具有导向性作用，是产品设计的基本依据。

（2）市场方面的信息资料。如产品销售的市场范围及其发展趋势；产品销售数量的演变及其原由；国家需求计划与市场需求预测；产品的技术现状及其发展的可能；竞争对手的技术经济现状及其未来发展趋势；竞争对手的主要特性与问题；名牌产品的优势与特色；各家的产量、销量以及售后服务等。市场方面的信息资料对价值改善具有指导性作用，是确定产品设计目标的重要基础。

（3）技术方面的信息资料。如有关的科研成果及其应用情况；新结构、新材料、新工艺的现状及其发展；标准化的具体要求及其存在问题；国内外同类产品的开发与研究方向；产品设计的主要功能标准与其相关要求；产品的结构原理及零部件配合的先进程度；材料价格、尺寸、精度；产品造型的适时程度及其体积、重量、色泽的发展趋向等。技术方面的信息资料对价值改善具有方向性作用，是改进设计的主要来源。

（4）成本方面的信息资料。同类企业的生产成本、使用成本；主要原材料、能源费用的构成情况及其变化趋势；车间经费、企业管理费等有关资料；产品及其组件等历史资料中的最低成本；供料企业成本的变动，必将引起供应材料价格的变动。具体包括原材料、燃料生产企业的各种成本的现状；各历史时期的发展变化状况；未来发展的趋势与可能等。成本方面的信息资料，对价值改善具有参考性作用，是确定成本目标的参照系统。

（5）本企业的基本资料。包括企业的内部供应、生产组织，以及产品成本等方面的资料，如生产批量、生产能力、施工方法、工艺装备、生产节拍、检验方法、废次品率、运输方式等。本企业的基本资料对价值改善具有条件性作用，是产品开发的可能性依据。

（6）环境保护方面的信息资料。包括环境保护的现状，“三废”状况，处理方法和国家法规标准；改善环境和劳动条件，减少粉尘、有害气体和气体外泄，减少噪声污染，减轻劳动强度，保障人身安全等相关信息等。环境保护方面的信息资料，对改善价值具有前提性的作用，它是产品研发必须确保的要求。

（7）外协方面的信息资料。如产品开发、设计所涉及的原材料、辅助材料、半成品、外协件的品种、规格、数量、质量以及订货的难易程度；供应与协作企业地区分布、距离、交通运输、联络的难易程度；企业的经营管理水平、质量、价格、信誉情况；企业的长远发展趋势与可靠性状况等。外协方面的信息资料，对改善价值具有制约作用，它是产品开发设计必须考虑的外界因素。

（8）国家与社会有关部门的法规、条例等方面的信息资料。如国家的新经济政策，有关产品的优惠政策，国家有关部门的技术政策、能源政策，有关部门的对外贸易，技术引进，以及环保方面的法令规定等。这些都对价值工程的研究起着规定性的作用。

10.4 功能分析与评价

10.4.1 功能分析

功能分析是价值工程的核心内容，包括功能分类、功能定义和功能整理。功能分析的目的在于准确掌握使用者要求的功能及水平。通过对产品的功能进行分析，不仅使生产成本评价有客观依据，还可以发现哪些功能是不必要的，哪些功能是过剩的，哪些功能是不足的。从而在改进方案中，去掉不必要的功能，减少过剩的功能，补充、提高不足的功能，使产品有一个合理的、平衡的功能结构，以实现以最低的寿命周期成本创造必要功能的目的。

10.4.1.1 功能分类

功能分类是指确定功能的类型和重要程度。为了弄清功能的定义，根据功能的不同特性，可以先将功能分为以下几类：

（1）按功能的重要程度分类，产品的功能一般可分为基本功能和辅助功能。基本功能是与产品的主要目的直接有关的功能，是决定产品性质和存在的基本因素，如果不具备这种功能，这种产品就失去其存在的价值。例如承重外墙的基本功能是承受荷载，室内间隔墙的基本功能是分隔空间。辅助功能是为了更有效地实现基本功能而附加的功能，是次要功能。如墙体的隔声、隔热就是墙体的辅助功能。

（2）按功能的性质分类，可分为使用功能和美学功能。使用功能是指对象所具有的与技术经济用途直接有关的功能，可反映其使用属性（包括可用性、可靠性、安全性、易维修性等），如住宅的使用功能是提供人们“居住的空间功能”，桥梁的使用功能是交通，使用功能最容易为用户所了解。而美学功能是指与使用者的精神感觉、主观意识有关的功能，是从产品外观（造型、形状、色彩、图案等）反映功能的艺术属性。产品的使用功能和美学功能往往是兼而有之，都是通过基本功能和辅助功能来实现的，但根据用途和消费者的要求不同而有所侧重。如地下电缆、地下管道、设备基础等主要是使用功能，墙纸、装饰品等主要是美学功能。

（3）按用户的需求分类，可以分为必要功能和不必要功能。必要功能是指用户所要求的功能以及与实现用户所需求功能有关的功能，使用功能、美学功能、基本功能、辅助功能等均为必要功能；不必要功能是指对象所具有的、不符合用户要求的功能，包括多余功能、重复功能和过剩功能。不必要的功能必然产生不必要的费用，这不仅增加了用户的经济负担，而且还浪费资源。因此，价值工程的功能，一般是指必要功能，即充分满足用户必不可少的功能要求。

（4）按功能的量化标准分类，可分为过剩功能与不足功能。过剩功能是指某些功能虽属必要，但满足需要有余，在数量上超过了用户要求或标准功能水平，这将导致成本增加，给用户造成不合理的负担。不足功能是相对于过剩功能而言的，表现为产品整体功能或构配件功能水平在数量上低于标准功能水平，不能完全满足用户需要，这将影响产品正常安全使用，最终也将给用户造成不合理的负担。因此，不足功能和过剩功能需作为价值工程研究的对象，通过设计改进和完善。

（5）按总体与局部分类，可分为总体功能和局部功能。总体功能和局部功能是目的与手段的关系，产品各局部功能是实现产品总体功能的基础，而产品的总体功能又是产品各局部功能要达到的目的。

（6）按功能整理的逻辑关系分类，可以分为并列功能和上下位功能。并列功能是指产品功能之间属于并列关系，如住宅必须具有遮风、避雨、保温、隔热、采光、通风、隔声、防潮、防火、防震等功能，这些功能之间是属于并列关系的。上下位功能也是目的与手段的关系，上位功能是目的性功能，下位功能是实现上位功能的手段性功能。如住宅的最基本功能是居住，是上位功能；而上述所列的并列功能则是实现居住目的所必需的下位功能。但上下位关系是相对的，如为达到居住的目的必须通风，则居住是目的，是上位功能；通风是手段，是下位功能。而为了通风必须组织自然通风，则通风又是目的，是上位功能；组织自然通风是手段，是下位功能。

10.4.1.2 功能定义

功能定义是根据收集到的信息资料，透过对象产品或构配件的物理性质（或现象），找出其效用或功用的本质内容，并逐项加以区分和规定，以简洁的语言描述出来。功能定义的过程就是解剖分析的过程，如图 10-4 所示。

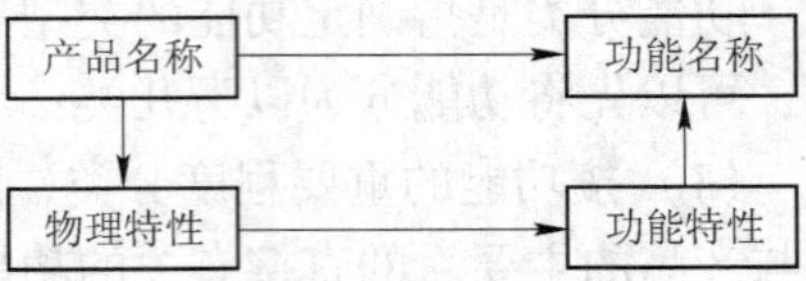

图 10-4 功能定义的过程

功能定义有以下几方面的目的：

（1）明确用户需求的实质，以便对功能进行改善或重新设计，或以更低的成本实现原有功能；

（2）便于建立描述产品整体及其各组成部分功能的功能系统图；

（3）便于寻求实现同一功能的替代方案；

（4）便于功能价值测定与评价。

10.4.1.3 功能整理

产品对象往往具有多种功能，这些功能之间都是互相配合、互相联系的，为实现产品的整体功能而发挥各自的作用。因此，功能整理是用系统的观点将已经定义了的功能加以系统化，找出各局部功能相互之间的逻辑关系是并列关系还是上下位关系，并用功能系统图来表达，如图 10-5 所示。

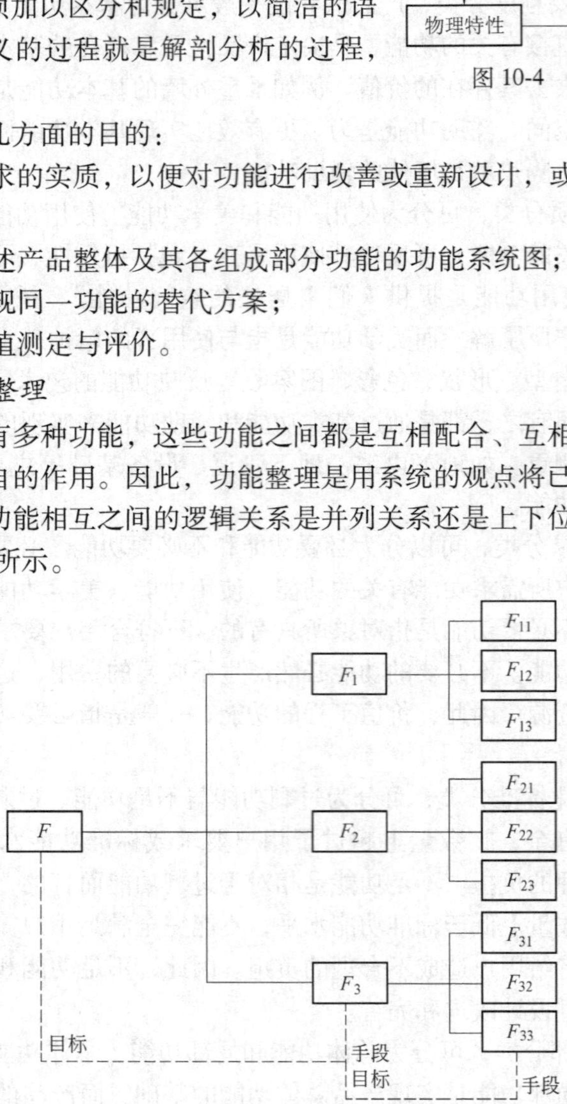

图 10-5 功能系统图

功能系统图中，从整体功能 F 开始，由左向右逐级展开，在位于不同级的相邻两个功能之间，左边的功能（上级）是右边功能（下级）的目标，而右边的功能（下级）则是左边功能（上级）的手段。功能整理的目的有以下 4 个方面：

（1）确认必要功能。按照目的和手段的关系，把各个功能编制成功能系统图，以明确用什么样的措施来实现用户所要求的必要功能。

（2）判明不必要功能。按照每一目的功能去寻找实现它的手段，那么所有的手段功能都应该有自己存在的明确目的。但在寻找手段功能的过程中，可能会发现一些没有目的或目的不明确的功能。认真分析这些功能是否为真正没有目的的功能，如果确实如此，这个功能就是不必要功能，承担这个功能的部件或零件也就没有存在的理由了。由此可以得出取消这些多余零部件的方案。这是功能整理的重要目的。

（3）补充手段功能。在功能定性分析中，对某些缺少手段的目的功能可根据实际需要进行必要的手段补充。

（4）为定量分析提供依据。功能系统分析的最终步骤是定量分析，没有定性分析所提供的反映各单项功能之间的系统图为基础，也就无法进行定量分析。

10.4.2　功能评价

功能评价是在功能定义和功能整理的基础上，在已定性分析问题的基础上进一步作定量的确定，即评定功能的价值。功能价值 V 的计算方法可以分为两大类，即功能成本法与功能指数法。

10.4.2.1　功能成本法

价值工程的成本有两种：一种是现实成本，是指目前的实际成本；另一种是目标成本。功能评价就是找出实现功能的最低费用，作为功能的目标成本，以功能目标成本为基准，通过与功能现实成本的比较，求出两者的比值（功能价值）和两者的差异值（改善期望值），然后选择功能价值低、改善期望值大的功能作为价值工程活动的重点对象。按照功能成本法第 i 个评价对象的价值系数计算见式（10-6）。

$$V_i = \frac{F_i}{C_i} \tag{10-6}$$

式中　V_i ——第 i 个评价对象的价值系数；

F_i ——第 i 个评价对象的功能评价值（目标成本）；

C_i ——第 i 个评价对象的现实成本。

从式（10-6）可知，计算功能价值 V_i 需要计算目标成本 F_i 和现实成本 C_i 。现实成本 C_i 需要根据传统的成本核算资料，将产品或构配件在生产中发生的实际费用值换算成功能的现实成本。而功能评价值 F_i ，即目标成本，是指可靠地实现用户要求功能的最低成本。这个最低费用总是存在的，它可以理解为是企业有把握，或者说应该达到的实现用户要求功能的最低成本。

【例 10-3】　某项目施工方案 A 的生产成本为 500 万元；在相同条件下，其他项目生产成本为 450 万元。如果施工方案 B 花费 450 万元能完成该项目施工，试分析 A、B 两方案的功能价值。

【解】　施工方案 A 的功能评价值：450 万元

施工方案 A 的现实成本：500 万元

根据式（10-6）计算，施工方案 A 的价值系数：450/500＝0.9

施工方案 B 的功能评价值：450 万元

施工方案 B 的现实成本：450 万元

根据式（10-6）计算，施工方案 B 的价值系数：450/450=1

从计算可知，施工方案 B 更合理。因为，最恰当的价值系数应该为 1，即满足用户要求的功能最理想最值得的投入与实际投入相一致。

实际应用中，功能的价值系数有以下几种结果：

（1）$V_i=1$，此时 $C_i=F_i$，即实现功能的现实成本与目标成本大致相当，功能与成本对应得较为合理，说明评价对象的价值为最佳，一般无须改进。

（2）$V_i<1$，此时 $C_i>F_i$，即实现功能的现实成本大于功能评价值。表明评价对象的现实成本偏高，而功能要求不高，一种可能是存在过剩的功能；另一种可能是功能虽无过剩，但实现功能的条件或方法不佳，以致使实现功能的成本大于功能的实际需要，必须改进，可以降低功能的实际成本，提高价值。

（3）$V_i>1$，此时 $C_i<F_i$，对此，首先应检查功能评价值是否定得合理，若是功能评价值定得太高，则应适当降低；若是功能评价值较合理，说明该评价对象的功能比较重要，但分配的成本较少，则应具体分析。大致有以下几种可能：一是功能与成本分配已较理想，产品本身有特殊情况，此时无须改进；二是存在不必要的功能；三是现实成本过低，应提高成本。后两种情况应该改进。

（4）$V_i=0$，特别情况，只有分子为 0，或者分母为∞，才会出现。但根据功能评价值的定义，分子不应为 0，而分母也不会为∞。此时，要进一步分析，如果是不必要的功能，则取消该项评价对象；但如果是最不重要的必要功能，要根据实际情况处理。

10.4.2.2 功能指数法

功能指数法，即将强制确定法用于功能评价，这里比较的是功能。具体步骤见前述价值指数法的应用。

一般说来，一个研究对象可能承担多种功能，一个功能也可能由多个对象共同来完成。因此，在计算功能成本时，就需要将产品或零部件的成本根据具体情况分摊给各项有关功能。

功能评价的过程是一个量化的过程。我们可以将概念公式 $V=F/C$ 应用到每一个具体的功能上，以对象的功能为单位。具体说，当一个构配件只具有一个功能时，该构配件的成本就是它本身的功能成本；当一项功能要由多个构配件的功能实现或同时与多个构配件功能有关时，就需要将构配件成本分摊给各项有关功能，分摊的办法和分摊的比例，可根据具体情况决定。

10.4.2.3 确定价值工程对象的改进范围

从以上分析可以看出，对产品进行价值分析，就是要使产品每个构配件的价值系数尽可能趋近于 1。为此，确定价值工程的改进对象是：

（1）F/C 值低的功能。计算出来的 $V<1$ 的功能区域，基本上都应该进行改进，特别是 V 值比 1 小得较多的功能区域，力求使 $V=1$。

（2）$\Delta C=(C-F)$ 值大的功能。ΔC 是成本降低期望值，也是成本应降低的绝对值。当 n 个功能区域的价值系数同样低时，就要优先选择 ΔC 数值大的功能区域作为重点对象。

（3）复杂的功能。复杂的功能区域，说明其功能是通过很多构配件（或作业）来实现的，通常复杂的功能区域其价值系数也较低。

（4）问题多的功能。尽管在功能系统图上的任何一级改进都可以到达提高价值的目的，但是改进的多少、取得效果的大小却是不同的。越接近功能系统图的末端，改进的余地越小，越只能作结构上的小变动；相反，越接近功能系统图的前端，功能改进的余地就可以越大，就越有可能作原理上的改变，从而带来显著效益。

【例 10-4】 已知价值工程对象的 8 个主要功能为 F_1、F_2、F_3、F_4、F_5、F_6、F_7、F_8，现组织专家 1、2、3、4、5 参加评选，试确定这些功能被考虑作为重点改进对象的顺序。

【解】 (1)采用 0-1 打分法，专家 1 对各评价对象的重要性评价结果见表 10-7。

表 10-7 0-1 打分法专家评分表

评价对象	G_1	G_2	G_3	G_4	G_5	G_6	G_7	G_8	合计
G_1	×	1	1	0	1	1	1	1	6
G_2	0	×	1	0	1	1	1	1	5
G_3	0	0	×	0	1	1	1	0	3
G_4	1	1	1	×	1	1	1	1	7
G_5	0	0	0	0	×	0	1	0	1
G_6	0	0	0	0	1	×	1	0	2
G_7	0	0	0	0	0	0	×	0	0
G_8	0	0	1	0	1	1	1	×	4

（2）同样可以得到其余 4 位专家的评分结果，求出功能评价系数 F_i 见表 10-8。

表 10-8 0-1 打分法功能评价系数计算表（5 位专家综合）

评价对象	专家评分值						功能评价系数 F_i
	专家 1	专家 2	专家 3	专家 4	专家 5	合计	
G_1	6	6	4	5	5	26	0.186
G_2	5	4	5	4	5	23	0.164
G_3	3	3	3	4	3	16	0.114
G_4	7	6	6	6	6	31	0.222
G_5	1	2	2	1	2	8	0.057
G_6	2	3	4	3	2	14	0.100
G_7	0	0	0	0	1	1	0.007
G_8	4	4	4	5	4	21	0.150
合计						140	1.000

注：考虑到每个专家打分不易出现某一功能得分均为 0 的现象，此处 0-1 打分法未做修正。

（3）确定成本系数 C_i，见表 10-9。

表 10-9 成本系数计算表

评价对象	成 本	成本系数 C_i
G_1	1828	0.253
G_2	3000	0.416
G_3	285	0.040
G_4	284	0.039
G_5	612	0.085
G_6	407	0.056
G_7	82	0.011
G_8	720	0.100
合计	7218	1.000

（4）计算价值系数 V_i，见表 10-10。

表 10-10 价值系数计算表

评价对象	功能评价系数 F_i	成本系数 C_i	价值系数 V_i
G_1	0.186	0.253	0.74
G_2	0.164	0.416	0.39
G_3	0.114	0.040	2.85
G_4	0.222	0.039	5.69
G_5	0.057	0.085	0.67
G_6	0.100	0.056	1.79
G_7	0.007	0.011	0.64
G_8	0.150	0.100	1.50
合计	1.000	1.000	

（5）根据价值系数选择改进对象，首先选择价值系数小的作为优先改正对象。

$V_i<1$，说明该功能不大重要，却占用了较多的现实成本，考虑节约成本，应首先选择；

$V_i>1$，说明该功能较为重要，花费的成本却并不多，一般不选择；若 V_i 很大，应分析成本不足的情况；

$V_i=1$，说明该功能和成本匹配恰当，不选为改进对象。

因此，8 个功能被考虑作为重点改进对象的顺序是：$G_2 \rightarrow G_7 \rightarrow G_5 \rightarrow G_1 \rightarrow G_4 \rightarrow G_3 \rightarrow G_6 \rightarrow G_8$。

10.5 方案创新与评价

为了提高对象的功能价值，达到有效地利用资源，需要寻求或构思最佳推荐方案，这一过程就是方案的创新过程。价值工程活动能否取得成功，关键是在正确的功能分析和评价的基础上能否提出可靠地实现必要功能的新方案。当提出尽可能多的提高价值的设想方案后，需要对众多的设想方案进行评价、优选和实施。

10.5.1 方法创新

方案创新的理论依据是功能载体具有替代性。方案的创新通常可选用下列方法：

（1）头脑风暴法（brainstorming，简称 BS 法）。这种方法是以开小组会的方式进行。具体做法是事先通知议题，开会时要求应邀参加会议的各方面专业人员在会上自由奔放地思考，提出不同的方案，多多益善。但不评价别人的方案，并且希望与会者在别人建议方案的基础上进行改进，提出新的方案。

（2）模糊目标法（gordon method）。这种方法是美国人哥顿在 20 世纪 60 年代提出来的，所以也称哥顿法。其特点是与会人员会前不知道议题，在开会讨论时也只是抽象地讨论，不接触具体的实质性问题，以免束缚与会人员的思想。待讨论到一定程度以后才把中心议题提出来，以作进一步研究。

（3）专家意见法（Delphi method）。这种方法不采用开会的形式，而是由主管人员或部门把已构思的方案以信函的方式分发给有关的专业人员，征询他们的意见，然后将意见汇总，统计和整理之后再分发下去，希望再次补充修改，如此反复若干次，把原来比较分散的意见作集中处理，最后确定推荐方案。

（4）专家检查法。这个方法不是靠大家想办法，而是由主管设计的工程师做出设计，提出完成所需要功能的办法和生产工艺，然后顺序请各方面的专家（材料方面的、生产工艺方面的、工艺装备方面的、成本管理方面的、使用方面的，等等）审查。根据审查结果，不断提出优化建议，不断完善创新方案。这种方法先由熟悉的人进行审查，可以提高效率。

10.5.2 方案评价

方案创新过程中，提案人从不同的角度，采用不同的方法，提出了多种设想和方案，对此要先进行概略评价，去掉一部分价值低的方案，留下可提高价值的方案进一步使之具体化。在方案具体化过程中，要把功能系统和产品结构系统联系起来考虑，既要考虑各部分的结构设想方案，又要考虑能否实现其各项功能，还要研究相互间的关系，使之能够较好地相互配合和协调，在总体结构系统中保证各种功能得以实现。

方案评价是在方案创造的基础上对新构思方案在技术、经济和社会效果等几方面进行的评估，以便选择最佳方案。方案评价分为概略评价和详细评价两个阶段。

（1）概略评价是对已创造出来的方案从技术、经济和社会三个方面进行初步研究。其目的是在众多的方案中进行粗略的筛选，减少详细评价的工作量，使精力集中于优秀方案的评价。

（2）详细评价是对概略评价所得的比较抽象的方案进行调查和收集信息资料，使其在材料、结构、功能等方面进一步具体化，然后对它们作最后的审查和评价。

（3）方案概略评价和详细评价都包括技术评价、经济评价、社会评价和综合评价。

1）技术评价围绕功能进行，内容是评价方案能否实现必要功能及实现程度，包括功能实现程度（性能、质量、寿命等）、可靠性、可维修性、安全性、与环境的协调性等。技术评价的主要方法有评分法和功能加权法等，必要时，为检验方案是否可行和取得实际技术资料，还可以采用计算机模拟、试验等方法。

2）经济评价围绕经济效果进行，内容是以成本为代表的经济可行性，包括节省的费用、对企业或公众产生的效益，同时还应考虑产品的市场情况、产品的适用期限等。经济评价方法主要有总额法和差额法、机会成本法、变动成本法、盈亏分析法等。

3）社会评价围绕社会效果进行，内容是方案对社会的影响。

4）环境评价围绕环境效果进行，内容是方案对环境的影响，如污染、噪声、能源消耗等。

5）综合评价是在技术评价、经济评价、社会评价和环境评价的基础上进行的，目标是选出最佳方案。具体的方法包括优缺点列举法、评分法、加权评分法、线性规划法、层次分析法等。

方案评价的过程如图 10-6 所示。

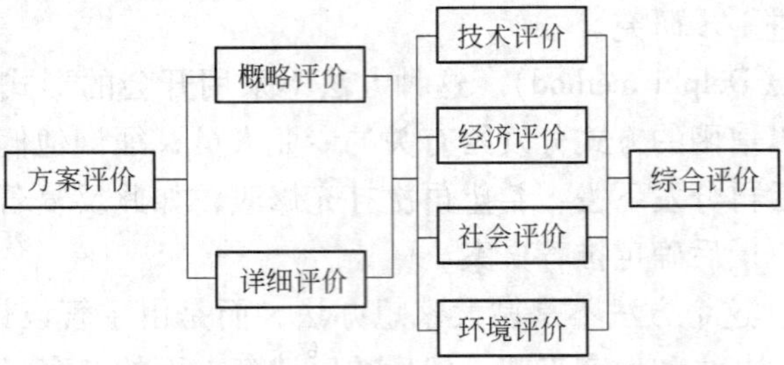

图 10-6 方案评价内容结构

10.6 价值工程应用

10.6.1 价值工程应用案例——设计方案的选择和优化

【案例 1】 某建筑设计研究院承担设计的工程种类较多，表 10-11 是该院近 3 年各种建筑设计项目类别统计表。从表 10-11 中可以看出住宅项目所占比重最大，因此将住宅项目作为价值工程的主要研究对象。

表 10-11 各类建筑设计项目比重统计

工程类别	比重/%	工程类别	比重/%	工程类别	比重/%
住宅	25.19	实验楼	3.87	体育建筑	1.89
综合楼	6.86	宾馆	3.10	影剧院	1.85
办公楼	9.35	招待所	2.95	仓库	1.42
教学楼	5.26	图书馆	2.55	医院	1.31
车间	5.24	商业楼	2.10	其他 38 类	27.06

（1）信息资料的收集。

1）通过工程回访，收集广大用户对住宅的使用意见；

2）通过对不同地质情况和基础形式的住宅进行定期的沉降观测，获取地基方面的第一手资料；

3）跟施工单位座谈，了解有关住宅施工方面的情况；

4）收集有关住宅建设的新工艺及新材料的性能、价格和使用效果等方面的情报；

5）分地区按不同地质情况、基础形式和类型标准统计分析近年来住宅建筑的各种技术经济指标。

（2）功能分析。由设计、施工及建设单位的有关人员组成价值工程研究小组，共同对住宅的10个方面功能进行定义、整理和评价分析：①平面布置；②采光、通风、保温、隔热、隔声等；③层高与层数；④牢固耐用；⑤三防设施（防火、防震和防空）；⑥建筑造型；⑦室外装修；⑧室内装饰；⑨环境设计；⑩技术参数。

在功能分析中，用户、设计人员、施工人员以百分制形式分别对各功能进行评分，即假设以上10项功能合计为100分，分别确定各项功能在总体功能中所占比例，然后将用户、设计人员、施工人员的评分意见进行综合，三者的权重分别为60%、30%、10%。经整理后，各功能重要性评价系数见表10-12。

表10-12　各功能重要性评价系数

功能		用户评分		设计人员评分		施工人员评分		各功能重要性评价系数
		得分 f_1	60%f_1	得分 f_2	30%f_2	得分 f_3	10%f_3	
适用	平面布置	37.25	22.350	31.63	9.489	33.25	3.325	0.3516
	采光通风	17.38	10.428	14.38	4.314	15.5	1.55	0.1629
	层高层数	2.88	1.728	4.52	1.356	2.85	0.285	0.0337
安全	牢固耐用	19.15	11.490	14.25	4.275	21.63	2.163	0.1793
	三防设施	5.47	3.282	5.75	1.725	2.88	0.288	0.0530
美观	建筑造型	4.25	2.550	6.87	2.061	5.3	0.53	0.0514
	室外装修	6.12	3.672	5.5	1.65	4.97	0.497	0.0582
	室内装修	2.75	1.650	6.24	1.872	5.89	0.589	0.0411
其他	环境设计	3.23	1.938	8.1	2.43	5.51	0.551	0.0492
	技术参数	1.52	0.912	2.76	0.828	2.22	0.222	0.0196
合计		100	60	100	30	100	10	1

（3）方案设计与评价。在某住宅小区设计中，地质勘察报告表明该地块的地质条件较差，上部覆盖层较薄，地下淤泥较深。根据收集的资料以及上述功能评价系数的分析结果，价值工程研究小组集思广益，创造设计10余个方案。在采用优缺点列举法进行定性分析筛选后，对所保留的5个较优方案进行定量评价优选，表10-13列出各备选方案的特点及成本系数；表10-14列出各备选方案的功能得分。

表10-13　各备选方案的成本及成本系数

方案	主要特征	单方造价/元	各方案成本系数
A	7层混合结构，层高3m，240内外砖墙，预制桩基础，半地下室存储间，外装修一般，内装饰好，室内设备较好	1180	0.2284

续表 10-13

方案	主 要 特 征	单方造价/元	各方案成本系数
B	7 层混合结构，层高 2.9m，240 内外砖墙，120 非承重内砖墙，条形基础（基地经过真空预压处理），外装修一般，内装饰好	920	0.1781
C	7 层混合结构，层高 3m，240 内外砖墙，沉管灌注桩基础，外装修一般，内装饰好，室内设备较好	1210	0.2342
D	5 层混合结构，层高 3m，空心砖内外砖墙，满堂基础，外装修及室内装一般，屋顶无水箱	906	0.1754
E	7 层混合结构，层高 3m，240 内外砖墙，120 非承重内砖墙，条形基础（基地经过真空预压处理），外装修一般，内装饰好	950	0.1839
合 计		5166	1

注：各方案的建筑面积相同。

表 10-14 各备选方案的功能评分

评价因素		各方案功能评分值				
功能因素	各功能重要性系数	方案 A	方案 B	方案 C	方案 D	方案 E
平面布置	0.3516	10	10	9	9	10
采光通风	0.1629	10	9	10	10	9
层高层数	0.0337	9	8	10	9	9
牢固耐用	0.1793	10	10	9	8	10
三防设施	0.053	8	7	8	7	7
建筑造型	0.0514	9	8	9	7	6
室外装修	0.0582	6	6	6	6	6
室内装修	0.0411	10	8	8	6	6
环境设计	0.0492	9	8	8	8	8
技术参数	0.0196	8	10	10	2	10
各方案功能得分		9.4877	9.0945	8.8983	8.2905	8.9432

（4）计算价值系数，优选方案。表 10-15 列出各备选方案的价值系数。

表 10-15 各备选方案的价值系数

方 案	功能得分	功能评价系数	成本系数	价值系数	最优方案
A	9.4877	0.2122	0.2284	0.9290	
B	9.0945	0.2034	0.1781	1.1420	★
C	8.8983	0.1990	0.2342	0.8497	
D	8.2905	0.1854	0.1754	1.0571	
E	8.9432	0.2000	0.1839	1.0876	
合 计	44.7142	1	1	—	

由表 10-15 可知，方案 B 的价值系数最大，为最优方案。

【案例 2】 某市高新技术开发区有两幢科研楼和一幢综合楼，其设计方案对比项目如下：

A 方案：结构方案为大柱网框架轻质墙体系，采用预应力大跨度叠合楼板，墙体材料采用多孔砖及可拆装式分隔墙，窗户采用双框双层玻璃塑钢窗，面积利用系数为 93%，单方造价为 1438 元/m^2；

B 方案：结构方案同 A 方案，墙体采用内浇外砌，窗户采用单层普通玻璃塑钢窗，面积利用系数为 87%，单方造价为 1108 元/m^2；

C 方案：结构方案采用砖混结构体系，楼板采用预制板，墙体材料采用标准黏土砖，窗户采用单层普通玻璃塑钢窗，面积利用系数为 78%，单方造价为 1082 元/m^2。

设计方案功能要求和权重以及各方案的功能得分见表 10-16。

表 10-16 设计方案功能和权重及各方案的功能得分

功 能 要 求	功 能 权 重	各方案功能得分		
		方案 A	方案 B	方案 C
结构体系	0.25	10	10	8
模板类型	0.05	10	10	9
墙体材料	0.25	8	9	7
面积系数	0.35	9	8	7
窗户类型	0.10	9	7	8

问题：

（1）试应用价值工程方法选择最优设计方案。

（2）为控制工程造价和进一步降低费用，拟针对所选的最优设计方案的土建工程分部，以工程材料费为对象开展价值工程活动。将土建工程划分为四个功能项目，各功能项目评分值及其目前成本见表 10-17。按限额设计要求，目标成本额为 12170 万元。

表 10-17 土建工程各功能项目评分值及其目前成本

功 能 项 目	功 能 评 分	目前成本/万元
桩基工程	10	1520
地下室工程	11	1482
主体结构工程	35	4705
装饰工程	38	5105
合 计	94	12812

试分析各功能项目的目标成本及其可能降低的期望值，并确定功能改进顺序。

【解】 （1）分别计算各方案的功能评价系数、成本系数和价值指数，并根据价值指数选择最优方案。

1）计算各方案的功能评价系数，见表 10-18。

表 10-18 各方案的功能评价系数

功 能 项 目	功能权重	各方案功能加权得分		
		方案 A	方案 B	方案 C
结构体系	0.25	10×0.25=2.50	10×0.25=2.50	8×0.25=2.00

续表 10-18

功 能 项 目	功能权重	各方案功能加权得分		
		方案 A	方案 B	方案 C
模板类型	0.05	10×0.05=0.50	10×0.05=0.50	9×0.05=0.45
墙体材料	0.25	8×0.25=2.00	9×0.25=2.25	7×0.25=1.75
面积系数	0.35	9×0.35=3.15	8×0.35=2.80	7×0.35=2.45
窗户类型	0.10	9×0.10=0.90	7×0.10=0.70	8×0.10=0.80
合　计	1.00	9.05	8.75	7.45
功能评价系数		9.05/25.25=0.358	8.75/25.25=0.347	7.45/25.25=0.295

2）计算各方案的成本系数，见表 10-19。

表 10-19　各方案的成本系数

方　案	A	B	C	合计
单方造价/元·m^{-2}	1438	1108	1082	3628
成本系数	0.396	0.306	0.298	1.000

3）计算各方案的价值系数，见表 10-20。

表 10-20　各方案的价值系数

方　案	A	B	C
功能评价系数	0.358	0.347	0.295
成本系数	0.396	0.306	0.298
价值系数	0.904	1.134	0.990

由表 10-20 的计算结果可知，B 方案的价值系数最高，推荐为最优方案。

（2）根据表 10-17 的数据，分别计算桩基工程、地下室工程、主体结构工程和装饰工程的功能评价系数、成本系数和价值系数；再根据给定的总目标成本，按照功能评价系数分配总目标成本，计算各功能项目的目标成本；并由此计算现实成本与目标成本的差额，确定成本降低期望值。具体计算结果汇总见表 10-21。

表 10-21　各功能项目的目标成本及成本降低期望值

功 能 项 目	功能评分	功能评价系数	目前成本/万元	成本系数	价值系数	目标成本/万元	成本降低期望值/万元
桩基工程	10	0.1064	1520	0.1186	0.8971	1295	225
地下室工程	11	0.1170	1482	0.1157	1.0112	1424	58
主体结构工程	35	0.3723	4705	0.3672	1.0139	4531	174
装饰工程	38	0.4043	5105	0.3985	1.0146	4920	185
合　计	94	1.0000	12812	1.0000		12170	642

由表 10-21 的计算结果可知，桩基工程、地下室工程、主体结构工程和装饰工程等各

功能项目均应通过适当方式降低成本。根据成本降低期望值的大小，功能改进顺序依次为桩基工程⟶装饰工程⟶主体结构工程⟶地下室工程。

10.6.2 价值工程应用中应注意的问题

价值工程是一个简单、实用而灵活的技术经济分析技术和管理方法，在实际应用中要注意以下几个方面：

（1）价值工程活动的开展不仅需要掌握价值分析的方法，还需要运用有效的组织实施方法，包括如何组织、领导、参加这项研究，何时开展这项研究，用多少时间从事这项研究等。

（2）价值分析方法在实际应用中有很大的灵活性，可以根据具体应用的问题选择价值分析的全部过程或采用其汇总的某一方面的技术与思想。在方法上也可以灵活运用。按价值工程的思路，功能的重要性比重与实现其功能的最低费用（目标成本）的比重是匹配的（即其系数比值为1），因此功能评价系数和最低成本系数之间可以相互代替，即用功能系数将产品的目标成本分配到每个功能上，也可以用功能的目标成本作为功能评价值。

（3）前面所述的价值工程方法一般都是以功能为对象的分析过程，它在产品零件的功能比较单一（即功能与零部件之间的关系为“一对一”或“一对多”），且功能的目前成本比较容易确定时是比较适用的。而在产品各功能的目前成本难以确定，或者功能与零部件之间的关系为“多对多”的关系的情况下，直接以功能作为价值工程对象就比较困难，这时可以直接评估产品或各组成产品部件对产品功能总体的重要程度，将其作为其功能评价系数，或者各功能的功能评价系数按各零部件对该功能所起的作用程度分解到相应零部件上，从而得到各零部件的功能评价系数，再以这种相关的产品或零部件功能评价系数与其成本来确定价值工程对象。

（4）在价值工程活动开展过程中，一个容易犯的错误就是将价值工程与成本管理、成本控制相混淆，实际上成本的降低只是价值工程活动的一个可能结果而不是目标（有时恰恰相反，分析结果可能要增加成本），价值工程的过程是一个与产品设计过程密切联系的产品优化过程。

思考题及习题

10-1 什么是价值工程，价值工程的目的是什么？

10-2 价值工程的特点有哪些？

10-3 简述价值工程的产生与发展。

10-4 什么是寿命周期成本，价值工程的研究为什么要考虑寿命周期成本？

10-5 提高产品价值的途径有哪些？试举例说明。

10-6 价值工程的工作程序是怎样的，各阶段需要解决什么问题？

10-7 价值工程应用时，选择对象的原则有哪些，常用的方法有哪几种？

10-8 什么是功能，应如何进行分类？

10-9 功能整理的主要目的是什么？

10-10 什么是功能评价，如何确定价值工程对象的改进范围？

10-11 常用的方案创新的方法有哪些，方案评价有哪几个阶段？

10-12 结合自己的想法谈谈在应用价值工程的过程中应注意哪些问题？

10-13 某高速公路线路上一座钢筋混凝土桥梁，采用后张T梁工艺，人工费、机械费、材料费总计为2528万元，该桥梁各分项工程所占费用及百分比见表10-24。试用ABC分析法确定价值工程分析对象。

表10-24　钢筋混凝土桥梁各分项工程所占总费用及百分比

分项工程	代号	费用/万元	占总费用的百分比/%
钢筋混凝土灌注桩	A	590	21.76
联系梁	B	50	3.56
墩柱和墩台	C	200	9.49
后张T型梁	D	760	30.06
混凝土铺装层	E	200	7.91
桥面防水层	F	88	3.48
沥青混凝土铺装	G	640	23.74
合　计		2528	100

10-14 某项目有四个备选方案Ⅰ、Ⅱ、Ⅲ、Ⅳ，通过三个评价指标A、B、C对其进行技术评价，见表10-25。已知三个指标的性质不同，计量单位也不同，其重要性系数分别为0.4、0.35、0.25。试根据加权平均的方法对4个方案计算功能评价系数。

表10-25　各方案评价指标得分情况表

评价指标	评分等级	评价标准	各方案得分			
			方案Ⅰ	方案Ⅱ	方案Ⅲ	方案Ⅳ
A（0.4）	（1）	40	40			
	（2）	30		30	30	
	（3）	20				20
	（4）	10				
B（0.35）	（1）	20		20		
	（2）	15			15	
	（3）	10	10			10
C（0.25）	（1）	10		10		10
	（2）	5	5		5	

10-15 某产品有A、B、C、D四个零部件，其功能重要性关系为：B>A>C>D，已知各零部件成本分别为：A=100元，B=160元，C=90元，D=50元，试用0-1评分法进行评分，并应用价值系数法选择该产品中价值工程工作的对象。（计算结果保留两位小数）

10-16 某产品由5个零件构成，各零件的成本及零件重要性评分见表10-26。产品目前成本为15元，要想通过价值工程技术使成本下降至10元，试求该产品各零件的功能评价系数、成本系数、价值系数，并确定价值工程的重点对象。

表10-26　各零件成本及重要性评分表

零件名称	A	B	C	D	E
目前成本/元	3	2	4	1	5
重要性评分	2	2	1	2	3

10-17 某多层住宅工程，结构为钢筋混凝土框架，材料费、机械费、人工费总计为2163578.00元，建筑面积为1691.73m^2，各分部工程所占费用见表10-27，根据0-1打分法的功能得分情况见表10-28。要求计算各分部工程的功能评价系数、成本系数及价值系数，并填入表10-28。

表10-27 住宅工程各分部工程费用

分部工程	代 号	费用/元
基础工程	A	290130.00
墙体工程	B	419095.00
框架工程	C	752499.00
楼地面工程	D	103460.00
装饰工程	E	205715.00
门窗工程	F	337773.00
其他工程	G	54906.00
总 计		2163578.00

表10-28 0-1打分法得分情况及系数计算

分部工程代号	0-1打分法得分情况							合计	功能评价系数f_i	成本系数c_i	价值系数v_i
	A	B	C	D	E	F	G				
A	×	1	0	1	1	1	1	5			
B	0	×	0	1	1	1	1	4			
C	1	1	×	1	1	1	1	6			
D	0	0	0	×	1	0	1	2			
E	0	0	0	0	×	0	1	1			
F	0	0	0	1	1	×	0	2			
G	0	0	0	0	0	1	×	1			
合 计								21			

参考文献

[1] 邵颖红，黄渝祥．工程经济学［M］.4 版．上海：同济大学出版社，2009.

[2] 王克强，王洪卫，等．工程经济学［M］．上海：上海财经大学出版社，2014.

[3] 范钦满．工程经济学［M］．北京：国防工业出版社，2013.

[4] 肖跃军．工程经济学［M］．徐州：中国矿业大学出版社，2012.

[5] 蒋丽波，杨会云，等．工程经济学［M］．西安：西北工业大学出版社，2012.

[6] 王恩茂．工程经济学［M］．北京：科学出版社，2010.

[7] 全国造价工程师执业资格考试教材编审委员会．建设工程造价管理［M］．北京：中国计划出版社，2014.

[8] 全国一级建造师执业资格考试用书编写委员会．建设工程经济［M］.4 版．北京：中国建筑工业出版社，2014.

[9] 徐蓉．工程造价管理［M］.2 版．上海：同济大学出版社，2010.

[10] 全国造价工程师执业资格考试教材编审委员会．建设工程计价［M］．北京：中国计划出版社，2014.

[11] 马楠．建设工程造价管理［M］．2 版．北京：清华大学出版社，2012.

[12] 陈建国，高显义．工程计量与造价管理［M］．上海：同济大学出版社，2007.

[13] 廖天平，何永萍．建筑工程造价管理［M］．重庆：重庆大学出版社，2008.

[14] 王东升，杨彬．工程造价管理与控制［M］．徐州：中国矿业大学出版社，2010.

[15] 丰艳萍，邹坦．工程造价管理［M］．北京：机械工业出版社，2011.

[16] 冯占红，曾爱民，胡勇明．建筑工程计量与计价［M］．上海：同济大学出版社，2010.

[18] 中国建设监理协会．建设工程投资控制［M］．北京：中国建筑出版社，2013.

[19] 全国造价工程师执业资格考试培训教材．工程造价案例分析［M］．北京：中国计划出版社，2013.